U0491922

云南摩梭人语言文化调查研究

陈丽梅◎著

中国社会科学出版社

图书在版编目(CIP)数据

云南摩梭人语言文化调查研究 / 陈丽梅著. -- 北京 : 中国社会科学出版社, 2024. 11. -- (云南师范大学学术精品文库). -- ISBN 978-7-5227-4475-9

Ⅰ. H257

中国国家版本馆 CIP 数据核字第 20249D6H17 号

出 版 人　赵剑英
责任编辑　宫京蕾
责任校对　郝阳洋
责任印制　郝美娜

出　　版　中国社会科学出版社
社　　址　北京鼓楼西大街甲 158 号
邮　　编　100720
网　　址　http://www.csspw.cn
发 行 部　010-84083685
门 市 部　010-84029450
经　　销　新华书店及其他书店

印刷装订　北京君升印刷有限公司
版　　次　2024 年 11 月第 1 版
印　　次　2024 年 11 月第 1 次印刷

开　　本　710×1000　1/16
印　　张　15
插　　页　2
字　　数　254 千字
定　　价　88.00 元

目　　录

引　言

本部分主要介绍选题缘由、研究现状、研究意义及方法，为读者理解摩梭人语言文化生活的研究提供背景信息。

第一节　选题缘由

摩梭人自称“纳”，是我国古羌族后裔。现今摩梭人总人口约 6 万人，其中有约 2 万人主要分布在云南省宁蒗县，约 4 万人分布在四川的盐源、木里、盐边县；云南摩梭人归入纳西族，四川摩梭人归入蒙古族。

对摩梭人的研究，经查阅发现，主要集中在文化研究方面，如摩梭人的宗教、婚姻、服饰、饮食、建筑、神话、歌谣及生活习俗、礼仪等文化习俗的研究居多；其语言研究方面主要涉及语音、词汇（亲属称谓词、母系词群等）及生活常用语句等；而在其语言生活方面，只有少数论文涉及对部分村寨的研究。近年来，随着社会经济及旅游业的发展、与别族通婚人数的增加，摩梭人传统的生活方式中不同程度地融入了其他民族的元素，支撑母系文化的大家庭平台开始瓦解，人口也出现了负增长。摩梭人兼用、转用其他民族语言的现象也在增多，而摩梭话又无记载其语言的完整的文字系统，因此，对摩梭人语言生活的调查研究，就具有了重要的现实意义和学术价值。

本书以云南纳西族摩梭人的语言生活现状及保留了历史上云南摩梭人语言使用印迹的摩梭话村寨名为研究内容，对云南纳西族摩梭人语言生活现状特征、类型及成因等进行调查；同时，结合云南纳西族摩梭人唯一聚居地——宁蒗县的摩梭话村寨名的分布情况、承载的语言特征、文化内容等，对历史上云南纳西族摩梭人语言使用情况进行考证研究；在以上研究的基础上，提出云南纳西族摩梭人和谐语言文化生活建设的相关建议，为其他少数民族语言文化生活研究提供个案参考。

第二节 研究现状

主要涉及摩梭话研究及摩梭话使用研究两方面。

一 摩梭话研究

（一）摩梭话语音方面的研究

施向东、刘昀（2015）《摩梭话概况》一文，对云南永宁镇落水村摩梭话进行了研究。研究指出该村的摩梭话共有 32 个声母，塞音、塞擦音有送气、不送气与清浊的对立；韵母共 19 个，单元音韵母较多，复元音韵母较少，另有个别鼻化韵母、卷舌韵母和辅音韵母；声调共有 4 个；短语的结构方式与复合词的结构方式基本一致；语序类型为 SOV。

季惜（2016）硕士学位论文《永宁舍垮村摩梭话研究》指出：舍垮摩梭话在语音方面声母有清浊对立，韵母有单韵母和复韵母的区分，且鼻化音较普遍；词汇方面，构词方式与纳西语西部方言以及落水村摩梭话基本一致，汉语借词常出现在新事物、新概念领域；语法方面，语法结构整体与纳西语西部方言一致。

阿慧（2016）硕士学位论文《永宁摩梭话“le+v+se”结构的声调实验分析——阿拉瓦和舍垮的对比》，运用实验语音学方法，对永宁阿拉瓦摩梭话和永宁舍垮摩梭话中相同意义的固定结构短语“le+v+se”调类情况进行对比。研究指出：声调越少的土语变调情况越复杂，只区分高、中两种平调的舍垮摩梭话，比区分高、中、低三种平调的阿拉瓦摩梭话变调更复杂；同时，进一步对比了阿拉瓦和舍垮摩梭话两种声调系统在协同发音不同调域的音高差。

李勤（2022）《四川泸沽湖多舍村摩梭话音系》一文，在田野调查的基础上，归纳了四川省凉山州盐源县泸沽湖镇多舍村摩梭话音系，探讨了多舍村摩梭话的语音特点，并将其与纳西语永宁坝话的音系特点做了比较。

（二）摩梭话词、句及其承载文化的研究

1. 摩梭话词汇及其承载文化的研究

许瑞娟（2014）《永宁摩梭“母系”文化词群研究》一书，运用浑沌学“分形”理论，对摩梭语言词汇系统中的母系“文化词群”进行了分类研究，并揭示了文化词群所折射的摩梭话特点和独特的摩梭文化。许瑞娟（2016）《“尊母崇女”的语言建构——摩梭语“mi^{33}”词群的语言人类学研究》一文，通过对摩梭话中以“mi^{33}”为语素构成的词汇所形成的词语群的研究，指出该词群折射出摩梭社会“尊母崇女”“母尊女贵”的文化特质。

2. 摩梭话词、句及其承载的文化研究

直巴·尔车、许瑞娟（2013）编著的《摩梭语常用词句荟萃》一书中，以汉语书写、摩梭话音译、国际音标标注并逐字释义、翻译为英语的形式，汇集了自然山水、村寨地名、天文地理、方位时间及谚语习语、常用会话等十五类的常用语句及摩梭话常用词汇表。

袁焱、许瑞娟（2013）《永宁摩梭詈语的文化阐释》一文，分析了摩梭詈语数量少、类型少、程度轻的特点，指出其折射了摩梭母系文化、害羞文化等。许瑞娟（2016）《女性优势：永宁摩梭人女性社会性别的语言实践与建构》一文，探讨了摩梭词汇、谚语、神话传说以及达巴经中所折射出的摩梭社会以女性为中心的观念。

（三）摩梭话话题结构方面的研究

殷云（2018）硕士学位论文《摩梭语的话题句研究》中，对永宁摩梭话的话题结构进行了研究。从话题结构的构成、话题结构语义关系类型、话题化手段几个方面进行了探究，同时还将摩梭话与汉藏语系其他语言的话题结构进行了对比，指出了摩梭话具有话题突出的语言特征。

二　摩梭话使用研究

包括四川及云南摩梭话的使用研究，多以个案研究为主。

四川摩梭人语言生活的研究，如戴庆厦、胡素华、余金枝、乔翔等（2011）主编的《四川盐源县各民族的语言和谐》一书，对盐源县的彝族、汉族、藏族、蒙古族摩梭人等民族（人）的语言生活进行了调查。其中对蒙古族摩梭人语言生活的调查选择了两个摩梭人聚居村，即泸沽湖镇博树村和舍垮村1组进行了调查。调查结果显示，这两个聚居村的摩梭人都能熟练地使用自己的母语，母语是第一语言，且没有明显的代际差异；在兼用语方面，为全民型的“摩梭语—汉语”双语人，汉语是该村重要的交际工具。另外，还对汉族小聚居、大杂居村——泸沽湖镇山南村

22 户，共 121 位蒙古族摩梭人的语言使用情况进行了调查。调查结果显示，该村各个年龄段的蒙古族摩梭人全都能够熟练地使用摩梭话，且没有明显的代际差异；在兼用语方面，是全民型的“摩梭语—汉语”双语人，同时摩梭人兼用藏语的水平高于汉族兼用藏语的水平。

云南摩梭人语言生活方面的研究主要有：郑瑞梅（2015）硕士学位论文《宁蒗彝族自治县宁利乡多语现象研究》，以宁蒗彝族自治县宁利乡为个案，分析了宁利乡多语现象的现状、成因、多语现象中的语言关系。研究指出：在乡内，各族居民稳定地使用母语，同时兼用汉语及邻近民族或者杂居村里其他民族的语言。由于宁利乡所处的地理环境、交通条件和多民族环境的影响，宁利乡的多语现象具有典型性和普遍性，少数民族居民都是双语或者多语者，而乡内居民的多语现象都是自然习得，而非学校习得。在此研究的基础上对多语现象的发展趋势做了预测并提出了相关的对策。刘玲玲（2015）硕士学位论文《云南摩梭人的语言使用现状调查研究——以丽江宜底村为例》，对云南省丽江市宜底村摩梭人的语言使用现状和语言变迁进行了调查，通过调查发现：云南宜底摩梭人普遍能够熟练地使用其母语——摩梭话，保持着母语使用的稳定态势，不同年龄段、不同场合的使用都保存着良好的母语传承链条。另外，宜底摩梭人还能够不同程度地兼用汉语和纳西语。

另外，和智利（2015）《论较少族群母语保护与语言和谐的关系——以维西县汝柯村玛丽玛萨人为例》一文，基于田野调查材料，描写了人口数较少族群玛丽玛萨人母语的现状，即玛丽玛萨人的语言生活具有稳定性、和谐性等特征；并进一步剖析了其母语稳定保存及形成和谐多语生活的成因；最后指出玛丽玛萨人和谐语言生活的存在及发展是实现语言保护的重要条件之一。肖二平、张积家（2015）《摩梭和纳西低龄学童的语言使用模式调查》一文，选取摩梭人和纳西族聚居地的一所小学作为样本群，从家庭语言使用和学校语言使用两方面进行调查，并从语言使用环境、不同性别、不同民系三个方面，探讨了语言使用模式的差异。刘燕、格则清珠（2017）《旅游开发后云南泸沽湖地区摩梭人的语言保持》一文，运用访谈和参与观察的方法，对云南泸沽湖地区摩梭人的母语保持情况进行了调查。调查发现摩梭人普遍是能说摩梭话和汉语的双语者，摩梭话活力减弱。

可以看出：四川蒙古族摩梭人及云南纳西族摩梭人的语言生活研究已有一定的成果，可以为研究摩梭人的语言生活提供参考；但已有的研究以个案研究为主，缺乏对摩梭人语言生活整体面貌的研究，这对了解摩梭人语言生活的概貌及建构摩梭人和谐语言生活较为不利。

第三节　研究意义及方法

一　研究意义

本研究具有重要的学术价值和应用价值。

（一）学术价值

主要有以下三个方面。

一是深化云南纳西族摩梭人语言文化生活的调查研究。对云南纳西族摩梭人唯一聚居地——宁蒗县的摩梭人语言生活状况及承载其文化内涵、语言使用印迹的摩梭话村寨名的研究，可为摩梭语言文化研究提供实证参考。

二是深化社会语言学的研究。社会语言学理论的深化需要丰富的个案参考。本书对云南纳西族摩梭人语言生活现状类型、成因及历史上母语使用情况的调查研究，揭示了语言使用与社会环境的关系，由此丰富、深化社会语言学的研究。

三是丰富文化语言学的研究。本书对保留摩梭话历史使用印迹的摩梭话村寨名的分布情况、语言特征、命名理据的研究，折射了摩梭人的母语使用情况、生活环境、生产生活方式、民族交往等文化特征，深化了文化语言学的研究。

（二）应用价值

主要有以下两个方面。

一是为了解云南纳西族摩梭人的语言生活状况提供参考，为国家制定云南的相关语言政策提供参考。

二是促进民族团结与和谐。云南纳西族摩梭人语言生活现状调查中，对其语言兼用、语言态度等的调查，以及摩梭话村寨名所保留的历史上的民族交往痕迹的考证，可为云南民族和谐研究提供共时和历时依据；同时依据调查发现的云南摩梭人语言文化生活现状，提出相应的和谐语言生活建设策略，可为促进民族团结起到积极作用。

二　研究方法

主要采用了文献研究法、田野调查访谈法、深度访谈法、问卷调查法、参与观察法、核心词汇测试法及多学科结合的研究方法。

（一）文献研究法

阅读省志、县志中的地理志、民族志、人口志、少数民族语言文字志等文献及语言地理学、社会语言学、地名学等方面的资料；从理论上为摩梭话使用情况调查及摩梭话村名的考察、分析做准备。同时联络当地同胞，做好调查安排，为随后的顺利调查奠定基础。

（二）田野调查法

深入村寨、田野，到语言使用的各个场景去捕捉有价值的语言信息（包括语言景观资料的收集），收集第一手资料。

（三）深度访谈法

选择政府官员、教师、乡村医生、摩梭老人、达巴、活佛等熟悉当地风土民情的人士作为访谈对象，访谈调查点的相关情况，如地理位置、经济、交通、民族情况、人口数量、教育情况、当地语言使用情况、对摩梭话传承的态度、村寨名命名理据等。

（三）问卷调查法

问卷调查的设计由摩梭话熟练程度、对摩梭话的认同态度、摩梭话使用场合等调查项组成。问卷采取回答问题和表格勾选的方式。通过发放大量的问卷和随机抽样调查，能够获知云南摩梭话使用情况及兼用汉语、其他民族语的情况。

（四）参与观察法

在对每个村寨调查时，参与到语言生活的各个场景中，留心观察村民在家庭内部、田间劳作、集市贸易、婚丧嫁娶、村里见面招呼、聊天及村里公共场所等的语言使用情况，采集有价值的语言信息。此外，对村寨名是否以摩梭话命名，也进行了观察、收集。

（五）核心词汇测试法

参照戴庆夏先生“新时期中国少数民族语言使用情况研究丛书”中的“400词测试表”，结合摩梭话词汇特点（对摩梭话中一些没有的词汇进行删减），作为测试范本，用于对不同年龄段的摩梭人进行测试。

400 词的筛选标准：

（1）生活常用基本词汇。主要包括以下几类。

天文地理类：天、太阳、云、山、火、水田、旱地、井等；

身体器官类：头发、眼睛、嘴巴、胡须、心脏、手、肩膀、膝盖、脚趾等；

人物称谓类：小孩儿、老人、姑娘、妈妈、姐姐、舅舅、大伯、嫂子等；

生活用品类：肉、鸡蛋、碗、斧头、扫帚、扁担、衣服、帽子、耳环、钥匙等；

动物类：鸡、狗、猪、老鹰、麻雀、乌鸦、蝙蝠、啄木鸟、蛇、狼、跳蚤、苍蝇等；

植物类：树、花、叶子、藤子、梨、水稻、糯米、玉米、种子、油菜、圆根等；

方位及时间名词类：前、后、左、右、东、西、南、北、上、下、去年、今天、早晨等；

数词类：一、二、三、四、五、六、七、八、九、十、二十、百、千、万等；

动词类：走、跑、跳、吃、抽、穿、吹、打等；

形容词类：热、冷、酸、甜、辣、咸、麻、涩、轻、重、高、低、大、小等；

（2）少许较难的词汇，多为本民族特有的工具类或动物类名词。旨在区分不同年龄段人的母语实际水平。例如，啄木鸟、螺蛳、孔雀、蜻蜓、蚂蚱、簸箕等。

词的掌握能力分为四级：A、B、C、D。A 级：能脱口而出的。B 级：需想一想说出的。C 级：经测试人提示后，测试对象想起的。D 级：虽经测试人提示，但测试对象仍不知道的。

400 词测试综合评分的标准如下。

① A 级和 B 级相加的词汇达到 350 个以上的，语言能力定为“优秀”，即能较好地掌握摩梭话。

②A 级和 B 级相加的词汇在 280—349 个的，语言能力定为“良好”，即基本掌握摩梭话。

③A 级和 B 级相加的词汇在 240—279 个的，语言能力定为“一般”，即摩梭话的使用能力出现轻度衰退。

④ A 级和 B 级相加的词汇在 240 个以下的，语言能力定为“差”，即摩梭话的使用能力出现严重衰退。

对于 400 词的测试，一人一般需使用一个半小时，母语能力较强或认识汉字的则四十分钟就能完成。通过测试，能够发现不同年龄段的摩梭人母语能力的差异。

（六）多学科结合的研究方法

在调查的基础上，结合民族学、语言学、社会语言学、文化语言学、文化地理学、地名学等学科的理论和方法，分析摩梭人语言文化生活成因，并为摩梭人和谐语言文化生活建设提供相关策略。

第一章

云南摩梭人概况

第一节　云南摩梭人的分布及生活习俗

一　云南摩梭人的分布

摩梭人自称“纳”或“纳日”，“纳”有“黑”“大”之义；“日”即“人”之义。摩梭是其他民族对摩梭人的他称。“摩梭”这个称谓，“最早见于《后汉书》第二十三卷《郡国五》，在校注‘定筰’（今四川盐源）条中记载：‘县在郡西，宾刚徼白摩沙夷有盐坑……’唐称‘么些’或‘磨些’，宋称‘么些’或‘摩西’，元称‘摩沙’或‘么些’，明称‘磨西’或‘么西’，清称‘摩娑’或‘摩挲’。清称摩娑或摩挲”。[①]

摩梭人的族源是古羌族中的“牦牛种”，亦称“越西羌”。战国时期，羌族首领为避秦威胁，率领羌族南迁。“越西羌是沿大渡河、雅砻江南迁的，曾分布于大渡河泸定桥与安顺场之间，后逐步南迁至定笮，魏晋时期定笮县的中心地区便是今盐源和宁浪一带”[②]，南迁与当地土著民族融合后，形成了现在的摩梭人。“古代么些人分布很广……清朝以后，居住范围缩小，仅在四川省的盐源、木里、盐边三县和云南省的宁蒗，丽江、永胜、华坪、维西等县有摩梭人居住。”[③] 现今，摩梭人主要分布在四川盐源、木里、盐边三县和云南宁蒗县，丽江、永胜、华坪、维西等县有摩梭

---

① 云南省宁蒗彝族自治县志编纂委员会编：《宁蒗彝族自治县志》，云南人民出版社 1993 年版，第 177 页。

② 陈亚颦、杨俊：《宁浪摩梭文化核心区透视》，《云南师范大学学报》（自然科学版）1994 年第 4 期。

③ 云南省宁蒗彝族自治县志编纂委员会编：《宁蒗彝族自治县志》，云南民族出版社 1993 年版，第 178 页。

人散居。据2020年第七次人口普查显示，分布在云南境内的摩梭人约有2万人，四川境内的摩梭人约有4万人。[①] 四川的摩梭人归入蒙古族，云南的摩梭人归入纳西族。1990年4月27日云南省人大常委会第七届第十一次会议上通过批准的《宁蒗彝族自治县自治条例》中，将其确认为纳西族摩梭人。

云南摩梭人口约2万人，其中1.7万人主要聚居在宁蒗县。主要分布在永宁、拉伯、翠玉、红桥、新营盘、西布河、金棉7个乡镇和大兴街道、紫玛街道2个街道的23个村委会的78个自然村。另外，目前宁利乡的乡政府附近还有8户摩梭人，已不会说摩梭话，基本已汉化。

二　云南摩梭话的分布

摩梭话是主要分布于云南宁蒗、四川盐源、盐边、木里，少数分布于云南永胜县大安乡、丽江市奉科县等地的人口数约6万的"纳"人的语言，属汉藏语系藏缅语族彝语支，属纳西语东部方言；纳西语东西部方言之间"由于词汇和语音的差别，彼此不宜通话"[②]。"根据语音和词汇的差异，东部方言可以分为永宁坝、北渠坝、瓜别3个土语。永宁坝土语主要分布在云南省宁蒗县的永宁乡和四川省盐源县的左所区……北渠坝土语主要分布在宁蒗县的北渠坝、永胜县的哨平、獐子旦等地。……瓜别土语主要分布在盐源县的瓜别区和木里县的博凹、列凹，盐边等县也有少量分布。"[③]

云南摩梭人聚居的宁蒗县的摩梭话根据语音的差异，分为两个方言片区：永宁方言区和蒗蕖方言区。永宁方言区包括：永宁镇、拉伯乡、红桥镇、翠玉乡（年轻一代受当地纳西语影响，与纳西语音相似）等片区；蒗蕖方言区指大兴街道、紫玛街道和金棉乡、新营盘乡、西布河乡片区。

三　云南摩梭人的生活习俗

主要包括以下五个方面。

（一）摩梭人的家庭结构特征

摩梭传统家庭是母系大家庭，一般由老、中、青三代或三代以上组

① 此数据为云南省统计局和四川省统计局提供。

② 刘玲玲：《云南摩梭人的语言使用现状调查研究——以丽江宜底村为例》，硕士学位论文，云南师范大学，2015年，第19页。

③ 刘玲玲：《云南摩梭人的语言使用现状调查研究——以丽江宜底村为例》，硕士学位论文，云南师范大学，2015年，第19页。

成，家庭成员较多。家庭财产和生产生活安排一般由年长的母亲和舅舅负责安排。“青壮年女性往往承担所有家务和大部分的农业生产劳动，并进行纺织、酿酒、榨油等活动，是家庭经济生活中最稳定的组成部分。成年男性除了农忙季节帮助生产劳动以外，一般靠外出赶马运输或做木匠等手段来增加家庭经济收入；老年人则照看小孩、饲养牲畜等，进行一些辅助性劳动，形成了一个和谐的多种经营的经济模式。”① 近年来，随着社会经济的发展、旅游业的开发及与其他民族通婚人数的增加，越来越多的摩梭大家庭分化为小家庭。

（二）摩梭人的生产方式

云南宁蒗摩梭人的生产方式主要以农业为主，畜牧业为辅。种植的农作物有稗子、麦子、燕麦（青稞）、玉米、洋芋、蔓菁（圆根）、荞子、蚕豆、水稻等。除农业外，位居第二位的是畜牧业。摩梭家庭大多会牧养牛、骡马、羊、猪、鸡和牦牛；除牦牛外（只有在高寒山区才能牧养），其他牲畜几乎每家都有。以前，喂养骡马从事运输业也是重要的致富途径。摩梭马帮曾是南方丝绸之路上重要的一支。现在，随着交通工具的发展，除拉伯乡、翠玉乡等个别山区用马运输外，马帮运输已逐渐被摩托车、汽车取代。除农业和畜牧业外，近年来，年轻人外出打工也成为摩梭家庭重要的经济来源之一。

（三）摩梭人的房屋建筑特点

摩梭人多居山地，传统的房屋为“木楞房”。全木结构的房屋，四壁用削皮后的圆木，在其两端砍上卡口衔楔垒积而成；顶则用木板铺盖。整幢房屋不用一颗钉子，也不用砖瓦，冬暖夏凉，且防震。永宁一带的木楞房一般是四幢木楞子房围成一个四合院。大门的那幢叫“门楼”，分两层：大门两边下层是畜厩，上层堆放喂养牲口的粮草。大门正对的一幢是经房，分两层：楼上供佛堂，楼下成年男子居住或作客房。大门左边一幢是“花楼”，供成年女子居住；大门右边的平层是母房（祖母房），是祖母居住、家庭议事、炊事、祭祀的场所，是全宅的核心。祖母房的门楣上挂有许多辟邪之物，如弓箭、羊角、牛角等。进门的左侧是祖母床，靠祖母床方向的外面有起居室；右侧是大灶房，灶房墙上装有壁橱；祖母房内中间有两根柱子，进门的右侧代表男柱，左边为女柱；举行成丁礼时，男

① 陈柳：《永宁摩梭人婚姻家庭变迁研究》，民族出版社2012年版，第83页。

子要在男柱旁举行仪式，女子则在女柱旁举行仪式。男女柱将祖母房的空间分为上下两部分：上部分为砌成小高台的上火塘，火塘上方是神龛，神龛上供奉佛像和祭供品；小高台下方是下火塘，竖有锅庄，上置铁三脚架，是摩梭人每天吃饭前祭祖的地方。下火塘面向门的右侧一般设一张矮床，年迈的家长、老年妇女和儿童睡在这里。火塘面向门的左侧是男席位，右侧是女席位，摩梭人以右方为尊，因此，妇女一般坐在火塘右边，男士坐在火塘左边；同时，若有客人来访，左边是客位，右边是主人的位置。在下火塘男柱方向的后方有一间后室，以前用于新生儿生产和寄放逝者尸体；新的生命从这里诞生，逝者尸体在这里暂时停放，因此这扇连接祖母房和后室的门便叫生死门。

当然木楞房的修建也要受当地条件的制约，拉伯乡位于沿金沙江一带，木料较少，当地摩梭人家的房屋就多以土掌房居多。现在，木楞房的数量在减少，与汉族相同结构的砖房的数量在增多。

（四）摩梭人的饮食及服饰

摩梭人日常生活饮食主要包括粮食、肉食、蔬菜水果等。其中肉食中的“猪膘肉”，是摩梭人家非常有特色的一种肉制品，因其形状像琵琶，又称“琵琶肉”。每年冬月杀猪后剁下猪脚，剔去内骨，抹盐、调料后缝制、压扁，然后风干储存起来。以前，猪膘肉是家庭财富的象征，家里存放的猪膘肉越多、年限越长，表示越富裕。在重要的节日，猪膘肉都是不可缺少的菜肴和礼品。另外，摩梭人红白喜事、祭祀首选的苏理玛酒，也是摩梭人重要的传统酒水饮料。苏理玛酒的制作原料为小麦、大麦、苦荞、玉米、青稞等，配上特制酒曲药材蒸煮；将原料煮熟冷却后，再放到蒸笼里蒸，蒸好密封发酵，发酵时间越长（一般半个多月）口感越好。制作苏理玛酒的关键是制作酒曲的药材和原材料的比例，蒸的火候、蒸时的加水量以及冷却时间的把控。苏理玛酒的酒精度为9°—12°，富含多种氨基酸，是摩梭人日常生活中重要的自制酒水饮料。

摩梭人在传统服饰上，13岁以前儿童都穿长衫；13岁成丁礼后穿成人服饰。成年女性的服饰为母亲缝制的百褶裙。上衣镶有彩色花边的金边大襟衣，袖口、领口为彩色绲边，双排扣，纽扣喜用银质或铜质扣，也有用彩珠和布料打结扣的；纽扣安在右边，颈项中间有领口扣。金边衣内还穿领口和袖口为黄色、粉色或绿色的绸缎内衣。下身着蓝白相间的双层百褶裙，裙长至踝；裙子位于膝盖处的位置，用彩线（一般为红色线）绣上一圈花边，花边线的头尾不能相连，要上下错开；腰间缠绕各种花线编制的腰带。摩梭成年男子上穿金边大襟衣，其缝制特点和女性一致，系腰带，有的配腰刀，下穿宽脚裤，穿长靴，戴帽子。现在，平时穿民族服装的多是老年人，年轻人只在节日或重要场合才穿。

（五）摩梭人的宗教信仰及节庆

摩梭人信仰的原始宗教是达巴教，“达巴”是对摩梭原始宗教巫师的称谓。达巴教巫的色彩很浓，崇拜自然、祖先和鬼神。

在摩梭人的自然崇拜中，最崇拜的是“木戛拉”（天神）、“日戛拉”（山神），其次是“几戛拉”或称“日母古戛拉”（龙潭神或江、湖神）、“刮戛拉”（火塘神或灶神），再次是“汗戛拉”（风神）“底戛拉”（地神或土地神）等。这些自然神都与摩梭人的生活息息相关。在摩梭人居住的村寨，会在其村周围的山中确定一座神山，每年摩梭新年（农历十一月十二，拉伯乡个别地方是农历十一月三十）、春节及转山节，各村的摩梭人都要去各自的神山祭山神（全村人背上肉、水果等丰盛的食物到山上，在达巴念经、烧香，村民转山、祈福等仪式后，再在山上聚餐。返回时，沿途折一枝树枝带回，寓意山神庇佑、全家平安）。此外，还有祭水神的“转海节”。“转海节节期为正月初五日至初十日，有的地方是农历七月十五日。届时，人们身着盛装，或以村为单位，或以家庭为单位，骑马或步行绕湖一周，以湖水和湖畔的礁石为祭祀对象，边走边祭。有的往湖里投熟食和果品，祭献湖神；有的在礁石上焚香、供面偶。达巴在礁石上贴咒符，往湖里投祭品是祈求湖神保佑村民，赐给人畜平安，免遭湖水之灾难；往礁石上贴咒符是镇压湖神不可兴风作浪，作祟于人畜。”[①]没有湖泊的村寨，会在该村寨周围有泉眼的地方（出山泉处）祭水神。此外，还有二三月间的祭小风神，七八月间的祭大风神，都是为全家祈福，保佑家人平安、六畜兴旺。

对祖先的崇拜，在摩梭人的生活日常及节日祭祀中都有体现。每餐就餐前，都会把做好的饭菜每种盛一点放到锅庄前的神台上，即“祭锅庄”，也就是敬祖先和灶神。农历十一月的“杀猪节”，杀猪敬祖先，念经请祖先庇佑。此外，摩梭人所过的各种节日活动中，如摩梭新年“仁旦”、摩梭大过年（农历新年）、转山节、红白喜事等都要念祭祀祖先的

① 和绍全主编：《中国摩梭人》，云南人民出版社 2017 年版，第 105 页。

经文。

摩梭达巴文化中，除了礼俗篇、史诗篇、祭祀篇外，还有专门的驱鬼篇，有驱除各种妨害人畜的驱鬼经文。在农历九月、十月会根据家人属相挑选日子，杀猪、羊，请达巴念经祭“哆科”（各种不好的鬼），驱逐各种不好的鬼，祈求全家幸福安康。当家人生病、家里不顺利时，也会请达巴打卦念驱鬼经文。

达巴文化影响着摩梭人生活的方方面面，“传统礼仪、人们的思想观念、行为规则，无不牵制于达巴文化”[①]。在摩梭人的心目中，达巴是本民族礼仪、道德及传统文化思想的传播者，也是祖先、鬼神与人的沟通者。祭祖、婚丧、驱鬼以及为年满 13 岁的少年举行“穿裙子”“穿裤子”的成人礼，都要请达巴举行相应仪式、念经文。因此，过去摩梭人居住的村寨都有达巴。达巴是不计报酬、不脱离劳动的宗教从事者。随着经济的发展及年轻人外出打工、求学人数的增多，达巴传承人的数量在不断减少。因摩梭话没有完整的文字系统记载，因而达巴文化主要靠代代达巴口耳相传（三江口的摩梭人受丽江纳西文化的影响，称为“东巴”，用东巴文记载摩梭达巴经内容），达巴数量减少直接影响着达巴文化的传承；同时，因达巴数量的减少，摩梭人日常生活中请达巴举行祭祀、祈福等的活动也在减少。

第二节　云南摩梭人聚居地——宁蒗县概况

宁蒗是历史上和现今云南纳西族摩梭人的主要聚居地。摩梭人定居宁蒗“已有 1500 多年”[②] 的历史，现今云南摩梭人约 2 万人，其中有 1.7 万人（约占摩梭总人数的 85%）居住在宁蒗。宁蒗县的地理特征、历史沿革、辖区范围及民族分布等自然及人文特征，是孕育摩梭人语言文化生活的土壤。

一　地理概况

宁蒗彝族自治县是云南省丽江市下辖县之一，俗称小凉山，位于云南

① 拉木·嘎吐萨主编：《摩梭达巴文化》，云南民族出版社 1999 年版，前言，第 2 页。

② 云南省宁蒗彝族自治县志编纂委员会编：《宁蒗彝族自治县志》，云南民族出版社 1993 年版，第 178 页。

省西北部、丽江市东部的川滇交界处，介于东经 100°22′至 101°16′，北纬 26°35′至 27°56′之间。东与四川省凉山彝族自治州盐源县和攀枝花市盐边县接壤；南与本地区永胜及华坪县相邻；西以金沙江为界，与丽江纳西族自治县和迪庆州中甸县隔江相望；北与四川木里藏族自治县毗连。县人民政府驻地大兴街道，距省府昆明 628 千米，距丽江市政府驻地 129 千米。辖区总面积 6025 平方千米。

宁蒗地处滇西北高原，横断山脉中部三江褶皱带东北侧，系康藏高原与云贵高原之间的地貌过渡带。全境山峰林立，峡谷幽深，重峦叠嶂，河流交错纵横，深谷小坝幽静清雅，构成了群山起伏、丘陵连绵、河流交汇的高原地貌。县境地势北部和西部较高，东部和东北部较低，金沙江谷地为全县最低带。海拔由子布河注入金沙江处的 1350 米至最高点石佛山白岩子巅 4510.3 米。在群山环抱中，形成了狭长的永宁坝子、红桥坝子、红旗坝子、宁利坝子、蒗蕖坝子及缓坡河谷的翠玉、金棉、碧源等地。县境河流分为金沙江和雅砻江两大水系。金沙江水系干流，沿木里和宁蒗过境的冲天河在三江口注入金沙江，西南部的碧源河及其支流经碧源出境入永胜注入金沙江；县境北部由木底箐河、拖支河汇流而成的永宁开基河向东北流入雅砻江；泸沽湖水经四川左所流入前所河后，流入雅砻江。县中部的岔河、拉都河、红桥河、黄腊老河汇集成的宁蒗河由南向北流入四川盐井后汇入雅砻江。

宁蒗地处西南季风气候区域，具有暖温带山地季风气候。干湿季分明，四季不分明，立体气候显著。境内有丰富的植物、动物、矿产、水力、旅游资源，立体型气候，孕育着热带、亚热带、温带、寒带的多种植物类型。因受地貌、气候等的影响，植被垂直分布典型且完整。海拔 1340—2200 米为干旱河谷肉质小叶灌丛带；海拔 2200—2600 米为云南松常绿阔叶林带；海拔 2600—3000 米为云南松落叶阔叶林带；海拔 3000—3500 米为高山松云杉冷杉林带；海拔 3500—4000 米为云杉冷杉红松林带；海拔 4000 米以上为高山杜鹃灌木草甸带。境内野生动物、药材、菌类丰富，种类繁多。

宁蒗地质构造复杂，矿产资源丰富，“已知具矿点以上规模的矿产共 14 种。矿产资源总的特征是矿化面积较广，矿点数量较多”①，有铜、铅、

① 云南省宁蒗彝族自治县志编纂委员会编：《宁蒗彝族自治县志》，云南民族出版社 1993 年版，第 99 页

锌、铝、镍、钨、砂金等。

二　建制沿革及辖区

“宁蒗”一名，“是民国六年（1917年），设立宁蒗县佐（分县）时，各取永宁土知府、蒗蕖土知州两地一字之合称。宁蒗彝族自治县区域，包括元、明、清时永宁土知州、府，蒗蕖土知州和羊坪土千总的统治区域”①。

战国时期（前403—前221），宁蒗属白国地。西汉元鼎六年（前111），汉武帝开发西南，设立郡县，永宁、蒗蕖为越巂郡遂久县地。蜀汉建兴三年（225），诸葛亮平定南中后，遂久县属云南郡。南北朝时期（420—589），永宁、蒗蕖属西姑复县地。唐初，摩些酋泥月乌率部逐出永宁吐蕃，遂居此地。南诏时，永宁名“探览”，为楼头赕地；蒗蕖为罗共赕地，先后属铁桥、剑川节度。蒙古宪宗三年（1253），忽必烈率师进攻大理，自六盘水经临洮入川西北，至松潘后分兵三路，中路军征永宁，驻兵“日月和”，摩些酋泥月乌之后裔和字内附。至元九年（1272），罗共赕内附。至元十六年（1279），置永宁州。罗共赕改为蒗蕖州。至元二十四年（1287），永宁、蒗蕖两州改隶北胜府，统属丽江路。明永乐四年（1406）四月，永宁州升为府，各吉八合为知府。清顺治十六年（1659），清兵入滇，永宁土知府阿镇麟率部投诚，袭任土知府职。康熙四十九年（1710），今四川盐源县前所和左所两地脱离永宁土知府辖属。1950年1月21日，宁蒗和平解放；5月20日，成立宁蒗县人民政府。1956年9月20日，成立宁蒗彝族自治县，属丽江专员公署。1978年7月，改名为云南省丽江地区行政公署。宁蒗隶属至今。

宁蒗彝族自治县原辖15个乡镇（4镇、11乡）、7个社区、84个村委会。具体为：大兴镇、永宁镇、红桥镇、战河镇4个镇；拉伯乡、宁利乡、金棉乡、西川乡、西布河乡、永宁坪乡、跑马坪乡、蝉战河乡、新营盘乡、烂泥箐乡及翠玉傈僳族普米族自治乡，共11个乡。2021年3月18日，撤销大兴镇，设立大兴街道和紫玛街道2个街道；县人民政府驻大兴街道。现今，宁蒗彝族自治县辖2个街道、3个镇、11个乡。

县内居住着傈僳、普米、摩梭、彝、汉、纳西、壮、白、藏、苗、

---

①　云南省宁蒗彝族自治县志编纂委员会编纂：《宁蒗彝族自治县志》，云南民族出版社1993年版，第46页。

傣、回等12个民族（人）。截至2018年，宁蒗县总人口数为28.49万人；人口数过万的民族（人）有：彝族、汉族、摩梭人、纳西族、普米族，其中彝族18.71万人，占66.63%；摩梭人192557人，约占总人口数6.7%[①]。

三　中华人民共和国成立前的社会形态

明代时形成的摩梭阿氏土司世袭统治下的封建经济形态，延续至1956年民主改革时才彻底废除。土司统治实行严格的等级制度，并以政教合一的方式，巩固和加强土司的政治权利。土司家的长子继承土司职务；肯布（宗教最高长官）和总管两职由土司的兄弟或土司的血缘近亲担任，分别行使宗教和日常行政权力。土司统治的权力集中在土司府和总管府。土司实行世袭制，肯布和总管依照才能选拔，土司统治权柄往往被肯布和总管左右。总管府是土司统治区域内最高行政机关，负责处理统治区域内的一些行政事务。一般事务可由总管全权处理，重大问题需向土司汇报。土司统治系统为：司匹（最高统治者）—总管—肯布—分封土司—把事—司爷（由有文化或懂汉文的人担任）—管人—总伙头（基层行政组织的首领）—伙头（辖一至几个自然村）—排首（辖一个大自然村或几个小村）。永宁土司府设在忠实，总管府设在达坡；蒗蕖土司府设在新营盘乡衙门村，总管府设在挖开村。土司对百姓的统治分为司匹—责卡—娃的等级制度。这些等级一经确定就永远不能逾越。等级不同，对生产资料的占用及服役等情况也不同。

---

① 此数据为宁蒗县民政局提供。

第二章

云南摩梭人语言生活现状

为全面地掌握云南摩梭人的语言生活现状，我们必须对整个调查进行科学设计，即包括调查点的选择、调查内容的确定；在此基础上，对云南摩梭人的语言生活特点及类型进行分析。

第一节　调查点与调查内容

一　调查点的选择

调查点选择的科学与否，关系到能否全面揭示云南摩梭人语言生活的系统性和本质性特征，关系到能否科学地反映云南摩梭人语言生活的现状。为了科学选点，我们按下面的步骤实施。

第一步，摸清云南摩梭人分布的村寨，建立摩梭人分布的村寨数据库。数据库显示，云南摩梭人主要分布在宁蒗县的 5 个乡、2 个镇和 2 个街道的 78 个村寨中；其中永宁镇 35 个，拉伯乡 24 个，大兴街道和紫玛街道 7 个，新营盘乡 4 个，翠玉乡 3 个，红桥镇 2 个，西布河乡 2 个，金棉乡 1 个（见表 2-1）。

表 2-1　　云南宁蒗纳西族摩梭人分布的村寨数　　单位：个

	永宁镇	拉伯乡	大兴街道和紫玛街道	新营盘乡	翠玉乡	红桥镇	西布河乡	金棉乡	合计
村寨数	35	24	7	4	3	2	2	1	78

第二步，将表 2-1 中的 78 个村寨分为聚居寨和杂居寨两类（聚居寨

和杂居寨的划分标准是：摩梭人占该村寨人口总和70%以上的为摩梭聚居村，摩梭人占该村寨人口总和70%以下的为摩梭杂居村）。依照此标准，摩梭人分布的78自然村中，有聚居村61个，杂居村17个。永宁镇和拉伯乡摩梭人聚居的村寨分别为28个、22个，各占摩梭人聚居村寨总数的45.90%和36.06%；也就是说永宁镇和拉伯乡的摩梭人聚居村寨占云南摩梭人聚居村寨总数的81.96%，摩梭人主要聚居在这两个乡镇。除了金棉乡和西布河乡外，其余的3个乡、2个镇和2个街道均有聚居村和杂居村；西布河乡仅有2个杂居寨，没有聚居寨（见表2-2）。

表2-2　云南宁蒗纳西族摩梭人聚居、杂居的村寨数　单位：个

	永宁镇	拉伯乡	大兴街道和紫玛街道	新营盘乡	翠玉乡	红桥镇	金棉乡	西布河乡
聚居村寨数	28	22	4	3	2	1	1	0
杂居村寨数	7	2	3	1	1	1	0	2
合计	35	24	7	4	3	2	1	2

第三步，居住在聚居村寨和杂居村寨的摩梭人，其语言生活呈现出不同的特征。为了全面地揭示摩梭人的语言生活状况，我们参考地理位置的远近、城乡、聚居与杂居等因素，在5个乡、2个镇和2个街道中抽样选取了12个村委会、2个社区的20个自然村进行了调查。这20个村寨中，聚居村14个，杂居村6个。在14个摩梭聚居村中，除拉伯乡拉伯村委会的格庄村，摩梭人口占该村人口总数比例的75%外，其他13个摩梭聚居村的摩梭人占该村比例都为80%以上。具体村寨见表2-3。

表2-3　调查点所选取的14个聚居村和6个杂居村

序号	摩梭聚居村	序号	摩梭杂居村
1	拉伯乡拉伯村委会　拉开西里村	1	拉伯乡托甸村委会　三江口村
2	拉伯乡拉伯村委会　格庄村	2	红桥镇红桥村委会　白岩子二村
3	拉伯乡托甸村委会　布落村	3	大兴街道河滨社区　东红村
4	永宁镇落水村委会　大落水村	4	新营盘乡东风村委会　衙门村
5	永宁镇落水村委会　里格村	5	西布河乡碧源村委会　湾子村
6	永宁镇永宁村委会　拉罗湾村	6	西布河乡碧源村委会　庆河村
7	永宁镇温泉村委会　瓦拉壁村		

续表

序号	摩梭聚居村	序号	摩梭杂居村
8	翠玉乡宜底村委会　宜底大村		
9	翠玉乡宜底村委会　路跨村		
10	红桥镇黄腊老村委会　吉意村		
11	紫玛街道安乐社区　新民村		
12	大兴街道拉都河村委会　新桥村		
13	金棉乡金棉村委会　达瓦村		
14	新营盘乡东风村村委会　拉巴河上村		

如表2-3所示，本次调查选取的这20个村具体为：大兴街道2个村，紫玛街道1个村，新营盘乡2个村，西布河乡2个村，金棉乡1个村，红桥镇2个村，翠玉乡2个村，永宁镇4个村，拉伯乡4个村。

二　调查内容

调查内容包括摩梭人语言生活现状和历史上母语使用情况两个方面。

（一）摩梭人语言生活现状的调查内容

从母语使用情况、母语词汇量掌握情况、兼用汉语及其他民族语情况、语言态度4个方面进行调查。其中，母语使用情况的调查包括家庭语境及其他场合的使用情况的调查。

调查共选取了5个乡、2个镇、2个街道的12个村委会、2个社区的20个自然村的40位摩梭村民和宁蒗政府相关部门3人及摩梭协会成员2人，共45人，进行了深入访谈；对1149位摩梭村民进行了母语使用情况及汉语、其他民族语兼用情况调查，并从这1149人的四个年龄段中，采取便利抽样的调查方法，抽取了347人进行了摩梭话词汇量测试，570人进行了语言使用态度的调查。

（二）历史上摩梭人母语使用情况的调查内容

结合文献，对宁蒗县历史上和现今保留的摩梭话村寨名的来历、命名理据、分布情况等进行调查。从历史上摩梭话村寨名的分布区域及现今的保留、变更情况，探究摩梭话使用情况的变化。

第二节　云南摩梭人语言生活总体特征

在科学选点的基础上，依据确定的四个方面的调查内容，运用田野调查法、深度访谈法、参与观察法、核心词汇测试法等科学的研究方法，对云南摩梭人语言生活进行调查。调查结果显示，云南摩梭人语言生活呈现出三大特征：第一，摩梭话是云南摩梭人主要的语言交际工具。第二，摩梭话的使用情况存在类型及特征差异；少部分摩梭人出现母语转用现象。第三，云南摩梭人普遍兼用汉语，同时大部分摩梭人还不同程度地兼用同村或周边村寨其他少数民族的民族语。

一　摩梭话是主要的语言交际工具

摩梭话作为摩梭人之间交际的主要语言工具，体现在云南摩梭人的母语熟练度整体较高、母语词汇量总体较高和摩梭话使用场合较广这三个方面。

（一）云南摩梭人母语熟练度整体较高

我们从“熟练”“略懂”“不会”三个层次，调查了 5 个乡、2 个镇和 2 个街道的 20 个自然村的 1149 位摩梭人的母语掌握情况。熟练，即“听、说能力俱佳；日常生活中能够自如地运用语言进行交际”。略懂，即“听、说能力均为一般或者较差，或听的能力较强，说的能力较弱；日常生活以兼用语为主，仅具有部分交际能力”。不会，即“听、说能力均较为低下或者完全不会；已转用兼用语或别的民族语言”。调查发现，云南摩梭人母语熟练度整体较高，为 90. 34%（见表 2-4）。

表 2-4　　云南摩梭人母语熟练程度汇总

年龄段	人数（人）	熟练	
		人数（人）	百分比（%）
6—19 岁	187	162	86. 63
20—39 岁	445	402	90. 33
40—59 岁	361	326	90. 30
60 岁（含 60）以上	156	148	94. 87
合计	1149	1038	90. 34

（二）云南摩梭人母语词汇量掌握程度整体较高

我们采用便利抽样调查法，从 1149 位调查对象中，依据四个年龄段，抽取了 347 人进行了母语词汇量测试。测试中将摩梭人的词汇掌握能力分为四级：A、B、C、D。

A 级表示能脱口而出的词汇。

B 级表示需想一下才说出的词汇。

C 级表示经测试人提醒后想起来的词汇。

D 级表示经测试人提醒后，被测试者仍想不起来的词汇。

20 个自然村 347 名不同年龄段的调查对象的测试结果整体较好（见表 2-5）。

表 2-5　　　　20 个村不同年龄段 400 词测试情况统计

年龄段	总数	A（优秀）		B（良好）	
		人数（人）	百分比（%）	人数（人）	百分比（%）
6—19 岁	72	19	26. 39	29	40. 28
20—39 岁	113	74	65. 49	8	7. 08
40—59 岁	111	74	66. 67	1	0. 90
60 岁（含 60）以上	51	42	82. 35	2	3. 92
合计	347	209	60. 23	40	11. 53

从表 2-5 可以看出，347 人的测试中，优秀率为 60. 23%，良好率为“11. 53%”；“优良”占总数比例的 71. 76%，优良的比例较高。这说明摩梭人母语的掌握程度总体较高，摩梭话在交际中发挥着重要作用。

（三）摩梭话的使用场合较广

摩梭话的使用场合调查包括公共场合的使用及家庭语言使用两个方面。在调查的 20 个自然村中，除西布河乡湾子村和庆河村、大兴街道东红村、红桥镇白岩子二村这 4 个自然村已出现摩梭话转用现象外，其余 16 个自然村中，摩梭话使用场合整体较广。可分为两种情况。

1. 摩梭话是不同民族间共同的交际工具

拉伯乡布落村、拉开西里村，永宁镇瓦拉壁村、拉罗湾村，翠玉乡宜底大村、路跨村，红桥镇吉意村，新营盘乡拉巴河上村，金棉乡达瓦村，这 9 个村的共同特点是：都是摩梭聚居村，其他民族人口占少数，因此，摩梭话是摩梭人和村里其他民族共同的交际工具，在家里和公共场合（学校除外）的使用率都为100%。

2. 摩梭话是主要的语言交际工具，其他民族语的交际功能同时存在

拉伯乡三江口村、格庄村，永宁镇大落水村、里格村，紫玛街道新民村，大兴街道新桥村，新营盘乡衙门村这7个村，除拉伯乡三江口村、新营盘乡衙门村这2个村是摩梭人与其他民族杂居外，其他5个村都是摩梭人聚居村。

（1）摩梭话在公共场合是重要的交际工具

这7个村的摩梭人在家都说摩梭话，在“开会”场合，除拉伯乡三江口村的摩梭人说普米语和汉语外，其他6个自然村都说汉语和摩梭话；在其他场合（见面打招呼、聊天、打电话、买卖、劳动、看病、节日、婚丧等）摩梭人之间说摩梭话，与其他民族说汉语、其他民族语或摩梭话，但说汉语及其他民族语的比例较高。

（2）家庭环境中，摩梭语的使用频率整体较高

在每个自然村的调查对象中，随机抽取了30人进行家庭语言使用情况的调查，调查内容为家庭成员不同辈分间、同辈间摩梭话的使用情况。通过调查、访谈发现：摩梭话是祖辈间、祖辈与子女、孙辈间在家里主要的交流工具，因此表2-6中就只呈现“父母之间”“父母对子女”“子女对父母”“兄弟姐妹之间”的语言使用情况人数。

表2-6　　7个村摩梭人家庭语言使用情况　　单位：人

语种 交际对象人数		摩梭话	汉语	普米语	彝语	其他
永宁镇大落水村	父母之间	30	7	5	0	
	父母对子女	30	5	5	0	
	子女对父母	30	12	3	0	
	兄弟姐妹间	30	22	2	0	
永宁镇里格村	父母之间	30	7	1	0	
	父母对子女	30	2	0	0	
	子女对父母	30	9	0	0	
	兄弟姐妹间	30	15	0	0	

续表

交际对象人数 \ 语种		摩梭话	汉语	普米语	彝语	其他
拉伯乡三江口村	父母之间	30	1	21	0	
	父母对子女	30	2	11	0	
	子女对父母	30	12	8	0	
	兄弟姐妹间	30	9	10	0	
拉伯乡格庄村	父母之间	30	16	11	0	
	父母对子女	30	14	10	0	
	子女对父母	30	14	15	0	
	兄弟姐妹间	30	12	20	0	
紫玛街道新民村	父母之间	30	4	1	1	
	父母对子女	30	7	0	0	
	子女对父母	30	9	0	0	
	兄弟姐妹间	30	23	0	0	
大兴街道新桥村	父母之间	30	21	3	4	
	父母对子女	30	3	3	4	
	子女对父母	30	5	3	4	
	兄弟姐妹间	30	6	3	9	
新营盘乡衙门村	父母之间	30	18	14	12	
	父母对子女	30	11	11	10	
	子女对父母	30	13	11	12	
	兄弟姐妹间	30	16	10	15	

从表2-6可以看出：以上7个村的调查对象，虽然已有不同程度的语言兼用，但在家庭语言环境中都说摩梭话，摩梭话是主要的交流工具。

因此，从母语熟练程度、母语词汇量及使用场合的调查可以看出，摩梭话是摩梭人之间主要的语言交际工具。

二 摩梭话使用呈现差异性

摩梭话使用情况的差异性主要体现在：摩梭话使用类型的差异、代际差异及摩梭人聚居村与杂居村使用情况的差异三个方面。

（一）摩梭话使用情况的四种类型

依据母语熟练程度、母语词汇量掌握情况的不同，云南摩梭人母语使用情况呈现出四种类型，即“全民掌握并熟练使用摩梭话”型、“绝大部分人掌握并使用摩梭话”型、“多数人掌握并使用摩梭话”型、“普遍出现母语转用”型。

1. “全民掌握并熟练使用摩梭话”型

此类型的摩梭话熟练程度为100%、摩梭话400词测试优秀率在90%以上（见表2-7），摩梭话是不同民族间共同或主要的交际工具。此类型有5个摩梭人聚居村：拉伯乡拉开西里村、拉伯乡布落村、翠玉乡宜底大村、翠玉乡路跨村和拉伯乡格庄村（见表2-7）。

表2-7　　5个摩梭人聚居村摩梭话400词测试

400词掌握程度 / 自然村名及测试人数	优秀		良好		一般		差	
	人数（人）	百分比（%）	人数（人）	百分比（%）	人数（人）	百分比（%）	人数（人）	百分比（%）
拉伯乡布落村（16人）	15	93.75	1	6.25	0	0	0	0
翠玉乡路跨村（16人）	15	93.75	1	6.25	0	0	0	0
翠玉乡宜底大村（15人）	14	93.33	1	6.67	0	0	0	0
拉伯乡拉开西里村（15人）	14	93.33	1	6.67	0	0	0	0
拉伯乡格庄村（13人）	12	92.31	1	7.69	0	0	0	0

如表2-7所示：这5个摩梭聚居村的摩梭村民母语词汇掌握量“优秀”率都在92%以上，“良好”率都在6%以上，没有“一般”和“差”的情况。因此，其母语能力较强。

2. “绝大部分人掌握并使用摩梭话”型

与“全民掌握并熟练使用摩梭话”类型相比，此类型的词汇掌握量较之低10%—20%，摩梭话的交际功能也略有减弱。

此类型有8个村：6个摩梭聚居村（永宁镇瓦拉壁村、拉罗湾村、里格村，红桥镇吉意村，金棉乡达瓦村，新营盘乡拉巴河上村）和2个摩梭杂居村（拉伯乡三江口村、新营盘乡衙门村）。此类型的摩梭话熟练程度除新营盘乡衙门村为96.10%（见第三章第二节个案8）外，其他均为100%，摩梭话400词测试优秀率在70%—80%（见表2-8），摩梭话是该村重要的交际工具。

表 2-8　　8 个村摩梭话 400 词测试

400 词掌握程度 / 自然村名及测试人数	优秀		良好		一般		差	
	人数（人）	百分比（%）	人数（人）	百分比（%）	人数（人）	百分比（%）	人数（人）	百分比（%）
金棉乡达瓦村（16 人）	14	87.50	2	12.50	0	0	0	0
永宁镇里格村（16 人）	14	87.50	2	12.50	0	0	0	0
拉伯乡三江口村（15 人）	12	80.00	3	20.00	0	0	0	0
红桥镇吉意村（18 人）	14	77.78	3	16.67	1	5.55	0	0
新营盘乡拉巴河上村（13 人）	10	76.92	3	23.08	0	0	0	0
永宁镇瓦拉壁村（17 人）	13	76.47	2	11.77	1	5.88	1	5.88
新营盘乡衙门村（17 人）	12	70.59	5	29.41	0	0	0	0
永宁镇拉罗湾村（13 人）	9	69.23	2	15.38	0	0	2	15.38

从表 2-8 可以看出：此类型的 8 个自然村的摩梭人母语词汇量“优秀”率为 69.23%—87.50%，存在母语词汇量掌握“一般”和“差”的情况。

3. “多数人掌握并使用摩梭话”型

与“绝大部分人掌握并使用摩梭话”类型相比，此类型的词汇掌握量较之低 10%—20%。

此类型有 3 个村：永宁镇大落水村、紫玛街道新民村和大兴街道新桥村。此类型的摩梭话熟练程度除紫玛街道新民村为 72.97%（见第三章第三节个案 2）外，其他均为 100%；摩梭话 400 词测试优秀率约为 60%左右（见表 2-9），摩梭话是村寨里摩梭人重要的交际工具。

表 2-9　　3 个村摩梭话 400 词测试

400 词掌握程度 / 自然村名及测试人数	优秀		良好		一般		差	
	人数（人）	百分比（%）	人数（人）	百分比（%）	人数（人）	百分比（%）	人数（人）	百分比（%）
大兴街道新桥村（15 人）	10	66.67	2	13.33	1	6.67	2	13.33
紫玛街道新民村（10 人）	6	60.00	4	40.00	0	0	0	0
永宁镇大落水村（12 人）	7	58.33	2	16.67	1	8.33	2	16.67

从表 2-9 可以看出：这三个摩梭聚居村摩梭人掌握母语词汇量的“优秀率”为 58.33%—66.67%，“良好”的比例为 13.33%—40.00%，存在掌握母语词汇量为“一般”和“差”的现象；其中落水村和新桥村“差”的比例较高，分别为 16.67%和 13.33%。

4. “普遍出现母语转用”型

此类型的摩梭话熟练程度在 50%以下（见表 2-10）、400 词测试优秀率在 30%以下（见表 2-11），摩梭话的交际及文化载体功能已基本消失，该村摩梭人已部分或全部转用其他民族语。此类型有：大兴街道东红村、红桥镇白岩子二村及西布河乡碧源村委会的庆河村、湾子村，这 4 个摩梭杂居村（见表 2-10、表 2-11）。

表 2-10　　4 个摩梭杂居村摩梭话熟练程度

自然村名	人数	熟练		略懂		不会	
		人数（人）	百分比（%）	人数（人）	百分比（%）	人数（人）	百分比（%）
西布河乡湾子村、庆河村	53	2	3.77	18	33.96	33	62.27
红桥镇白岩子二村	33	15	45.46	11	33.33	7	21.21
大兴街道东红村	52	23	44.23	9	17.31	20	38.46

表 2-11　　4 个摩梭人杂居村摩梭话 400 词测试

400 词掌握程度 / 自然村名及测试人数	优秀		良好		一般		差	
	人数（人）	百分比（%）	人数（人）	百分比（%）	人数（人）	百分比（%）	人数（人）	百分比（%）
大兴街道东红村（41 人）	12	29.27	3	7.32	1	2.44	25	60.97
红桥镇白岩子二村（22 人）	5	22.73	1	4.54	0	0	16	72.73
西布河乡湾子村、庆河村（47 人）	1	2.13	1	2.13	0	0	45	95.74

从表 2-10 和表 2-11 可以看出：这 4 个摩梭杂居村摩梭人的母语熟练度都低于 50%，其母语词汇掌握量“差”的比例都高于“优秀”“良好”和“一般”的总和。

同时在母语词汇量测试中，这 4 个自然村摩梭人的母语词汇掌握程度的整体优秀率均在30%以下。此外，结合访谈调查到：西布河乡湾子村、庆河村的摩梭人已完全转用汉、傈僳、彝族等村寨里或周边民族的语言，大兴街道东红村、红桥镇白岩子二村的大部分摩梭人也在转用汉语和村寨里或周边少数民族的语言。

从以上调查可以看出：整体而言，云南摩梭话仍较有活力，但不同区域的活态程度有差异：高活态区域为拉伯乡、翠玉乡、永宁镇及红桥镇吉意村、金棉乡达瓦村、新营盘乡摩梭聚居村；低活态区域为永宁镇泸沽湖旅游开发区域及大兴街道和紫玛街道的摩梭聚居村；活态正在或已消失的区域为大兴街道及西布河乡的摩梭杂居村。

（二）摩梭话的使用情况出现代际差异

母语熟练度、母语词汇量及使用场合三个方面都体现出了摩梭话使用的代际差异。

1. 母语熟练程度的代际差异

母语熟练程度调查显示：母语熟练度与年龄大小呈正比（见表2-12）。

表2-12　　不同年龄段母语熟练度调查

年龄段	人数（人）	熟练		略懂		不懂	
		人数（人）	百分比（%）	人数（人）	百分比（%）	人数（人）	百分比（%）
6—19岁	187	162	86.63	9	4.81	16	8.56
20—39岁	445	402	90.34	15	3.37	28	6.29
40—59岁	361	326	90.31	16	4.43	19	5.26
60岁（含60）以上	156	148	94.87	6	3.85	2	1.28
合计	1149	1038	90.34	46	4.00	65	5.66

从表2-12可以看出：在调查的1149人中，60岁以上的摩梭人母语熟练度最高，“40—49岁”及“20—39岁”的差异性不显著，而20岁以下的其母语熟练度都有减弱。

2. 母语词汇量掌握的代际差异

母语词汇量的掌握程度，随年龄的增长而提高（见表2-13）。

表 2-13　不同年龄段摩梭话 400 词测试情况统计

年龄段	总数（人）	A（优秀）		B（良好）		C（一般）		D（差）	
		人数（人）	百分比（%）	人数（人）	百分比（%）	人数（人）	百分比（%）	人数（人）	百分比（%）
6—19 岁	72	19	26.38	29	40.28	2	2.78	22	30.56
20—39 岁	113	74	65.49	8	7.08	2	1.77	29	25.66
40—59 岁	111	74	66.67	1	0.90	1	0.90	35	31.53
60 岁（含 60）以上	51	42	82.35	2	3.92	0	0	7	13.73
合计	347	209	60.23	40	11.53	5	1.44	93	26.80

从表 2-13 可以看出：60 岁（含 60）以上摩梭人母语词汇掌握的优秀率为“82.35%”，“40—59 岁”年龄段的优秀率为“66.67%”，“20—39 岁”年龄段的优秀率为“65.49%”，“6—19 岁”年龄段的优秀率为“26.38%”。母语词汇量掌握度体现出代际差异，“60 岁（含 60）以上”年龄段的优秀率最高，“20—39 岁”年龄段的优秀率较“40—59 岁”年龄段的略有降低，但“6—19 岁”年龄段的优秀率比例明显降低。

（三）聚居村与杂居村摩梭话的使用情况有差异

聚居村与杂居村摩梭话使用的差异性，体现在摩梭话使用熟练度和母语词汇掌握量及摩梭话使用场合差异三个方面。

1. 聚居村和杂居村母语使用熟练程度的差异

在调查的 20 个自然村中，摩梭话熟练程度呈现村寨差异；其中，有 14 个自然村的调查对象母语熟练程度高（见表 2-14）；有 6 个自然村的调查对象母语熟练程度相对较低（见表 2-15、表 2-16）。

表 2-14　14 个自然村摩梭话熟练情况　单位：人

对比项 \ 自然村名		拉伯乡				永宁镇				翠玉乡		红桥镇	金棉乡	大兴街道	新营盘乡
		格庄	拉开西里	三江口	布落	拉罗湾	瓦拉壁	里格	大落水	宜底大村	路跨	吉意	达瓦	新桥	拉巴河上村
调查对象总数	897	58	89	40	75	73	101	54	45	76	71	71	57	36	51

续表

对比项 \ 自然村名			拉伯乡				永宁镇				翠玉乡		红桥镇	金棉乡	大兴街道	新营盘乡
			格庄	拉开西里	三江口	布落	拉罗湾	瓦拉壁	里格	大落水	宜底大村	路跨	吉意	达瓦	新桥	拉巴河上村
不同年龄段熟悉母语人数	6—19岁	此段人数（148）	8	9	3	13	17	20	12	8	11	9	9	10	7	12
		母语熟悉人数（148）	8	9	3	13	17	20	12	8	11	9	9	10	7	12
	20—39岁	此段人数（357）	26	36	13	32	28	42	21	21	28	30	35	23	10	12
		母语熟悉人数（357）	26	36	13	32	28	42	21	21	28	30	35	23	10	12
	40—59岁	此段人数（278）	18	33	20	24	21	27	13	10	26	19	23	16	10	18
		母语熟悉人数（278）	18	33	20	24	21	27	13	10	26	19	23	16	10	18
	60岁（含60）以上	此段人数（114）	6	11	4	6	7	12	8	6	11	13	4	8	9	9
		母语熟悉人数（114）	6	11	4	6	7	12	8	6	11	13	4	8	9	9

从表2-14可以看出：以上14个自然村，四个年龄段的897名调查对象摩梭话熟练，其熟练程度均为100%，都能用母语进行交流。这14个村中，除拉伯乡三江口村为杂居村外，其余13个都是摩梭聚居村。

另外，还有6个自然村（其中，湾子村、庆河村合在一起调查）的252名调查对象，其母语熟练程度有差异（见表2-15、表2-16）。

表2-15　　6个村摩梭话熟练程度差异情况　　单位：人

对比项 \ 村寨名		红桥镇	大兴街道	紫玛街道	新营盘乡	西布河乡
		白岩子二村	东红村	新民村	衙门村	湾子村、庆河村
调查总数	252	33	52	37	77	53

续表

对比项 \ 村寨名			红桥镇	大兴街道	紫玛街道	新营盘乡	西布河乡
			白岩子二村	东红村	新民村	衙门村	湾子村、庆河村
不同年龄段母语熟悉程度	6—19岁	此段人数（39）	3	6	7	13	10
		熟悉（14）	0	1	3	10	0
		略懂（9）	1	2	3	2	1
		不会（16）	2	3	1	1	9
	20—39岁	此段人数（88）	8	22	11	31	16
		熟悉（45）	2	7	5	31	0
		略懂（15）	4	4	3	0	4
		不会（28）	2	11	3	0	12
	40—59岁	此段人数（83）	13	15	10	25	20
		熟悉（48）	4	9	10	25	0
		略懂（16）	6	2	0	0	8
		不会（19）	3	4	0	0	12
	60岁（含60）以上	此段人数（42）	9	9	9	8	7
		熟悉（34）	9	6	9	8	2
		略懂（6）	0	1	0	0	5
		不会（2）	0	2	0	0	0

对表2-15中不同年龄段的熟悉程度进行调查，统计数据见表2-16。

表2-16　　6个村摩梭人母语熟练差异情况数据

自然村名	人数（人）	熟练		略懂		不会	
		人数（人）	百分比（%）	人数（人）	百分比（%）	人数（人）	百分比（%）
新营盘乡衙门村（杂居村）	77	74	96.10	2	2.60	1	1.30
紫玛街道新民村（聚居村）	37	27	72.97	6	16.22	4	10.81
红桥镇白岩子二村（杂居村）	33	15	45.46	11	33.33	7	21.21
大兴街道东红村（杂居村）	52	23	44.23	9	17.31	20	38.46
西布河乡湾子村、庆河村（杂居村）	53	2	3.77	18	33.96	33	62.27

如表 2-15、表 2-16 所示，以上 6 个村中，除紫玛街道新民村是摩梭聚居村外，另外 5 个都是摩梭杂居村。摩梭话熟练程度由高到低为：新营盘乡衙门村为 96.10%，紫玛街道新民村为 72.97%，红桥镇白岩子二村为 45.46%，大兴街道东红村为 44.23%，西布河乡湾子村、庆河村为 3.77%。

从表 2-14、表 2-15、表 2-16 的统计数据可以看出：14 个摩梭聚居村中，除 1 个村，即紫玛街道新民村的母语熟练人数占比为 72.97%外，其余 13 个聚居村不同年龄段的母语熟练度都为 100%。而 6 个杂居中，除 2 个村，即拉伯乡三江口村摩梭人的母语熟练度为 100%，新营盘乡衙门村摩梭人的母语熟练度为 96.10%外，其余的 4 个村摩梭人的母语熟练度都偏低。可见，聚居村的母语熟练度在很大程度上高于杂居村。

2. 聚居村和杂居村摩梭人母语词汇量的差异

这 20 个自然村 347 位调查对象的母语词汇掌握情况，存在村寨差异（见表 2-17）。

表 2-17　　不同自然村摩梭话 400 词掌握情况

400 词掌握程度 / 自然村名及测试人数	优秀		良好		一般		差	
	人数（人）	百分比（%）	人数（人）	百分比（%）	人数（人）	百分比（%）	人数（人）	百分比（%）
拉伯乡布落村（16 人）	15	93.75	1	6.25	0	0	0	0
翠玉乡路跨村（16 人）	15	93.75	1	6.25	0	0	0	0
翠玉乡宜底大村（15 人）	14	93.33	1	6.67	0	0	0	0
拉伯乡拉开西里村（15 人）	14	93.33	1	6.67	0	0	0	0
拉伯乡格庄村（13 人）	12	92.31	1	7.69	0	0	0	0
金棉乡达瓦村（16 人）	14	87.50	2	12.50	0	0	0	0
永宁镇里格村（16 人）	14	87.50	2	12.50	0	0	0	0
拉伯乡三江口村（15 人）	12	80.00	3	20.00	0	0	0	0
红桥镇吉意村（18 人）	14	77.78	3	16.67	1	5.55	0	0
新营盘乡拉巴河上村（13 人）	10	76.92	3	23.08	0	0	0	0
永宁镇瓦拉壁村（17 人）	13	76.47	2	11.77	1	5.88	1	5.88
新营盘乡衙门村（17 人）	12	70.59	5	29.41	0	0	0	0
永宁镇拉罗湾村（13 人）	9	69.23	2	15.38	0	0	2	15.38
大兴街道新桥村（15 人）	10	66.67	2	13.33	1	6.67	2	13.33

续表

400 词掌握程度 / 自然村名及测试人数	优秀		良好		一般		差	
	人数（人）	百分比（%）	人数（人）	百分比（%）	人数（人）	百分比（%）	人数（人）	百分比（%）
紫玛街道新民村（10 人）	6	60.00	4	40.00	0	0	0	0
永宁镇大落水村（12 人）	7	58.33	2	16.67	1	8.33	2	16.67
大兴街道东红村（41 人）	12	29.27	3	7.32	1	2.44	25	60.97
红桥镇白岩子二村（22 人）	5	22.73	1	4.54	0	0	16	72.73
西布河乡湾子村、庆河村（47 人）	1	2.13	1	2.13	0	0	45	95.74

从表 2-17 可以看出：母语 400 词测试中“优秀率”的占比，聚居村明显高于杂居村。

聚居村中，优秀率为 90%以上的有 5 个（拉伯乡布落村、拉开西里村、格庄村，翠玉乡宜底大村、路跨村）；“优秀率”达到 80%有 2 个（金棉乡达瓦村、永宁镇里格村）；“优秀率”达到 70%有 3 个（红桥镇吉意村、新营盘乡拉巴河上村和永宁镇瓦拉壁村），“优秀率”接近或达到 60%有 4 个（永宁镇拉罗湾村、大兴街道新桥村和紫玛街道新民村、永宁镇大落水村）。

杂居村中，“优秀率”达到 80%有 1 个（拉伯乡三江口村），“优秀率”达到 70%的有 1 个（新营盘乡衙门村），另外的 4 个村（大兴街道东红村、红桥镇白岩子二村、西布河乡湾子村和庆河村）的优秀率都在 30%以下。

3. 聚居村和杂居村摩梭话使用场合的差异

在摩梭话使用场合的调查中发现：摩梭话是摩梭人和村里其他民族共同的交际工具的，有 9 个摩梭聚居村（拉伯乡布落、拉开西里，永宁镇瓦拉壁村、拉罗湾村，翠玉乡宜底大村、路跨村，红桥镇吉意村，新营盘乡拉巴河上村，金棉乡达瓦村）；摩梭话是重要交际工具的有 5 个聚居村（拉伯乡格庄村，永宁镇大落水村、里格村，紫玛街道新民村，大兴街道新桥村），2 个杂居村（拉伯乡三江口村、新营盘乡衙门村）。

而摩梭话交际功能基本已被其他语言替代的则为 4 个杂居村（西布河乡湾子村和庆河村、大兴街道东红村、红桥镇白岩子二村）。这 4 个村的摩梭人无论是在家里，还是在其他场合基本都不再使用摩梭话。西布河乡只有两位 80 岁高龄的老人还会摩梭话，但平时交流时已基本不再说了；大兴街道东红村除 3 户摩梭人在家里还保持说摩梭话的传统和要求外，其他摩梭人在家里或其他场合都说汉语或彝语；红桥镇白岩子二村只有 60 岁以上的老人之间交流时还在说摩梭话，其他年龄段的摩梭人在公共场合多说汉语和彝语，在家因通婚民族不同而说汉语和其他少数民族语（彝语或普米语）。

可见，摩梭人聚居还是杂居，对摩梭话使用熟练度、摩梭词汇掌握度、使用场合广度，都有影响。在摩梭人与其他民族的杂居村中，“拉伯乡三江口村”在摩梭话的熟练度、摩梭话词汇掌握度及使用场合广度方面的比例都较高，这与其毗邻摩梭聚居村——布落村有关。

三　普遍兼用汉语及其他民族语

在 20 个自然村的调查中发现，摩梭人因人口数量较少，不论是聚居还是杂居，语言使用中都会受周边或村内其他民族的影响，都存在不同程度、不同语种的兼用，有些还出现了转用现象。为更直观地呈现出摩梭人语言生活的多样性，我们先将 20 个村进行编号，并以“+”表示兼用此种语言，再将数据呈现于表 2-18 中。表 2-18 中呈现的是该村村民部分或整体熟练的语言情况。

村名编号为：1 拉开西里村，2 布落村，3 格庄村，4 大落水村，5 里格村，6 拉罗湾村，7 瓦拉壁村，8 宜底大村，9 路跨村，10 吉意村，11 新民村，12 新桥村，13 达瓦村，14 拉巴河上村，15 三江口村，16 白岩子二村，17 东红村，18 衙门村，19 湾子村，20 庆河村。

表 2-18　　摩梭人语言生活的多样性

语种 村名	1	2	3	4	5	6	7	8	9	10	11	12	13	14	15	16	17	18	19	20
摩	+	+	+	+	+	+	+	+	+	+	+	+	+	+	+	+	+	+		
汉	+	+	+	+	+	+	+	+	+	+	+	+	+	+	+	+	+	+	+	+
普		+		+	+	+	+	+	+	+	+	+	+	+	+	+	+	+		
傈								+	+										+	+
纳	+	+	+		+	+		+	+			+	+		+	+				
藏							+													
彝					+	+	+			+	+	+	+	+		+	+	+	+	+

从表2-18可以看出：摩梭人全民不同程度地兼用汉语，普遍兼用三种或三种以上的语言，其中摩梭人兼用或部分转用的语种，比例由高到低分别为：汉语、普米语、彝语、纳西语、傈僳语、藏语。兼用普米语的有16个自然村，除西布河乡及拉伯乡的个别区域外，其他区域摩梭村寨的摩梭人普遍能兼用普米语；兼用彝语的有13个自然村，分布在永宁镇、大兴街道、紫玛街道、新营盘乡、金棉乡、红桥镇、西布河乡等区域；兼用纳西语的有11个自然村，分布在拉伯乡、永宁镇、翠玉乡、金棉乡、大兴街道、紫玛街道等乡镇和街道；兼用傈僳语的有4个自然村，分布在翠玉乡及西布河乡；兼用藏语的主要为永宁镇温泉村委会的瓦拉壁村。

摩梭人兼用民族语的数量及分布情况，反映出摩梭人居住村寨及其周边相对应语种的民族分布情况及其人口数量情况；村寨或村寨周边其他民族人口数量占比较大，其他民族语就会在摩梭人的日常生活中发挥其交际功能。

第三节　云南摩梭人语言生活成因探析

结合实地调查数据及访谈、实地观察等方法所获得的材料和信息，可从母语使用成因及兼用语使用成因两方面，对云南摩梭人语言生活现状成因进行分析。

一　母语使用现状成因

从上文分析可见，摩梭话是云南纳西族摩梭人主要的语言交际工具，摩梭话的使用呈现出“全民掌握并熟练使用摩梭话”“绝大部分掌握并熟练使用摩梭话”“多数人掌握并熟练使用摩梭话”“普遍出现母语转用”四种类型，聚居村和杂居村摩梭话使用情况存在差异，一些杂居村寨已出现母语转用现象。这些类型及特征的形成，与摩梭人普遍强烈的民族认同、居住分布、社会经济文化发展状况等都密切相关。

（一）民族认同的积极作用

摩梭人强烈的民族认同，与其作为宁蒗世居民族（人）、摩梭传统宗教、文化等的积极影响密切相关。

宁蒗是摩梭人南迁以来的主要居住地之一，摩梭人是最早开发宁蒗的民族（人）之一。从元代时“永宁和蒗蕖两地的摩梭阿氏土官受职领衔”[①]，到明代形成了摩梭阿氏土司世袭统治下的封建经济形态；摩梭土司制度延续至1956年民主改革时废除。宁蒗这片土地记载了摩梭人创造的文化及摩梭土司的辉煌历史。

摩梭人原始宗教——达巴教，承载了摩梭人的世界观、道德观和自然观，体现在摩梭人日常的各种祭祀活动中，融入摩梭人的生命中，形成了有着强烈民族情怀的集体记忆，由此强化着摩梭人的民族（人）身份的认同。另外，摩梭大家庭的协作方式、祖母屋火塘文化，积淀在摩梭人的民族记忆和生活中，彰显着摩梭人的民族特征。

因摩梭话无文字记载，摩梭人数较少，因而，承载摩梭文化及标志摩梭人身份的摩梭话，在摩梭人意识中得以凸显。

在调查的20个自然村中，通过访谈及观察发现，除了摩梭话生命力已经消失和正在消失的西布河乡湾子村、庆河村，红桥镇白岩子二村，大兴街道东红村这4个村外，在其他16个自然村的访谈中，受访者都谈道“家里都要求说摩梭话”“是摩梭人就应该说摩梭话”“回家都说摩梭话，家里的亲戚都说摩梭话”，以及“从小在家学会了，回家也说摩梭话，以后就不会忘”“摩梭话是摩梭人的标志，是融入摩梭人血液里了的，有着本民族独特的精神气质，不会消失”。永宁镇瓦拉壁村一位老人说，“家里人特别担心曾孙不会说摩梭话，所以把曾孙接回来住，教他说。如果不会说摩梭话，摩梭文化就都不会了”。当我们到永宁镇瓦拉壁村调查时，同村的摩梭姑娘用汉语方言给访谈对象介绍笔者时，这位访谈对象立刻用摩梭话批评她：“摩梭人之间为什么不说摩梭话？”

摩梭人对摩梭话作为其身份象征的强烈认同，成为摩梭话保持其生命力的强大支撑。也因如此，红桥镇吉意、金棉乡达瓦等村的摩梭人，虽然其村寨周围都是其他民族，但仍能让摩梭话较好地代代相传。

民族认同感体现在语言使用态度中。不同的语言态度影响语言使用者做出不同的语言选择。因此，我们在所调查的20个自然村的1149人中，每个村采用了便利抽样调查的方法，抽取30人（其中，西布河乡湾子村和庆河村合在一起调查，这两个村一共抽取30人），共570人进行了“语言态度”调查。调查时，依据不同年龄段人口总数比例来抽取调查对象。因

① 陈烈、秦振新：《最后的母系家园：泸沽湖摩梭文化》，云南人民出版社1999年版，第1页。

“三江口村”“吉意村”“拉罗湾村”“白岩子二村”4个村“6—19岁”及“60岁（含60）以上”两个年龄段人口数量少，因此，“三江口村”选取的30人为：6—19岁3人，20—39岁11人，40—59岁12人，60岁（含60）以上调查了4人。“吉意村”选取的30人为：6—19岁5人，20—39岁11人，40—59岁10人，60岁（含60）以上调查了4人。“拉罗湾村”选取的30人为：60岁（含60）以上只选取了1人，6—19岁选取了5人，20—39岁选取了14人，40—59岁选取10人。“白岩子二村”选取的30人为：6—19岁3人，20—39岁9人，40—59岁12人，60岁（含60）以上调查了6人。其他每个自然村6—19岁和60岁（含60）以上的各随机选取5人，20—39岁和40—59岁各随机选取10人进行问卷调查。

语言态度调查涉及“语言情感”“期望”“社会影响力”三个方面。

1. “语言情感”的调查

这部分设置了三类题目。设置了3个单选题，即：“1. 您觉得哪种语言是最能代表自己的语言？A 摩梭话 B 宁蒗汉语方言 C 普通话 D 当地其他民族语言”。“2. 如果摩梭人不会说摩梭话，您的态度是什么？A 无所谓 B 可以接受，但很可惜 C 不能接受。”“3. 您担心未来摩梭话会消亡吗？A 担心 B 无所谓 C 有信心，不会消亡。”

（1）“您觉得哪种语言是最能代表自己的语言”的调查结果

选择“最能代表自己的语言”的选项中，570名调查对象中有549人选择了“摩梭话”，占调查总人数的96.32%。

不同自然村的具体情况为：除“西布河乡湾子村、庆河村”“红桥镇白岩子二村”“大兴街道东红村”外，其他16个村的调查对象，选择“A 摩梭话”这项的占调查总人数的100%；红桥镇白岩子二村选择此项的人数为25人，占该村调查人数的83.33%；大兴街道东红村选择此项的人数为23人，占该村调查人数的76.67%；即使是基本已不会说摩梭话的西布河乡庆河村和湾子村这两个村，仍有21人，即占这两个村调查总人数70%的调查对象选择了“摩梭话是最能代表自己的语言”这一项。这表明摩梭人对自己的语言有着强烈的认同感；即便不会说摩梭话的摩梭人，也通过语言认同来表达自己的民族身份认同。

（2）“如果摩梭人不会说摩梭话”的态度调查结果

选择“B 可以接受，但很可惜”的总人数为177人，占调查总人数的31.05%；选择“C 不能接受”的总人数为380人，占调查总人数的

66. 67%。不同自然村的具体情况为：

除“西布河乡湾子村、庆河村”“红桥镇白岩子二村”“大兴街道东红村”“红桥镇吉意村”5个村的调查对象，选择“B可以接受，但很可惜”的比例较高外，其他15个村的调查对象，选择“C不能接受”的比例都较高；特别是拉伯乡拉开西里村、布落村、三江口村，永宁镇拉罗湾村、瓦拉壁村，翠玉乡宜底大村、路跨村，大兴街道新桥村、金棉乡达瓦村、新营盘乡衙门村，这10个村的调查对象，选C的比例占各村调查人数的80%及其以上。这既可以看出摩梭话保留程度的区域差异，也能从整体上反映出摩梭人对其母语的强烈情感。

（3）“是否担心摩梭话消失”的调查结果

选择“A担心”的总人数为217人，占调查总数的38. 07%。不同自然村的具体情况为：

除翠玉乡宜底大村、路跨村及拉伯乡布落村，这3个村的调查对象选择“A担心”的比例为0外，其他村的调查对象都有不同比例的摩梭村民选择此项。其中：红桥镇白岩子二村、大兴街道东红村、西布河乡湾子村和庆河村、红桥镇吉意村、新营盘乡拉巴河上村的调查对象，选择此项的比例较高，分别为30人、30人、21人、21人和18人，占各村调查人数的比例分别为：100%、100%、70%、70%、60%。

选择“B无所谓”的仅有西布河乡湾子村和庆河村的9名调查对象，占调查总人数的1. 57%。

选择“C有信心、不会消亡”的总人数为344人，占调查总人数的60. 35%。不同自然村的具体情况为：

选C比例占该村调查人数100%的是：拉伯乡布落村、翠玉乡宜底大村、翠玉乡路跨村这3个村；另外17个村的调查者，选C比例占各村调查人数比例，按高低排列，分别为：金棉乡达瓦村27人，占该村调查人数的90%；拉伯乡三江口村27人，占该村调查人数的90%；大兴街道新桥村24人，占该村调查人数的80%；新营盘乡衙门村23人，占该村调查人数的76. 67%；拉伯乡拉开西里村22人，占该村调查人数的73. 33%；永宁镇瓦拉壁村21人，占该村调查人数的70%；永宁镇里格村20人，占该村调查人数的66. 67%；永宁镇拉罗湾村20人，占该村调查人数的66. 67%；永宁镇大落水村18人，占该村调查人数的60%；紫玛街道新民村17人，占该村调查人数的56. 67%；拉伯乡格庄村14人，占该村调查人数的46.67%；新营盘乡拉巴河上村12人，占该村调查人数的40%；红桥镇吉意村9人，占该村调查人数的30%；红桥镇白岩子二村、大兴街道东红村、西布乡河湾子村和庆河村的比例均为0。

从第3题选择项的选择中，可以看出：对摩梭话未来的发展趋势，除摩梭人口相对密集、离县城较远、交通不发达的五个自然村（翠玉乡宜底大村、路跨村，拉伯乡布落村，金棉乡达瓦村，拉伯乡三江口村）的调查对象，对此有着肯定、积极的态度外，其他自然村的调查对象都有着不同程度的担忧。特别是西布河乡湾子村和庆河村、红桥镇白岩子二村、大兴街道东红村，这4个摩梭话正在消失或已经消失的自然村；以及与纳西族杂居的拉伯乡格庄村、周围都是其他民族的红桥镇吉意村；村里没有完小，需家长到县城陪读的新营盘乡拉巴河上村；离县城较近的紫玛街道新民村；这些自然村的调查对象，对母语未来发展的担忧度都较高。

2. 语言使用期望方面的调查

包括两部分：一是调查“希望子女（或未来的子女）会说什么话”；二是“希望广播站、电视台使用什么语言广播、播放”。

（1）子女未来使用语言的期望调查

选择“C普通话”的人数最多，为551人，占调查总人数的96.67%；其次，选择“A摩梭话”的人数为499人，占调查总人数的87.54%。不同自然村的具体情况为：

选择“A摩梭话”的人数比例，西布河乡湾子村和庆河村占该村调查人数比例为0；大兴街道东红村有7人，占该村调查人数的23.33%；红桥镇白岩子二村有12人，占该村调查人数的40%；其他16个村的调查对象的选择比例都占各村调查人数的100%；另外选择“C普通话”的比例，所调查的20个自然村的调查数据均占各村调查人数的100%。这表明：在语言的重要性及未来期望上，对普通话及摩梭话的认同度、选择度都较高。

（2）广播、电视节目使用语言的期望调查

选择“B方言”的比例最高，均为100%；其次是选择“A摩梭话”，选择人数为482人，占调查总人数的84.56%。不同自然村的具体情况如下。

选择“B宁蒗方言”的比例最高，各个自然村的调查对象的选择比例都达到了100%；其次是选项“A 摩梭话”，除西布河乡湾子村和庆河村、红桥镇白岩子二村、大兴街道东红村这4个摩梭话交际功能已经消失或衰弱的自然村的调查对象外，其他自然村的调查对象选择此项的比例均为100%。而选项“C 普通话”的选择比例相对于宁蒗汉语方言和摩梭话而言，所占比例较小。第5题的调查结果表明：摩梭人对其母语总体有着较强的情感认同，对于汉语普通话的用途有着较好的认知；但从实用性，即村民能听懂的角度而言，对宁蒗汉语方言的认可度大于普通话。

3. 对语言社会影响力的调查

从情感认同、作用、社会影响力三方面进行了调查（见表2-19）。

表2-19　　语言社会影响力的调查结果　　单位：人

态度			摩梭话	普通话	宁蒗汉语方言	当地少数民族语言
情感认同	好听与否	非常	531	213	370	200
		一般	39	282	200	368
		不好听	0	75	0	2
	亲切度	很亲切	553	95	398	270
		一般	17	265	172	210
		不亲切	0	210	0	90
作用		非常大	507	570	570	198
		一般	63	0	0	372
		没作用	0	0	0	0
社会影响力		影响力很大	410	570	570	125
		一般	160	0	0	445
		没影响力	0	0	0	0

从表2-19可以看出：就语言“好听与否”此项，所调查的570人对摩梭话和宁蒗方言的认同度都较高，“非常好听”一栏，选择摩梭话的人数有531人，占调查总人数的93.16%；选择宁蒗方言的有370人，占调查总人数的64.91%。

就语言的“亲切度”而言，“非常亲切”一栏，选择摩梭话和宁蒗方言的人数分别为553人和398人，分别占调查总人数的97.02%和69.82%。

就语言的“作用”而言，认为“非常有用”的，普通话、宁蒗方言的比例最高，都为100%，选择摩梭话的人数为507人，占调查总人数的88.95%。

就语言的“影响力”而言，认为“影响力很大”，普通话、宁蒗方言的比例最高，都为100%，选择摩梭话的人数为410人，占调查总人数的71.93%。

从表2-19可以看出：摩梭人对摩梭话的情感认同度较高，“非常好听”的选择比例为93.16%，“非常亲切”方面的认同度为97.02%；虽然有些自然村（西布河乡湾子村、庆河村）的摩梭人已经不会说摩梭话，有些村只有少部分会说摩梭话（大兴街道东红村、红桥镇白岩子二村），但对摩梭话的感情认同仍非常强烈。对摩梭话作用的认知而言，整体认同度也较高，“非常有用”率为88.95%，这表明整体而言，摩梭人对其语言的交流、传承作用都有着较好的认识。在摩梭话的社会影响力方面，认为“非常有影响”的比例也较高，为71.93%；这与摩梭聚居村里摩梭话在摩梭人生活中的作用及其他民族兼用摩梭话有着密切关系。

综合语言态度调查的选择题和表格题的调查结果。

摩梭人对摩梭话情感认同度较高。在“最能代表自己的语言”“好听”“亲切”方面，选择摩梭话的，分别占调查总人数的96.32%、93.16%、97.02%。“对未来摩梭话的消失”不能接受的比例占调查总人数的66.67%，“可以接受，但很可惜的”的比例占调查总人数的31.05%。这些都体现了摩梭人对摩梭话强烈的情感认同。

对摩梭话作用的认同度也较高，占调查总人数的88.95%；这从整体上反映了摩梭话在摩梭人生活中的重要性。在摩梭话的社会影响力方面，其认同度略低于对其作用的认同度，占调查总人数的71.93%，这表明因摩梭人人数较少，调查对象对摩梭话的影响力也有着较为客观的认知。

对摩梭话未来的发展趋势，整体较为乐观，不担心摩梭话消失的比例占调查总人数的60.35%；同时也有占调查总人数38.07%的调查对象，对摩梭话的保留和传承较为担忧。在语言使用倾向方面，在“最想让孩子学的语言”及“希望广播、电视使用的语言”方面，选择摩梭话的比例占调查总人数的87.54%和84.56%。这也反映出摩梭人对摩梭话的认同态度。

从以上的调查数据及访谈获得的材料可以看出，摩梭人的民族认同影响其语言态度、语言期望及语言使用。摩梭人强烈的民族认同感是摩梭话得以保留和传承的重要因素。

（二）居住方式的影响

“全民掌握并熟练使用摩梭话”“绝大部分掌握并熟练使用摩梭话”两种类型的个案村寨，都属于摩梭人聚居村，摩梭村民母语使用熟练程度、母语词汇掌握程度及母语使用频率整体都较高。

聚居为摩梭话的生命力提供了肥沃的土壤，摩梭人聚居让摩梭话这一交流工具的功能得以充分体现。聚居生活让摩梭传统节日（摩梭小过年、杀猪节、成丁礼、转山节、转海节等）、婚丧嫁娶、各种祭祀活动等的氛围更浓厚，更有利于摩梭传统文化的传承；而作为摩梭文化载体和组成部分的语言，随着各种节日、集体活动融入摩梭人的生活中和民族（人）认同中，成为摩梭人生活、生命中不可缺少的部分。

如离县城70多千米的达瓦村，虽然西边是彝族村（距离3千米左右），东边是彝族（距离4千米左右），北边是汉族村（距离2千米左右），南边是普米族村（距离2千米左右），但在372人的村里摩梭人有320人，摩梭人占全村人口总数的86.02%，因此摩梭的传统文化习俗都保留较好。村长木也苴在采访中谈道：“摩梭习俗，村里都有保留，特别是丧葬最隆重，全村人都要拿米、肉或钱等去办丧事的人家；每天每家出一人去帮忙，直到丧事办完。还有正月初三祭山神，每家出一只红公鸡，凑钱买羊、猪，全村人分家族，各自敬各自的山神（烧香、祈福、聚餐、打跳）；还有自己家敬锅庄、过年过节烧香等风俗都没变。”又如，距离宁蒗县城41千米的红桥镇黄腊老吉意村，全村86户，只有4户汉族，其余都是摩梭人。吉意村的东边是彝族下拉垮村，西边是黄腊老普米族村，南边是彝族的高峰村，北边是彝族的石佛山彝族村；除北边的石佛山彝族村距离较远以外，其他三个村都与吉意村毗邻。因吉意村为摩梭人聚居村，因此摩梭文化及语言目前都保留较好。村长王池理在访谈中也谈道：“村里的摩梭传统保留得很好。腊月二十四祭火塘，腊月二十八家族聚会，正月十五转山节（全村人聚集到本村神山祭拜、祈福、聚餐、打跳），正月十七、十九全村（或大部分）一起去神山烧香。每家都保持着每天烧香、吃饭前敬锅庄的习俗。村里的红白喜事全村都互相帮忙。村里的汉族也跟我们一样了。”

共同的习俗、共同的宗教信仰，把聚居生活的摩梭人紧密联系在一起；摩梭话成为摩梭人各种集体活动和日常交流不可缺少的纽带和工具，摩梭话也随着各种集体活动和记忆代代相传，摩梭话的生命力也由此旺盛。

（三）居住环境的影响

我们在访谈中了解到，摩梭人居住的地理位置及村里村小学的有无，对摩梭话的使用及摩梭人语言生活都有较大的影响。

1. 地理环境的影响

地理环境主要指离城的远近、交通便利程度。从调查结果来看，相对而言，离城区距离越远，交通条件越不便利的自然村，摩梭话的保留情况相对更好，其生命力也相对旺盛。

（1）离县城距离远近的影响

如紫玛街道新民村和大兴街道新桥村，都是摩梭聚居村。紫玛街道安乐社区新民村，距离县城 1 千米，村里有 150 户，除 8 户普米族外，其他都是摩梭人。在对村长思格独枝的访谈中了解到，因离县城较近，政府征收该村村民的土地修公路、学校，因而很多外来的汉族（四川、广东的居多）租用村民的房屋，“村里人几乎都会说汉话，很多话的表达都杂着汉话；十多岁的孩子，他们交流时都说汉话”。而大兴街道拉都河村委会新桥村离宁蒗县城 7 千米，有 190 户，其中，汉族 2 户，摩、普、彝（有两家）通婚 34 户，其余 90% 是摩梭人。村长给汝独玛在访谈中说：“我担任了八年村长，村里开会、公开场合一般都说摩梭话。”同时，在村民给汝二车的访谈中也了解到，“村里人平时都说摩梭话，摩梭人之间说汉话的较少”。在摩梭话 400 词测试及摩梭话熟练程度的调查中也证实了两村的差异：摩梭话 400 词测试优秀率，新桥村为 66. 67%，新民村为 60%；摩梭话熟练程度，新桥村为 100%，新民村为 72. 97%。

同样，永宁镇永宁村委会的拉罗湾村，距离永宁街 1 千米左右，在摩梭话 400 词测试中，优秀率为 69. 23%；永宁镇温泉村委会的瓦拉壁村，距离永宁街 10 千米，在摩梭话 400 词测试中，优秀率为 76. 47%。这两个村都是摩梭人聚居村，其词汇掌握情况的差异，与距离县城、街道的远近有关。

可见，距离县城的远近是影响摩梭话熟练程度的一个重要因素。

（2）交通便利程度的影响

拉伯乡和永宁镇是摩梭人口分布最多的两个区域。虽然从整体而言，摩梭话活态状况都良好，但从摩梭话词汇保留情况，即“摩梭话 400 词测试”来看，拉伯乡摩梭话的活力更强。所调查的拉伯乡的4个村中，拉开西里村、格庄村、布落村，摩梭话400词测试优秀率都在90%以上，三江口村是普米族、摩梭人杂居村，其优秀率也在80%；而所调查的永宁镇的4个自然村中，优秀率最高的是里格村和瓦拉壁村，分别为87.50%、76.47%；靠近永宁镇的拉罗湾村及旅游业较发达的大落水村，其优秀率分别为69.23%、58.33%。摩梭人聚居的两个乡镇摩梭话活力的差异，与地理位置及交通便利程度的影响密切相关。

拉伯乡在民国时属宁蒗设治局宁江乡；中华人民共和国成立后，1950年属宁江区；1951年又划归永宁区。1987年区改乡时，从永宁区分出，增建为拉伯乡至今。辖5个村委会，63个村民小组。拉伯乡地处宁蒗县最北端的江边干热河谷地带。北与四川省木里县依吉乡和迪庆州香格里拉市洛吉乡接壤，西与玉龙县奉科镇隔江相望，南与本县的翠玉乡相邻，东与本县的永宁镇相邻。拉伯乡政府距宁蒗县城147千米，平均海拔2800米左右，山高坡陡。所辖5个村委会（拖甸、拉伯、格瓦、加泽、田坝）的63个村民小组，大多坐落在山势陡峭的山坡或山脚，交通、通信、电力、水利等基础设施相对落后。在扶贫政策的支持下，2019年实现了村村通公路（乡政府与村委的村公路），但路面较窄（宽3.8米左右），弯多，坡陡；在雨季或冬季雨雪天气，常因滑坡、塌方而封路。因此，村民外出及外来人员的进入，都受到影响。我们在拉伯乡访谈摩梭话保留的原因时，村委会书记杨建荣（花俄松拉都吉）谈道：“主要是这里离县城比较远，交通也不方便。没有旅游业，外来人口少，外来影响少。”又如，属拉伯乡托甸乡政府的布落村，距离托甸乡政府18千米，海拔2千米左右。摩梭人大多居住在地势险峻的半山腰、陡坡。2017年修通了一条通往乡政府的乡村公路，近几年村民开始使用摩托车；之前多是用牛马运输。在村里东巴（受丽江纳西文化影响，当地称为“东巴”）甲阿（石文良）的访谈中了解到，“受交通不便的影响，到20世纪90年代开始，年轻男子和未婚女孩才有部分出去务工，以前村里的人都待在村里自给自足。现在老人、妇女仍都留在家耕种、放养牲畜，年轻男子会外出打工；妇女、老人大多不会说汉话，但会听”。

摩梭人聚居的另一区域——永宁镇，其地理条件相对优越。永宁镇位于宁蒗县城北部，北连四川木里藏族自治县，东临四川盐源县左所区，永宁镇距离宁蒗县城142千米。永宁镇平均海拔2644米，辖6个行政村，

64个自然村。永宁镇地形以山、坝、河结合为主。摩梭人聚居在处于坝区的永宁、泥鳅沟、温泉、落水这4个村委会，以及与普米族杂居在山区的拖支村委会。我们所调查的瓦拉壁村属于温泉村委会，拉罗湾村属于永宁村委会，里格村、大落水村属于落水村委会。这4个摩梭聚居村均属于地势相对平坦的坝区。永宁镇位于川、滇两省三县的交会处，加之坝子地势相对平缓，历史上便是滇、川、藏茶马古道的重要驿站和商品物资集散地。现在随着旅游业的发展，特别是2015年10月12日，建于红桥镇石佛山村的泸沽湖机场的通航（机场距离泸沽湖景区25千米，约1小时车程），永宁镇的交通更加便利、快捷。交通状况改善，人员流动也就更为频繁，外来文化影响也就更大。从“摩梭话400词测试”结果来看，位置相对偏远的里格村、瓦拉壁村，相对于靠近县城的拉罗湾村及旅游开发较早的大落水村而言，摩梭话词汇保留量相对较大；但较拉伯乡而言，永宁镇摩梭人母语词汇测试的优秀率，总体不如拉伯乡高。

另外，金棉乡达瓦村摩梭话保留较好，除了与摩梭聚居因素有关外，交通不便利也是摩梭话保留的一个促使因素。达瓦村离县城70多千米，坐落在山形陡峭的斜坡上，从半山坡到山脚绵延分布；与周围村子隔着山、小河，道路崎岖，路面凹凸坑洼，交通不便。在对村长木也苴的访谈中了解到：受交通不便、地形地势的影响，整个村与其他村交流受到一定影响，外出打工的人也不多；五年前村里上学要到王家沟小学（距离本村2千米左右）或金棉小学（距离本村2千米左右），因山路崎岖、坡度陡峭，因此走路到学校要近2个小时，因而村里没上学的人很多；没上学的人，大多不会汉话。六七岁以下不会汉话，七岁以上的上学后会一些汉话。现在修通了到乡政府的乡村公路，交通条件得到较大改善；小学也到乡政府就读，村里孩子的汉语水平得到了较大提高。

2. 村小学对摩梭语言文化传承的积极作用

在我们的调查及访谈中发现，村里是否建有村小学，也是影响摩梭话传承的一个重要因素。有村小学的自然村，孩子们除了在学校上课用普通话外，并未脱离其母语环境，这为孩子们更好、更牢固地掌握母语提供了条件。如翠玉乡村小在宜底大村，据翠玉乡书记阿应荣介绍，“宜底大村完小建于1954年，1954年4月开班，孩子们上学不用去很远的地方，对摩梭话保留较有利；附近其他村其他民族的孩子也来这里上学，他们也学会了摩梭话。在2000年前，学校教师多为本地老师，学校很多时候都说摩梭话，特别是一二年级的老师讲课都用摩梭话；到了初中，学生的汉语才比较好，这也是摩梭话保留较好的因素。自 2000 年以后，本地老师多退休了，老师很多是外地的，讲课都用普通话，在学校也都用普通话”。

在访谈中我们了解到，除翠玉乡宜底大村外，拉伯乡拉开西里村、永宁镇大落水村及拉罗湾村（附近的永宁完小）、永宁镇温泉村委会瓦拉壁村、大兴街道新桥村、新营盘乡衙门村，共 7 个自然村有村完小（小学）。其中，瓦拉壁村的村小，有时会请该村的摩梭绘画传承人公布次里为孩子们讲摩梭文化（祖母屋及火神、水神等民族故事），永宁镇大落水村的完小及永宁镇完小的课间操会跳摩梭锅庄舞。

若村里没有小学，孩子们上学后便逐渐开始脱离摩梭话的使用环境，影响摩梭话的使用和传承。新营盘乡拉巴河上村村长松那尔次在访谈中提到，“以前有学校，但现在没有老师，学校就没有办了。村里的孩子都在县城读。基本都讲汉话，这影响到摩梭话的保留。如果村里有个学校，对村里传统摩梭文化保留会有很大帮助”。“孩子到县城上学都用汉话，回来的时间也少，接触摩梭话的时间也就少了。”村里没有村完小（小学）进而影响摩梭话传承，这一直是村民们担忧的问题。紫玛街道安乐社区新民村的思格独枝村长在访谈中也谈道：“十多岁的孩子，他们间交流时都说汉话。我家两个孙子，很小的时候在家会说摩梭话；现在大部分时间都在学校，也不太会说摩梭话了。”

可以看出：村小学在摩梭话传承，特别是摩梭儿童摩梭话的习得和巩固方面，有着重要的作用。

（四）社会经济发展的影响

随着社会、经济、文化发展，摩梭话中汉语借词数量的逐渐增多，这也是影响摩梭话生命力的一个重要因素。

沙毓英（1996）在《从摩梭人的词汇看人类概念的发展》一文中，曾对摩梭话词汇情况进行过调查。调查发现：“和汉语词汇相比，摩梭人的词汇数量不够多，表达事物的范围比较窄。”① 文中指出：摩梭话词汇不够丰富，与近代文明有关的词、与近代社会分工有关的一些职业或职务名称、与父系家庭相联的亲属称谓、店铺名称等较为缺乏；“词汇抽象概

① 沙毓英：《从摩梭人的词汇看人类概念的发展》，《心理学报》1996 年第 3 期。

括程度比较低”[1]，抽象名词少、有现象描述而无相应词汇、代表上位概念的词比较缺乏；“具体化程度不够高”[2]。同时分析了其成因，即“摩梭人数量不多，生活地域较窄，而且僻处一隅，为崇山峻岭所环绕，四围山高谷深，交通险阻，限制了人们的活动范围和与外地的交往；自身的生产力水平尚未发展到制铜冶铁阶段，铁、铜制品仰赖于从外族运入。直到十三世纪中叶，摩梭人还是一个由几个氏族组成的部落，后因部落首领归顺，由中央封建统治者封为有很大自治权的世袭土官，通称土司。……五十年代中期以后，摩梭社会发生了重大的飞跃性的变化，过去那种自成一统、自我封闭的状态已不复存在。……在摩梭人头脑中增加的这些新概念，是以汉语词汇作为标志”[3]。

可见，受地理环境、社会发展状况及人口数量等因素的影响，摩梭话词汇中现代文明的词汇相对缺乏。随着社会经济的发展，电视娱乐、网络通信等融入人们的生活，摩梭话词汇匮乏现象愈加凸显。如摩梭文化研究协会副会长格则多吉在访谈中谈道：“有太多的新名词已经不能用摩梭话表达，只能借助汉语来说。词汇的匮乏，严重影响着摩梭话的使用，慢慢地摩梭话里就夹杂了很多汉语词汇；加上电视、手机的影响，一些摩梭原来有的词比如‘勺子’，现在很多年轻人都用汉语词来说了。”加之“现在学校推广普通话，小孩子大多学着说汉话了，虽然家里都要求小孩回家说摩梭话，但是很多词汇没法用摩梭话说，慢慢地也就夹杂着汉话了”。

大兴街道新桥村村长思格独枝在采访中也谈道：“电视、电影各种娱乐都用汉话；以前摩梭孩子在家时间很多，娱乐方式少，摩梭文化传承很好。但这是社会发展的趋势，摩梭话的生命力越来越弱了。”永宁镇大落水村村民苦汝扎实在访谈中谈道：“我们这一代与父辈相比，生活条件、通信都要好一些。舅舅那辈必须要能歌善舞才能找到自己心爱的姑娘。我们这辈可以通过微信、电话交流，所以歌舞方面的传承有些减弱。”永宁镇大落水村村民曹丽英在访谈中也谈道：“以前小时候老人会在火塘边讲一些教育人的故事，记不得具体的故事名称。但电视出现后，很多摩梭故事都忘了，摩梭谚语也不太会了。”

可见，社会经济文化的发展，汉语借词的大量借入，是影响摩梭话词

① 沙毓英：《从摩梭人的词汇看人类概念的发展》，《心理学报》1996年第3期。
② 沙毓英：《从摩梭人的词汇看人类概念的发展》，《心理学报》1996年第3期。
③ 沙毓英：《从摩梭人的词汇看人类概念的发展》，《心理学报》1996年第3期。

汇及整个摩梭话体系保留的一个重要因素。

随着社会经济的发展和交通运输的便利，摩梭人的生产生活方式逐渐改变为以农牧业、旅游业（永宁地区）为主，外出打工为辅。外出打工人数的增多及旅游业的发展，都会在一定程度上影响着摩梭人的生活方式及语言表达。

在我们调查的20个自然村中，除了永宁镇片区（里格村、大落水村等）以旅游业为主外，其他区域都有劳务输出；相对而言，翠玉乡、金棉乡因种植烤烟及交通不便利，外出打工人数相对较少。

此外，外出打工人数增多及旅游业的发展，也影响着农业、畜牧业的规模。如拉伯乡拖甸村委会布落村村长和阳春（生根塔），在访谈中谈道："以前一年种两季（玉米、小麦、蚕豆），现在小麦、蚕豆基本不种了，只种玉米。以前家里的猪、牛、羊都牧养很多，牲口的数量是财富的象征。2010年乡村公路修通以后，村里年轻人大多外出打工，其中包工程的有两家全家人都出去了，只是过年、过节回来。其他家是老人、妇女在家养猪、鸡、马，个别人家会养羊、牛；有5户养羊，最多的也只有30多只。"传统农牧业规模一定程度的缩减及外出人员的增多，便逐渐影响到摩梭话词汇的传承。正如永宁镇大落水村的格则多吉先生所谈到的，"落水这边农耕业已经很少了，大部分人家都做旅游业。很多原来农耕的词也就慢慢不用了，不会说了"。

可见，生产生活方式的变化是影响摩梭话使用及传承的又一重要因素。

（五）达巴文化衰弱的影响

达巴文化影响着摩梭人生活的方方面面，在摩梭话的传承中起着重要作用。但在我们所调查的20个自然村中，有达巴的自然村只有10个，且达巴年龄都较大，能掌握达巴经整套法事的较少；这对达巴文化及摩梭话的传承都有着直接影响。如翠玉乡宜底大村达巴和正华在访谈中谈道："现在宜底大村除我以外，还有两位达巴，一位只会祭锅庄；一位除了会祭锅庄，还略懂一些红白喜事的经文和仪式。祭天神、山神、水神的达巴都没有了，经文也不会念了；大家上山就去烧香、点灯，不念经文了。杀猪敬祖先的经文，一般都会念一点，以前达巴要念九代，现在最多只能念已去世的两代老人。""达巴越来越少，年轻人又不懂，很多节日也都不过了，很多仪式也没有了。"可见，达巴文化的衰弱也会影响到摩梭话的传承。

另外，摩梭人口数较少、没有文字记载，也是影响摩梭话生命力的重要因素。如在前面社会影响力的调查中，认同“普通话、宁蒗汉语方言影响力大”的比例为调查总人数的100%，“摩梭话影响力大”的比例较普通话和宁蒗汉语方言的低，为调查总人数的71.93%。这些数据可以看出，摩梭人口数少、没有文字，影响着摩梭话的传播力；这也是影响着摩梭话生命力的一大因素。

综上可以看出：民族认同感、民族聚居或杂居、地理环境、社会经济文化的发展及达巴文化的衰弱等都影响着摩梭人对摩梭话的使用、传承及摩梭人语言生活的多样性和丰富性。

二　兼用汉语及其他民族语成因

云南摩梭人普遍兼用汉语，主要是与汉语发挥着不同民族间沟通的语言交际功能及学校教育、网络通信的普及、社会经济发展、摩梭人对汉语重要性的认知等因素有关；同时，摩梭人普遍兼用周边村寨或杂居村寨里其他民族的民族语，这与不同民族间长期的交流交往密切相关。

（一）云南摩梭人普遍兼用汉语的成因

1. 与汉族的长期接触是摩梭人习得汉语的直接原因

在摩梭人聚居村和杂居村，都有不同数量的汉族杂居其中或居住在村寨周边，长期的交流交往，为语言接触提供了自然条件。

在摩梭人聚居村，也有汉族人杂居其间，如拉伯乡拉开西里村的97户中，有10多户汉族；拉伯乡布落村74户中有10户汉族，翠玉乡宜底大村87户中有4户汉族，永宁镇拉罗湾50户中有21户汉族；其他摩梭人聚居村都有少数几家汉族或与汉族通婚。此外，有些摩梭人聚居村周边有汉族村，如永宁镇拉罗湾村东边是汉族村，北边是汉族、摩梭人杂居村（其中汉族人口较多）；大兴街道新桥村南边是烧基湾村和高峰村两个汉族村。摩梭人与汉族长期的接触，为摩梭人习得汉语提供了条件。此外，永宁镇旅游业的发展，大量外地游客、商人等到来，为当地摩梭人学习汉语营造了氛围，如大落水村曹丽英在访谈中谈道：“随着大落水旅游业的发展，现在来开饭店、酒店的外地汉族人越来越多，加上旅游旺季来的游客特别多，跟游客打交道都说汉语，村里的摩梭人汉语普遍都很流利。”

而在摩梭人杂居村，汉语是不同民族间交流的主要工具，发挥着重要的交际作用。如距离宁蒗县城70多千米的西布河乡碧源村委会，有13个村民小组，是多民族杂居村，摩梭人杂居在8个村小组中。碧源村委会庆河村的邹德英在访谈中谈道："村里有摩梭、傈僳、彝族、汉族，民族太多，大家语言不通，不同民族交流就用汉语。"碧源村委会何锡文书记也谈道："村里都说汉话，与受教育程度及不同民族间语言不通有关。"又如距离宁蒗县30多千米的红桥镇白岩子二村，村里有摩梭人、彝族、普米族、汉族、傈僳族、纳西族，全村有120户，其中摩梭人有12户。在访谈中该村村长谈道："村里民族多，其中彝族人口最多，大家平时多用汉语、彝语交流；摩梭人之间多说汉话，只有少数六七十岁的老人之间还说摩梭话。"

2. 汉语是摩梭人与外界交流的重要工具

摩梭人口数量少，云南摩梭人不足2万人，摩梭话虽能满足摩梭人日常交际的需要，但走出村寨与外界交往时，摩梭话的交际功能受限；作为通用语的汉语，便成为摩梭人与外界交流的重要工具。

因外出打工、求学、看病等的需要及电视、手机等的普及，以及摩梭人与外界接触的增多，汉语使用频率增加，使用需求也增大。紫玛街道新民村思格独枝村长在访谈中谈道："现在电视、电影等各种娱乐形式都用汉话；二十多岁的年轻人大多在外读书、打工，汉语都很流利。"拉伯乡布落村村长生根塔也谈道："因为出去打工、看电视等，年轻人一般都会说汉语。"

3. 社会的发展、新事物的涌现，摩梭话中的汉语借词增多

随着社会发展，新事物的大量涌现，大量汉语借词融入摩梭人的日常表达中。大兴街道新桥村村长给汝独玛在访谈中谈道："新出现的事物只能用汉语来说。"永宁镇大落水村曹丽英也谈道："有太多的新名词已经不能用摩梭话表达，只能借助汉语词来表达，如'生姜''番茄''红薯''棉花''韭菜''雨伞'，这些是以前摩梭人生活中没有的，只能用汉语词来说。"我们在访谈中也发现，在日常交流中，摩梭人之间虽然也说摩梭话，但常夹杂着汉语词汇；这些汉语借词，有些确实是需要借用汉语词汇才能表达，而有一些虽然摩梭话中原来就有，但大家已经习惯用汉语词汇来替代了。

4. 摩梭人对习得汉语的积极态度

我们在调查及访谈中了解到，摩梭人对使用汉语持积极乐观的态度。

如新营盘乡拉巴河上村村长松那尔次在访谈中谈道："村里的摩梭人汉语说得都很流利，特别是青少年。汉语水平的提高与摩梭话的使用没有冲突。多懂一种语言，多一种沟通的工具，是件好事。"拉伯乡拉伯村委会书记花俄松拉都吉也谈道："在拉伯地区，很多家庭都会先教摩梭话，从小学会就不会忘记。在学校学普通话也不会影响到摩梭话使用。说汉话是大趋势，是社会发展的必然。"可见，摩梭人对汉语的积极情感，也是摩梭人普遍熟练使用汉语的重要因素。

（二）云南摩梭人普遍兼用其他民族语的成因

云南摩梭人普遍兼用其他民族的民族语，兼用较多的有：普米语、彝语、纳西语、傈僳语、藏语；这与民族间的接触、交流交往密切相关。

宁蒗县在"建国前，县境内有彝族、汉族、摩梭人、普米族、傈僳族等十二种民族（人）居住。建国以后，因大量外地干部职工调入宁蒗工作，1968 年省林业工程二处（宁蒗林业局）迁驻宁蒗以及与其他民族之间的婚姻等关系，1990 年全县有 16 种民族（人），其中万人以上的有彝族、汉族、摩梭人。万人以下 5000 人以上的有普米族和傈僳族。3000 人以下，千人以上的有纳西族、壮族和白族"①。

在调查的 20 个自然村中，拉伯地区摩梭人居住的村寨或村寨的周边主要是普米族、纳西族、汉族；翠玉乡摩梭村寨杂居的或周边的民族有普米族、汉族、傈僳族、藏族、纳西族；永宁镇摩梭村寨杂居的或周边的民族有普米族、汉族、彝族、白族；红桥镇摩梭村寨杂居的或周边的民族有彝族、普米族、汉族、傈僳族、纳西族；新营盘乡摩梭村寨杂居的或周边的民族有普米族、汉族、彝族；大兴街道和紫玛街道摩梭村寨杂居的或周边的民族有普米族、彝族、汉族、纳西族、白族、傈僳族、满族；西布河乡有彝族、摩梭人、傈僳族、汉族，其中傈僳族和汉族为世居民族。总体而言，摩梭人接触较多的民族有普米族、彝族、汉族、纳西族、傈僳族、藏族。

其中，历史上普米族与摩梭人交往较多。普米族"源于我国古代西北部羌戎游牧部落集团。据历史文献记载，战国时期，他们游牧迁徙至现

① 云南省宁蒗彝族自治县志编纂委员会编：《宁蒗彝族自治县志》，云南民族出版社 1993 年版，第 123 页。

今青海省境内黄河源头以西一带地区，并分化为各种羌种”①。秦汉时期，普米族逐渐南迁至今西南一带。“约在公元7—19世纪时，因吐蕃王朝势力强盛，逐渐向外扩张，组织巴人（藏语称普米为‘巴’，其时普米为吐蕃属民）占领两江（金沙江、雅砻江）内陆之地，普米族居住地遂延伸到四川盐边，云南宁蒗、华坪、永胜等地……从此，普米族便分布定居到滇西北宁蒗一带。今永宁地区，自古为普米族和摩梭人杂居的区域。”② 宁蒗县境内的普米族主要分布在拉伯乡、永宁镇、红桥镇、翠玉乡、西川乡、宁利乡、大兴街道和紫玛街道、新营盘乡、跑马坪乡、战河镇等地。在民主改革前，在摩梭土司掌管的封建领主政权中，有普米人参政议事，担任要职；基层的统治者的“总伙头”“伙头”多由普米人担任。总伙头的职责主要是代土司催收钱粮、摊派杂役、调解纠纷、派兵派夫等；伙头一般从事帮土司催收钱粮、代派杂役等跑腿事务。因历史上摩梭人与普米族交往密切，因此，在摩梭人居住的村寨或其周围都有普米族杂居其中，摩梭人与普米族通婚的家庭也较多，由此摩梭人兼用普米语的人数也较多。在调查的20个村寨中，有16个村寨的摩梭人都能熟练地兼用普米语。

其次，摩梭人兼用彝语的村寨有13个，这与宁蒗彝族人数较多、与其接触机会多等密切相关。彝族源于氐羌部落，最早分布在四川安宁河、云南洱海周围及以东地区。唐宋以后，在今川滇交界一带活动，并逐渐定居下来。明末清初，因“不堪承受四川大凉山利利土司（罗罗司宣慰司）的繁重租税、贡赋和劳役，率其所属百姓逃到蒗蕖土司辖区的罗罗关以南以东一带，与原有的塔谷、塔尔、水田罗罗等自称的彝族杂居下来。”③ 宁蒗彝族主要聚居于跑马坪乡、战河镇、西布河乡、西川乡等地。近年来随着与其他民族通婚的增多及搬迁等因素影响，彝族分布区域也在拓展，与其他民族交往也增多。彝语也成为摩梭人兼用较多的少数民族语之一。

此外，摩梭人兼用纳西语的人数也较多。纳西族居住于大兴街道和紫

---

① 云南省宁蒗彝族自治县志编纂委员会编：《宁蒗彝族自治县志》，云南民族出版社1993年版，第220页。

② 云南省宁蒗彝族自治县志编纂委员会编：《宁蒗彝族自治县志》，云南民族出版社1993年版，第220页。

③ 云南省宁蒗彝族自治县志编纂委员会编：《宁蒗彝族自治县志》，云南民族出版社1993年版，第135页。

玛街道、永宁镇皮匠街、红桥镇、翠玉乡和拉伯乡地区，是清朝时期从丽江迁入的，摩梭话属纳西语的分支。在调查的 20 个自然村中，摩梭村寨内或周边分布有纳西族的有 11 个，即拉伯乡拉开西里村、三江口村、布落村、格庄村，翠玉乡路跨村、宜底大村，永宁镇拉罗湾村、里格，红桥镇白岩子二村，大兴街道的新桥村，金棉乡达瓦村。因此这 11 村寨的摩梭人能熟练兼用纳西语。

另外，宁蒗县的傈僳族聚居于翠玉乡的官田、库脚，西布河乡的麦地河，金棉乡的龙通等行政村。藏族主要分布在永宁镇、翠玉乡、拉伯乡、红桥镇、大兴街道和紫玛街道等地。因民族间的交往交流，傈僳族及藏族分布区域的摩梭人也能熟练地兼用傈僳语和藏语。

可见，民族间长期的接触、交流交往，为摩梭人成为多语人提供了得天独厚的条件。

第三章

云南摩梭人语言生活个案分析

在科学选点的基础上，依据确定的四个方面的调查内容，采用了田野调查法、深度访谈法、参与观察法、核心词汇测试法等科学的研究方法，对云南摩梭人语言生活进行调查。在统计分析调查数据的基础上，归纳了云南摩梭人语言生活呈现出的四种类型，即“全民掌握并熟练使用摩梭话”型、“绝大部分人掌握并使用摩梭话”型、“多数人掌握并使用摩梭话”型、“普遍出现母语转用”型。本章就调查选取的 20 个自然村所对应的类型，进行个案分析。

第一节　“全民掌握并熟练使用摩梭话”类型的个案分析

全民掌握并熟练使用摩梭话，是指摩梭话熟练程度为 100%、摩梭话 400 词测试优秀率在 90%以上，摩梭话是不同民族间共同或主要的交际工具。

此类型有 5 个村：5 个摩梭聚居村，即拉伯乡的拉开西里村、布落村、格庄村，翠玉乡的宜底大村、路跨村。下面我们从母语使用情况和兼用语使用情况两方面，分别对这 5 个村的摩梭人语言使用现状及原因进行个案分析。

一　个案 1：拉伯乡拉开西里村摩梭人的语言生活

拉伯乡辖拖甸、田坝、格瓦、加泽、拉伯五个村委会。摩梭人聚居在拉伯村委会，拖甸村委会为普米族聚居，加泽为汉族聚居，格瓦村委会汉族、普米族、傈僳族居多。拉伯村委会距宁蒗县城 150 千米，西面是玉龙县奉科镇，南面翠玉乡，东面是永宁镇，北面是田坝、格瓦村委会。拉伯村委会辖金江、拉卡西、白亚、新建、布尔科、格佐、明佐、格庄、明庄、新庄、茶花、望香落（1、2、3村）、拉丁里、大水、树枝17个自然村，其中拉开西里村、白亚村、望香落村的摩梭语言文化保留较好。拉伯村委会目前交通条件差，只有一条公路（旅游小环线），路面窄，弯道多，坡陡，夏季雨季时经常塌方。

拉开西里村共有122户，其中摩梭人97户；纳西族、汉族共25户。该村村民经济收入主要以种植苞谷、小麦、花椒为主，也有少量的人外出打工；人均收入约每年4000元左右。该村房屋除了路边几家（因阿海电站移民有补助）是砖瓦结构外，其他都保留土木结构。建房的木料多取自山中，因交通不便，建房木料的运输以马拉为主；修建房屋时村民间互相帮忙，建房成本不高。村里有3位达巴，一般传统的摩梭节日都会请达巴。

（一）拉开西里村摩梭人稳定地使用其母语

我们采用便利抽样调查的方式，通过访谈法、参与观察法，对拉开西里村21个摩梭家庭的89位摩梭人的语言使用情况进行了穷尽式调查，并分年龄段从中抽取了15人进行了摩梭话400词测试，以调查其母语词汇量掌握情况。

1. 家庭成员以摩梭话为主要的交际工具

实地调查显示，该村摩梭人基本上都能掌握自己的母语，家庭成员都熟练地使用摩梭话进行交流。其母语使用情况见表3-1。

表3-1　　拉开西里村摩梭人家庭母语使用情况

年龄段	人数（人）	熟练		略懂		不懂	
		人数（人）	百分比（%）	人数（人）	百分比（%）	人数（人）	百分比（%）
6—19岁	9	9	100	0	0	0	0
20—39岁	36	36	100	0	0	0	0
40—59岁	33	33	100	0	0	0	0
60岁（含60）以上	11	11	100	0	0	0	0
合计	89	89	100	0	0	0	0

表 3-1 显示，调查的 21 户家庭的 89 位摩梭人，不分年龄、性别、文化程度，都能熟练地使用摩梭话，其熟练度达 100%。但实际上，这种熟练程度只表现在一般日常交际中。从摩梭话 400 词测试结果中，可以看出存在代际差异（见表 3-2）。

表 3-2　拉开西里村 15 名不同年龄段摩梭人母语 400 词测试结果统计

年龄段（岁）	人数（人）	A（优秀）		B（良好）		C（一般）		D（差）	
		人数（人）	百分比（%）	人数（人）	百分比（%）	人数（人）	百分比（%）	人数（人）	百分比（%）
6—19	2	1	50.00	1	50.00	0	0	0	0
20—39	6	6	100	0	0	0	0	0	0
40—59	4	4	100	0	0	0	0	0	0
60 以上（含 60）	3	3	100	0	0	0	0	0	0
合计	15	14	93.33	1	6.67	0	0	0	0

从表 3-2 可以看出：拉开西里村摩梭人母语词汇掌握情况整体较好，20 岁及 20 岁以上的摩梭村民母语词汇测试优秀率都为 100%；但 20 岁以下的摩梭村民其母语词汇掌握程度“优秀”及“良好”的比例各占 50%。可以看出，20 岁以下的摩梭人群，其母语词汇量的掌握程度有减弱的现象。

拉开西里村为摩梭聚居村，摩梭家庭婚姻结构多为族内通婚，也有一些家庭的祖父或女婿为纳西族或汉族，他们受摩梭话环境的影响，都能熟练地使用摩梭话。在我们所调查的 21 户中，有 2 户的 3 名家庭成员是纳西族，在家庭语言使用中，都能熟练地使用摩梭话。具体情况见表 3-3。

表 3-3　拉开西里村摩梭家庭中其他民族成员语言使用情况

姓名	年龄（岁）	民族	学历	第一语言	第二语言	第三语言
王绍武	49	纳西	初中	纳西语，熟练	摩梭话，熟练	汉，熟练
和国军	68	纳西	小学	纳西语，熟练	摩梭话，熟练	汉，略懂
和艳花	45	纳西	小学	纳西语，熟练	摩梭话，熟练	汉，略懂

表 3-3 中，第一位村民是调查的第 15 户的家庭成员，第二、三位为第 20 户的家庭成员，三位都是本地纳西族。他们与摩梭人通婚后，在家

庭语言使用中都使用摩梭话。村民王绍武农闲时外出打工，平时也与汉族交往密切，因此，还能熟练地使用汉语。

2. 拉开西里村摩梭人母语在其他场合的使用情况

（1）学校摩梭话的使用情况

拉开西里村有村小学，学龄儿童中有三分之一的学生会在村里上学，三分之二的儿童会到县里的学校就读。据村小学老师石绍尧介绍，村小学目前有学生 50 人左右，一年级 14 人，二年级 10 人，三年级 8 人，四年级 6 人，五年级 11 人；六年级就集中到拉伯中心学校就读。学校开设语文、数学、英语、道德与法治、科学、信息技术等课程，有音乐、美术、信息技术 3 个功能教室。学校现在有 8 位老师（除两位中专文凭外，都是大学文凭），都是本地教师；每位教师的周课时平均为 20 节。

学校的课堂教学用语，十年前基本都会用摩梭话；近十年来，除低年级（一二年级）掺杂摩梭话以外，其他年级基本都用普通话教学。课间交流时，除低年级学生外，三至五年级的学生大多喜欢、习惯用普通话来交流；老师们课间多用摩梭话。

（2）开会及其他场合摩梭话的使用情况

依据拉伯村委会书记杨建荣（摩梭名：花俄松拉都吉）的访谈及实地观察发现，村委会开会时，除了无法对译的汉语新词、术语或句子用汉语外，其他都用摩梭话宣讲会议内容或宣读文件内容。

在田间劳动、节庆及其他场合，摩梭村民之间也习惯用摩梭话交流；遇到汉族、纳西族也多用摩梭话，只有年轻人在与汉族、纳西族等交流时，会视交流对象的摩梭话熟练程度而采用摩梭话或对方的母语。

（二）拉开西里村摩梭人兼用汉语及其他民族语

摩梭话能满足摩梭村民村寨内的交际需要，但离开村寨打工、做生意及求学，必然要使用通用语进行交际；同时，因拉开西里村有汉族和纳西族杂居，因此，拉开西里村的摩梭人普遍兼用汉语；还有一部分人兼用纳西语。因而，该村摩梭人使用语类型分为双语型和三语型。

1. 拉开西里村摩梭人的语言使用类型

（1）双语型

双语是“个人或语言（方言）集团除了使用自己的母语外，还能够使用另一种语言进行交际”①。拉开西里村摩梭人多能在熟练使用摩梭话的同时，普遍兼用汉语。在调查的 21 户摩梭家庭中，其兼用汉语情况见表 3-4。

表 3-4　　拉开西里村摩梭人兼用汉语情况

年龄段（岁）	人数（人）	熟练		略懂		不懂	
		人数（人）	百分比（%）	人数（人）	百分比（%）	人数（人）	百分比（%）
6—19	9	8	88.90	1	11.10	0	0
20—39	36	36	100	0	0	0	0
40—59	33	21	63.64	12	36.36	0	0
60 以上（含 60）	11	3	27.27	4	36.36	4	36.36
合计	89	68	76.40	17	19.10	4	4.50

如表 3-4 所示，所调查的 89 位摩梭村民绝大部分能够兼用汉语，熟练使用汉语的比例为 76.40%；但不同年龄段的汉语水平有差别，20—39 岁的中壮年汉语水平较高，其次是 6—19 岁的青少年，60 岁（含 60）以上的老年人汉语熟练程度不高，略懂和不懂汉语的各占该段总人数的 36.36%。“汉语略懂”或“不懂”的 21 位摩梭村民中，除了 1 位 6 岁的学龄前儿童外，另外的 20 位摩梭村民的文化水平多为文盲或小学，文化程度不高（见表 3-5）。

表 3-5　　拉开西里村 20 位摩梭人兼用汉语情况

家庭编号	姓名	年龄（岁）	学历	第一语言	第二语言
2	拖里·丹史玛	68	小学	摩梭话，熟练	汉语，略懂
3	和学武	67	小学	摩梭话，熟练	汉语，略懂
4	布达拉姆	68	文盲	摩梭话，熟练	汉语，不懂
5	泸沽拉错	53	文盲	摩梭话，熟练	汉语，略懂
7	阿尼米巴散	64	小学	摩梭话，熟练	汉语，略懂
7	比玛	62	小学	摩梭话，熟练	汉语，略懂
8	阿布高如	51	文盲	摩梭话，熟练	汉语，略懂
10	独玛	65	文盲	摩梭话，熟练	汉语，不懂

① 戴庆厦主编：《片马茶山人及其语言》，商务印书馆 2010 年版，第 20 页。

续表

家庭编号	姓名	年龄（岁）	学历	第一语言	第二语言
11	口山打甲	53	小学	摩梭话，熟练	汉语，略懂
11	口山泽马	50	小学	摩梭话，熟练	汉语，略懂
12	安而阿泽	51	文盲	摩梭话，熟练	汉语，略懂
13	松那米次而	58	文盲	摩梭话，熟练	汉语，略懂
14	不打阿散	45	文盲	摩梭话，熟练	汉语，略懂
18	古旦	74	文盲	摩梭话，熟练	汉语，不懂
18	达甲	50	文盲	摩梭话，熟练	汉语，略懂
18	巴甲	50	文盲	摩梭话，熟练	汉语，略懂
19	古马三古散	46	小学	摩梭话，熟练	汉语，略懂
20	拉措	66	文盲	摩梭话，熟练	汉语，不懂
21	古马旦	46	文盲	摩梭话，熟练	汉语，略懂
21	松那	51	文盲	摩梭话，熟练	汉语，略懂

如表3-5所示，汉语略懂的摩梭村民，其受教育程度不高、入学时间不长或没有上过学。在调查中我们也发现，他们较少外出，摩梭话基本能满足生活中的交际需求，因此汉语水平不高。

（2）三语型

拉开西里村的摩梭人在使用摩梭话和汉语的同时，还有部分村民兼用纳西语。在我们调查的21户摩梭家庭中，有6人能不同程度地使用纳西语（见表3-6）。

表3-6　　拉开西里村6位三语型摩梭人兼用语情况

家庭编号	姓名	年龄（岁）	学历	第一语言	第二语言	第三语言
3	和世	36	小学	摩梭话，熟练	汉语，熟练	纳西语，略懂
3	和梅	49	小学	摩梭话，熟练	汉语，熟练	纳西语，略懂
15	王丽芳	43	初中	摩梭话，熟练	汉语，熟练	纳西语，熟练
15	王云龙	21	中专	摩梭话，熟练	汉语，熟练	纳西语，熟练
15	王云汉	20	中专	摩梭话，熟练	汉语，熟练	纳西语，熟练
20	拉措	66	文盲	摩梭话，熟练	汉语，熟练	纳西语，熟练

表3-6中第15户、20户都是与纳西族通婚，第15户王丽芳的丈夫是

纳西族，两个孩子的纳西语也很熟练；第20户拉措的丈夫是纳西族，拉措能熟练地使用纳西语，但孩子、孙辈都不会纳西语。第3户两位略懂纳西语的摩梭人，经常外出打工，接触纳西族较多，能用纳西语进行简单的交流。

2. 拉开西里村摩梭人兼用语特点

拉开西里村的摩梭村民普遍兼用汉语，其中青年和中壮年摩梭人的汉语熟练程度整体较高，老人和部分中年摩梭人因受教育程度、生活活动范围有限等的影响，汉语水平不高，仅能听懂或用汉语进行一般的日常交流。

此外，因外出打工、平时的交流交往及族际通婚的接触，部分村民还能在使用摩梭话和汉语的同时，不同程度地兼用纳西语。

（三）拉开西里村摩梭人语言生活成因

1. 母语使用现状成因

在实地调查及访谈中我们了解到，该村摩梭话良好的保留现状，与该村的地理环境、摩梭人聚居、对母语的强烈认同等密切相关。

该村摩梭人使用母语熟练度为100%，母语词汇掌握的整体优秀率为93.33%。这与摩梭人的聚居及其居住的地理位置密切相关。该村的纳西族多居住在拉伯村委会的南面，靠近翠玉乡的地方，其他区域都是摩梭人聚居，汉族杂居在纳西族及摩梭人居住区域。因此，聚居于此的摩梭人在家庭语言使用及田间劳动、节庆、日常交流等不同场合，摩梭话都是主要的交际工具。村小学的教学中，摩梭话还是低年级学生的交际工具和获取信息的主要语言工具。教师石绍尧在访谈中谈道，在学校课堂教学中“3年级以下的学生基本都用摩梭话”。

该村摩梭话的良好传承，还与摩梭人对母语的认同、重视摩梭话的家庭教育和传承密切相关。杨书记谈道：“摩梭人交流都用摩梭话。开会也用摩梭话，宣读文件都翻译成摩梭话，不好翻译的就用汉语。孩子大学毕业，回家都说摩梭话。”该村摩梭人普遍对摩梭话的传承有信心，拉伯村委会杨书记谈道：“在拉伯地区，很多家庭都会先教摩梭话，从小学会就不会忘记。在学校学普通话也不会影响摩梭话使用。”拉开西里村和村长也谈道：“摩梭话是从小学会的，学会了就不会忘记，而且回家也会说摩梭话。”完小的石绍尧老师也谈道：“在乡下不担心，因为家里大环境都是说摩梭话。摩梭话还会保留，但传统文化就慢慢会消失了”。

但同时，摩梭话的使用也受达巴文化衰弱及生产生活方式渐变的影响。一方面，承载摩梭语言文化的达巴文化衰弱，会对摩梭话使用产生影响。在访谈中，拉伯村委会杨书记谈道："加泽、油米、树枝、三江口、布落都在用东巴文化，几乎没有达巴了。因为藏传佛教的影响，在一二十年后，如果达巴文化削弱，会越来越藏化或纳西化；很多宗教活动都请喇嘛。这样摩梭达巴文化就慢慢削弱了，影响摩梭话的使用。"另一方面，生产生活方式的变化也会对摩梭话的使用及保留产生影响。杨书记谈道："外出打工的人增多，对民族文化影响也较大，传统节日参加的人数减少，文化保留也受到影响，摩梭话的使用也会有变化。"

2. 拉开西里村摩梭人兼用汉语及纳西语的成因

（1）摩梭人口数量少，兼用通用语是大势所趋

云南纳西族摩梭人人口数量较少，摩梭话虽能满足日常交际的需要，但随着与外界联系的增多，学习和使用通用语是必然趋势。正如完小教师石绍尧（鲁汝）谈道："说普通话是大势所趋，是比较好的现象，不说普通话，很难融入现代社会，很难发展。"此外，村里还有十多户汉族杂居其间，在日常交流、交往中，会接触汉语，这也是该村摩梭人普遍兼用汉语的一大因素。

但同时，也有部分摩梭老人汉语水平不高，仅能用汉语进行简单的交流。村长和世（古玛）在访谈中谈道："40 岁到 50 多岁的摩梭人汉语很不流利。60 岁以上能听懂又能说汉语的不多，一些人能听懂简单的汉语但不会说，还有的不会说也听不懂。"杨书记谈道："1950 前出生的 98% 都是文盲；1950—1970 年出生的，有四五个初中生，十来个高中生会说汉话，其他的汉话都不流利。1980 年以后出生的，大部分读了初中，都会说汉语。"可见，汉语使用的熟练程度与年龄及受教育情况都有关。

（2）族际交流、通婚是兼用其他民族语的重要原因

拉开西里村 122 户中，纳西族、汉族有 25 户，有的家庭与纳西族、汉族通婚，这为摩梭人兼用汉语、纳西语提供了条件。

可以看出，地理位置偏远、民族聚居、强烈的母语及文化认同是拉开西里村摩梭话保持较高活力的重要因素。同时，因社会生活的发展变化、达巴文化衰弱、外出打工、上学人数的增多，对摩梭话的使用也有影响，从表 3-4 的数据中可以看出，20 岁以下的摩梭人其母语词汇掌握量有减少的倾向。

二 个案 2：拉伯乡布落村摩梭人的语言生活

布落村，属云南省宁蒗县拉伯乡拖甸村委会，地处云南省宁蒗县最北端的江边干热河谷地带，与丽江市玉龙县隔江（金沙江）相望，与四川省木里县依吉乡仅一河（冲天河）之隔，且与迪庆州香格里拉市洛吉乡接壤。布落村平均海拔约 2000 米，距拉伯乡政府 20 多千米，距宁蒗县城 160 多千米。布落村是摩梭人世居聚居村，该村共 74 户，345 人。其中，汉族 10 户，普米族 15 户（只有少数老人会说普米语，其他都说摩梭话了）；49 户是摩梭人，摩梭人有 250 人。最近的村子三江口村（三江口全村 33 户，摩梭人 10 户）、库都村两个都是普米族村。

布落村最早有 30 多户聚居在一片区域。20 世纪 90 年代开始分散居住，各自居住在离自家田地较近的地方，大多是居住在地势险峻的半山腰，坡较陡；江边零散有十来户。2010 年以前，通往外面有两条路线：一条是从布落村步行到托甸村委会，再到宁蒗县城；一条是以前伐木留下的路。从布落坐摩托车或货车到永宁镇需要 11 个小时。夏季道路塌方、冬季道路积雪，常常会阻断正常通行。20 世纪 80 年代，人工挖了从拖甸到永宁的乡村路，这条乡村路主要的交通工具是马车。2010 年乡村公路（布落—拖甸—永宁）修通后，村里人陆续买了摩托车、货车，陆续有一些年轻人外出打工。

20 世纪 90 年代前，村里的人都以种植业为主，自给自足；一年种两季玉米、小麦、蚕豆，牲口的数量是财富的象征，家里的猪、牛、羊都牧养较多。20 世纪 90 年代开始，年轻男子和未婚女孩陆续出去打工，老人、妇女也都留在家。目前，该村的经济作物有核桃、黄果、花椒，畜牧业是喂养猪、牛、羊，但喂养牲畜的数量在减少；受交通条件影响，经济作物及畜牧业的出售价格都较低。

因海拔高、地势险，网络信号不好，整个村的通信都受到很大影响，个别摩梭家庭所在地手机完全没有信号。加之交通不便、离县城远，村民就医也成为一大难题。一般的感冒等小问题，都需到距村寨 18 千米的托甸乡政府医院就医，病情稍微严重的需到宁蒗县或丽江市就医。对于年纪大的老人而言，生病就医非常困难（没有班车，只能搭乘路过的小货车；路况差、路途远，晕车等都易加重病情）。村里没有小学，村里孩子需到拖甸乡政府小学就读。因路程远，需要一位大人到拖甸租房照顾小孩读书，这就给陪读的摩梭家庭带来了较大的经济压力。

（一）布落村摩梭人语言使用情况

我们采用便利抽样调查的方式，通过访谈法、参与观察法，对布落村18个摩梭家庭的75人的语言使用情况进行了穷尽式调查，并分年龄段从中抽取了16人进行了摩梭话400词测试，以调查其母语词汇量掌握情况。

1. 布落摩梭人稳定地使用母语

实地调查显示，该村摩梭人基本上都能掌握自己的母语，家庭成员都能熟练地使用摩梭话进行交流。其母语使用情况统计见表3-7。

表3-7　布落村摩梭人家庭母语使用情况

年龄段（岁）	人数（人）	熟练		略懂		不懂	
		人数（人）	百分比（%）	人数（人）	百分比（%）	人数（人）	百分比（%）
6—19	13	13	100	0	0	0	0
20—39	32	32	100	0	0	0	0
40—59	24	24	100	0	0	0	0
60以上（含60）	6	6	100	0	0	0	0
合计	75	75	100	0	0	0	0

表3-7显示，调查的18户家庭的75位摩梭人，不分年龄、性别、文化程度，都能熟练地使用摩梭话，其熟练度达100%。

在调查的同时，我们从这75人中，分年龄段抽取了16人进行了母语400词测试。测试结果如表3-8所示。

表3-8　布落村16名不同年龄段摩梭人母语400词测试结果统计

年龄段（岁）	人数（人）	A（优秀）		B（良好）		C（一般）		D（差）	
		人数（人）	百分比（%）	人数（人）	百分比（%）	人数（人）	百分比（%）	人数（人）	百分比（%）
6—19	3	2	66.67	1	33.33	0	0	0	0
20—39	7	7	100.00	0	0	0	0	0	0
40—59	4	4	100.00	0	0	0	0	0	0
60以上（含60）	2	2	100.00	0	0	0	0	0	0
合计	16	15	93.75	1	6.25	0	0	0	0

从表3-8可以看出：除1位20岁以下的摩梭村民其母语词汇掌握量为“良好”外，其余15人的母语词汇掌握量都为优秀。可见，该村摩梭人母语词汇掌握情况整体较好。

布落村为摩梭人聚居村，摩梭人的家庭婚姻结构多为族内婚，也有一些家庭的女婿或儿媳为普米族或汉族，在使用摩梭话的大环境下，他们大多能熟练地使用摩梭话。具体情况见表3-9。

表3-9 布落村摩梭家庭中其他民族成员语言使用情况

家庭序号	姓名	年龄（岁）	民族	学历	第一语言	第二语言	第三语言
10	蒋荣主	45	汉族	小学	汉语，熟练	摩梭话，熟练	
11	格吐卓	47	普米	小学	普米语，熟练	摩梭话，熟练	汉语、纳西语，熟练
15	周常发	37	汉族	小学	汉语，熟练	摩梭话，熟练	
3	余秋芸	39	汉族	大学	汉语，熟练	彝语，熟练	

表3-9中的三位男性分别是三个家庭的女婿，都是本村人。因该村摩梭人口占多数，三位村民在成家前除使用自己的母语外，都会熟练地使用摩梭话，第11号家庭的格吐卓还兼用纳西语。而第3号家庭的儿媳余秋芸，是宁蒗县城人，较少住在布落村，因此，不会说摩梭话，受其居住环境的影响，会说彝语。

2. 布落村摩梭人母语在其他场合的使用情况

布落村因地理环境的制约，村民外出不便，除个别村民外出打工外，该村主要以种植业、畜牧业为主要经济来源，与外界交流不频繁；加之该村为摩梭人聚居村，因此，在田间劳动、开会、节庆等公共场合（包括微信语音通知）都说摩梭话，该村的汉族也都说摩梭话。

（二）布落村摩梭人兼用汉语及其他民族语

因外出求学、打工、看病及经济往来等的需要及电视、手机等的普及，加之乡村公路的开通，该村摩梭人与外界的联系也在逐渐增多，布落村的摩梭村民大部分兼用汉语，还有部分兼用周边民族的纳西语、普米语。因此，该村摩梭人使用语类型分为双语型和三语型。

1. 布落村摩梭人的语言使用类型

（1）双语型

在调查的 18 户摩梭家庭的 75 位摩梭人中，大部分能使用通用语。具体情况见表 3-10。

表 3-10　　布落村摩梭人兼用汉语情况

年龄段（岁）	人数（人）	熟练		略懂		不懂	
		人数（人）	百分比（%）	人数（人）	百分比（%）	人数（人）	百分比（%）
6—19	13	13	100.00	0	0	0	0
20—39	32	31	96.90	0	0	1	3.10
40—59	24	24	100.00	0	0	0	0
60 以上（含 60）	6	0	0	2	33.30	4	66.70
合计	75	68	90.70	2	2.60	5	6.70

如表 3-10 所示，60 岁以下的摩梭人普遍能熟练使用通用语，只有一位 39 岁的摩梭女性，因在家务农，较少与外地人接触，没有上过学，摩梭话能满足日常生活交际需求，因而没有学习和使用汉语，不懂汉语；而 60 岁以上的摩梭老人汉语掌握水平较低，部分老人只能听懂或说简单的几句，另外有 66.70%的摩梭老人完全不懂汉语。具体见表 3-11。

表 3-11　　布落村 60 岁以上摩梭人汉语使用情况

家庭编号	姓名	年龄（岁）	学历	第一语言	第二语言
10	巴都	76	文盲	摩梭话，熟练	汉语，不懂
16	阿在尔	78	文盲	摩梭话，熟练	汉语，不懂
16	英都美	70	文盲	摩梭话，熟练	汉语，不懂
17	英芝咪	66	文盲	摩梭话，熟练	汉语，略懂
17	尔青	78	文盲	摩梭话，熟练	汉语，略懂
18	过甲	94	文盲	摩梭话，熟练	汉语，不懂

从表 3-11 可以看出，60 岁以上的老人普遍没有上过学，摩梭话能满足生活中的交际需要，基本不懂汉语。

（2）多语型

布落村杂居着普米族，毗邻旁边的三江口普米族村，又因与丽江玉龙县靠近，村寨间有往来，因此，部分村民在使用母语的同时，还不同程度地兼用汉语、普米语和纳西语。在我们调查的 18 户摩梭家庭中，有 13 位摩梭村民兼用汉语、普米语、纳西语（见表 3-12）。

表 3-12　　布落村 13 位多语型村民语言使用情况

家庭编号	姓名	年龄（岁）	学历	第一语言	兼用语及其水平
1	甲阿	58	初中	摩梭话，熟练	汉语、普米语、纳西语，熟练
1	英芝拉姆	30	高中	摩梭话，熟练	汉语、普米语、熟练；纳西语略懂
1	贡布	37	小学	摩梭话，熟练	汉语、纳西语，熟练
1	格吐汝	34	初中	摩梭话，熟练	汉语、纳西语，熟练
3	品初	51	初中	摩梭话，熟练	汉语、纳西语，熟练
3	阿丹	50	文盲	摩梭话，熟练	汉语、纳西语，熟练
6	独基塔	58	小学	摩梭话，熟练	普米话、汉语、纳西语，熟练
6	给古	32	小学	摩梭话，熟练	汉语、普米语，熟练
6	松茨里	25	初中	摩梭话，熟练	汉语、普米语，熟练
7	巴汝	25	初中	摩梭话，熟练	汉语、纳西语，熟练
9	甲阿基	50	小学	摩梭话，熟练	汉语、纳西语，熟练
11	英芝	25	中专	摩梭话，熟练	普米话、汉语、纳西语，熟练
11	果咪	23	初中	摩梭话，熟练	普米话、汉语、纳西语，熟练

如表 3-12 显示，能熟练地兼用汉语、纳西语的有 6 人，能熟练地兼用汉语、普米语的有 3 人，同时熟练地兼用汉语、普米语、纳西语的有 4 人。除第 11 户家庭是与普米族通婚，受其父亲影响能熟练使用普米语外，其他的 11 位摩梭人因常与周边的普米族、纳西族接触、交往，因而能不同程度地兼用普米语或纳西语。

2. 布落村摩梭人的兼用语特点

布落村 60 岁以下的摩梭人普遍熟练地兼用汉语。60 岁以上的老人因没有上过学，平时与外界接触较少，听不懂汉语的有家里人帮忙翻译为摩梭话，因此懂汉语的较少。如表 3-10 显示，有 66.70%的摩梭老人完全不懂汉语，略懂也只占33.30%。

此外，部分村民因族际通婚、外出打工、与周边普米族、纳西族的密切交往，因此，还不同程度地兼用普米语、纳西语。

（三）布落村摩梭人语言生活成因

1. 母语使用现状成因

布落村地处宁蒗县最北端，海拔高、地势险、交通不便、外来人少，摩梭人聚居及传统农牧业为主的生产生活方式，这些都为摩梭语言文化保留提供了现实土壤；特别是摩梭传统宗教文化的良好保留，为摩梭话的使用和传承提供了使用场合。

布落村摩梭人和永宁、蒗蕖（今大兴街道和紫玛街道）的摩梭人一样，都信奉传统的达巴教。不同的是永宁、蒗蕖称摩梭人的原始宗教巫师为“达巴”，而布落、三江口、油米、次瓦、树枝等村落，因受接壤的丽江纳西文化的影响，称“东巴”；布落等地的东巴所念经文内容与永宁、蒗蕖无异，念经文的口音也与永宁地区相似；且用纳西文字将达巴经文内容记载了下来。由此，有文字记载的达巴经文更利于代代相传。在布落村，各种法事、祭祀都由东巴完成。布落村共有9位东巴，这9位中1位是资历最高的大东巴，其他8位东巴分属于不同的家族。一般家族小型法事活动，由本族的东巴完成；但大型（如红白喜事）或集体的法事活动（过年、转山节等）由大东巴带领全村东巴来完成。村里的祭祀活动，如十一月杀猪敬祖先、敬天神、敬小风神、农历七月十五转山节、农历新年（一月一日）祭胜利神（有威望的神）、农历七八月祭大风神、农历九十月祭剁科（祈求全家人幸福安康）及红白喜事都要请东巴（达巴）念经、主持。达巴文化渗透到布落摩梭村民生活中，成为布落摩梭村民生活及精神世界不可缺少的组成部分，这也为摩梭话保持旺盛的生命力提供了条件，对摩梭话的使用及传承有着积极作用。

2. 兼用汉语及其他民族语成因

布落村毗邻的三江口、库都两个普米族村，在平时的红白喜事时，这几个村都会互相帮忙，因此部分布落村的摩梭人能兼用普米语；因布落村的达巴经文用纳西文字记载并代代相传，因此在达巴文化传承过程中，布落村部分摩梭村民也能熟练地兼用纳西语。

此外，电视、网络的普遍普及，乡村公路的开通，村里人外出打工人数的增多及孩子们到托甸乡政府小学上学，布落村人与外界的联系也日益增多。在接受网络信息及与不同民族交往的过程中，通用语成为重要的交际工具，因此布落村摩梭人普遍兼用汉语。同时，布落村摩梭人对兼用汉语有着积极的态度，如布落村村长和阳春（生根塔）谈道："说汉语是大趋势，懂汉语才能更好地提高生活水平，更好地了解自己民族语言文化的特点。"但60岁以上的老年人，因受教育程度低、外出及交往范围有限等的影响，只有部分老人能在日常交流中听懂或说简单的汉语，此外的大部分摩梭老人完全不懂汉语。

三 个案3：翠玉乡宜底大村、路跨村摩梭人的语言生活

翠玉乡地处宁蒗彝族自治县西北部，东与红桥镇毗邻、南与金棉乡相连，西以金沙江为界与玉龙纳西族自治县鸣音乡、宝山乡隔江相望，北与拉伯乡接壤。翠玉乡政府距宁蒗县城53千米，辖11个自然村，牛克席、东山坝2个傈僳村，曲依、下岩科、格都山、高住4个纳西村，阿茨落、雨落、普米村3个普米族村；摩梭人主要集中在宜底大村和路跨2个村（以前统称宜底村），其他还有20户居住在翠玉乡政府附近，与普米族、汉族杂居。

宜底村（包括宜底大村和路跨村）位于翠玉乡金沙江边，是一个四面环山的峡谷小坝子。宜底大村距离翠玉乡政府38千米，距离县城近90千米。宜底大村北面是相距1千米左右的2个普米族村，村寨之间交往较为频繁；南边是2个傈僳族村，相距七八千米；相对于与普米族村的交往没那么频繁；西边有4个纳西族自然村，1个普米族村；东边是大山。宜底大村共87户，420人；其中摩梭人有83户，近400人。有摩梭人、普米族、汉族、傈僳族等民族，除4户汉族外，普米族、傈僳族和摩梭人通婚，杂居其中。路跨村与宜底大村毗邻，是同一峡谷坝子所划分的两个行政村。路跨村有300多人，60户。其中，摩梭人最多，有43户，260多人；另外，纳西族、普米族、藏族、汉族、傈僳族等民族共17户。

两个摩梭村的主要经济收入都是烤烟，年平均收入都是3万多元。村民外出打工的人较少。宜底大村有完小，建于1954年。小学在村里读完小，初中到翠玉就读，高中到宁蒗就读。一般孩子都会读到高中，考不上大学都会去读技校。

两个摩梭村目前都已修通了乡村水泥路，两个村有十多辆私家车，没有车的村民外出也多搭乘同村人的车，交通比较便利；但因宜底地处金沙

江边，地势险峻，在夏季雨季时节，陡峭的路段常有落石、泥石流阻断通路；不过抢修快，能较快恢复通车。

（一）宜底大村、路跨村摩梭人稳定地使用其母语

我们采用便利抽样调查的方式，通过访谈法、参与观察法，分别对宜底大村 17 户摩梭家庭的 76 位摩梭人，路跨村 16 户摩梭家庭的 71 位摩梭人的语言使用情况进行了穷尽式调查；并分不同年龄段从宜底大村抽取了 15 人、路跨村抽取了 16 人进行了摩梭话 400 词测试，以调查其母语词汇量掌握情况。

1. 摩梭话是宜底大村、路跨村家庭成员主要的交际工具

（1）宜底大村摩梭人家庭母语使用情况

调查结果显示，宜底大村摩梭人在家庭语言使用中，都能熟练地运用摩梭话进行交流。其母语使用情况统计见表 3-13。

表 3-13　　宜底大村摩梭人家庭母语使用情况

年龄段（岁）	人数（人）	熟练		略懂		不懂	
		人数（人）	百分比（%）	人数（人）	百分比（%）	人数（人）	百分比（%）
6—19	11	11	100	0	0	0	0
20—39	28	28	100	0	0	0	0
40—59	26	26	100	0	0	0	0
60 以上（含 60）	11	11	100	0	0	0	0
合计	76	76	100	0	0	0	0

从表 3-13 可以看出，宜底大村村民不分年龄、性别、文化程度，在家庭交流中都能熟练地使用摩梭话进行交流。为进一步了解该村摩梭人母语能力，我们从这 76 人中，分年龄段采用便利抽样调查的方法，抽取了 15 人进行了母语 400 词测试（见表 3-14）。

表 3-14　宜底大村 15 名不同年龄段摩梭人母语 400 词测试结果统计

年龄段（岁）	人数（人）	A（优秀）		B（良好）		C（一般）		D（差）	
		人数（人）	百分比（%）	人数（人）	百分比（%）	人数（人）	百分比（%）	人数（人）	百分比（%）
6—19	3	2	66.67	1	33.33	0	0	0	0

续表

年龄段（岁）	人数（人）	A（优秀）		B（良好）		C（一般）		D（差）	
		人数（人）	百分比（%）	人数（人）	百分比（%）	人数（人）	百分比（%）	人数（人）	百分比（%）
20—39	5	5	100.00	0	0	0	0	0	0
40—59	4	4	100.00	0	0	0	0	0	0
60以上（含60）	3	3	100	0	0	0	0	0	0
合计	15	14	93.33	1	6.67	0	0	0	0

从表3-14可以看出：宜底大村摩梭人母语词汇掌握情况总体较好，20岁及其以上的摩梭村民其母语词汇测试优秀率都为100%，20岁以下的优秀率为66.67%，良好率为33.33%。

综合表3-13、表3-14可以看出：翠玉乡宜底大村摩梭人母语掌握程度整体较高，母语词汇能力整体较好，但母语词汇掌握情况也呈现代际差异，20岁以下开始出现母语词汇能力衰弱现象。

（2）路跨村摩梭人家庭母语使用情况

根据调查显示，所调查的路跨村16户摩梭人，在家庭语言使用中都能熟练地运用摩梭话进行交流。其母语使用情况见表3-15。

表3-15　　路跨村摩梭人家庭母语使用情况

年龄段（岁）	人数（人）	熟练		略懂		不懂	
		人数（人）	百分比（%）	人数（人）	百分比（%）	人数（人）	百分比（%）
6—19	9	9	100	0	0	0	0
20—39	30	30	100	0	0	0	0
40—59	19	19	100	0	0	0	0
60以上（含60）	13	13	100	0	0	0	0
合计	71	71	100	0	0	0	0

从表3-15可以看出，路跨村村民不分年龄、性别、文化程度，在家庭交流中都能熟练地使用摩梭话进行交流。同时，我们从这71人中，从不同年龄段中采用便利抽样调查的方法，抽取了16人进行了母语词汇量调查，测试结果见表3-16。

表 3-16　路跨村 16 名不同年龄段摩梭人母语 400 词测试结果统计

年龄段（岁）	人数（人）	A（优秀）		B（良好）		C（一般）		D（差）	
		人数（人）	百分比（%）	人数（人）	百分比（%）	人数（人）	百分比（%）	人数（人）	百分比（%）
6—19	3	2	66.67	1	33.33	0	0	0	0
20—39	5	5	100.00	0	0	0	0	0	0
40—59	5	5	100.00	0	0	0	0	0	0
60 以上（含 60）	3	3	100.00	0	0	0	0	0	0
合计	16	15	93.75	1	6.25	0	0	0	0

从表 3-16 可以看出：路跨村摩梭人母语词汇掌握情况总体较好，20 岁及其以上的摩梭村民其母语词汇测试优秀率均为 100%，20 岁以下的摩梭村民其母语词汇掌握的“优秀”率为 66.67%，“良好”率为 33.33%；20 岁以下的开始出现母语词汇能力衰弱现象。

综合表 3-15、表 3-16 的调查结果可见，路跨村摩梭人母语掌握情况较好，母语能力整体较强。

（3）宜底大村、路跨摩梭家庭中的其他民族成员熟练地使用摩梭话

在摩梭家庭中，通婚的其他民族家庭成员，在家庭语言使用中，也能熟练地使用摩梭话进行日常交流。在宜底大村调查的 17 个家庭中，有 8 户家庭的 9 位其他民族的家庭成员摩梭话都熟练（见表 3-17）。

表 3-17　宜底大村摩梭家庭中 9 位其他民族成员语言使用情况

姓名	年龄（岁）	民族	学历	第一语言	第二语言	第三语言	其他兼用语及其水平
杨风凰	58	纳西	小学	纳西语，熟练	摩梭话，熟练	汉语，熟练	
刘兵秀	50	汉	中学	汉语，熟练	摩梭话，熟练	普米语，熟练	
朱玉珍	60	傈僳	文盲	傈僳语，熟练	摩梭话，熟练	普米语，熟练	汉语，熟练
木鹏	36	纳西	小学	纳西语，熟练	摩梭话，熟练	汉语，熟练	
康金华	63	汉	小学	汉语，熟练	摩梭话，熟练	纳西语，熟练	
沙学英	26	彝	初中	彝语，熟练	摩梭话，熟练	汉语，熟练	
和玉寸	35	纳西	高中	纳西语，熟练	摩梭话，熟练	汉语，熟练	
朱如光	60	傈僳	小学	傈僳语，熟练	摩梭话，熟练	纳西语，熟练	汉语，熟练
朱古玛恒	74	傈僳	文盲	傈僳语，熟练	摩梭话，熟练	纳西语，熟练	汉语，熟练

在路跨村调查的16个家庭中，有4户家庭的4位其他民族的家庭成员摩梭话都熟练（见表3-18）。

表3-18　　路跨村摩梭家庭中4位其他民族成员语言使用情况

姓名	年龄	民族	学历	第一语言	第二语言	第三语言
李小润	50	汉	小学	汉语，熟练	纳西语，熟练	摩梭话，熟练
王古甲	65	纳西	小学	摩梭话，熟练	普米语，熟练	汉语，熟练
宋远章	46	汉	初中	汉语，熟练	摩梭话，熟练	
和贵香	31	纳西	高中	纳西语，熟练	摩梭话，熟练	汉语，熟练

如表3-17、表3-18所示，宜底大村、路跨村的摩梭家庭中其他民族的家庭成员，都能在掌握自己母语的同时，在家庭语言使用中熟练地兼用摩梭话、汉语及其他民族语（纳西语或普米语）。

2. 摩梭话在其他场合的使用情况

在调查及实地观察中，我们发现：宜底大村和路跨村的摩梭村民，在田间劳动、日常交际、红白喜事等日常生活的不同场合，基本都使用摩梭话交流；只有遇到外村的纳西族、普米族、傈僳族，除学龄段儿童用摩梭话或汉语外，其他年龄段的摩梭人都能熟练地运用摩梭话或纳西族、普米族、傈僳族的民族语进行交流。

（二）宜底大村、路跨村摩梭人兼用汉语及其他民族语

宜底大村、路跨村周围有纳西族村、普米族村和傈僳族村，除部分低年龄段（10岁以下）的儿童外，两个村的摩梭人在普遍熟练兼用汉语的同时，还兼用纳西语、普米语或傈僳语，普遍是三语人，还有部分能兼用三种以上的语言。

在宜底大村调查的76人中，在熟练使用母语的同时还兼用纳西语、普米语和汉语的有40人，占调查总人数的52.63%；其中，在能熟练使用母语的同时，还能兼用4种语言（方言）的有11人，占调查总人数的14.47%（见表3-19）。

表3-19　　宜底大村11位摩梭人兼用语情况

姓名	年龄（岁）	性别	学历	第一语言	其他兼用语及其水平
刘正富	29	男	大学	摩梭话，熟练	纳西语、普米语、傈僳语、汉语熟练

续表

姓名	年龄（岁）	性别	学历	第一语言	其他兼用语及其水平
阿红志	58	男	小学	摩梭话，熟练	纳西语、普米语、傈僳语、汉语熟练
阿采耳	87	女	文盲	摩梭话，熟练	纳西语、普米语、傈僳语熟练，汉语略懂
阿红兴	53	男	小学	摩梭话，熟练	纳西语、普米语、傈僳语、汉语熟练
和清马	89	女	文盲	摩梭话，熟练	纳西语、普米语、傈僳语、汉语熟练
何静光	61	男	小学	摩梭话，熟练	纳西语、普米语、傈僳语、汉语熟练
阿永忠	62	男	小学	摩梭话，熟练	纳西语、普米语、傈僳语、汉语熟练
熊绍春	55	女	初中	摩梭话，熟练	纳西语、普米语、傈僳语、汉语熟练
阿采耳	85	男	文盲	摩梭话，熟练	纳西语、普米语、傈僳语、汉语熟练
阿思肯	85	女	文盲	摩梭话，熟练	纳西语、普米语、傈僳语熟练，汉语略懂
刘正富	29	男	大学	摩梭话，熟练	纳西语、普米语、傈僳语、汉语熟练

在路跨村所调查的 71 人中，能熟练使用母语的同时还兼用纳西语、普米语和汉语这 3 种语言的有 24 人，占调查总人数的 33.80%；另外，能兼用 4 种语言（方言）的有 5 人，占调查总人数的 7.04%（见表 3-20）。

表 3-20　　路跨村 5 位摩梭人兼用语言情况

姓名	年龄（岁）	性别	学历	第一语言	其他兼用语及其水平
和书	69	男	文盲	摩梭话，熟练	纳西语、普米语、傈僳语、汉语，熟练
熊伍斤	81	女	文盲	摩梭话，熟练	纳西语、普米语、傈僳语熟练，汉语略懂
熊绍新	60	男	小学	摩梭话，熟练	纳西语、普米语、傈僳语、汉语，熟练
阿万军	82	男	文盲	摩梭话，熟练	纳西语、普米语、傈僳语、汉语，熟练
王八斤	63	男	小学	摩梭话，熟练	纳西语、普米语、傈僳语、汉语，熟练

从表 3-19、表 3-20 可以看出：宜底大村和路跨村摩梭人兼用 4 种民族语的，以 50 岁以上年龄段的居多。同时，兼用汉语的熟练程度受教育程度及交际范围的影响，年龄大、很少外出的老人，没有上过学，与外界接触也较少，就只能用汉语进行简单的日常交际。

（三）宜底大村、路跨村摩梭人语言生活成因

1. 稳定使用母语的原因

宜底大村和路跨村的摩梭传统宗教、礼仪、饮食等都保留较好。摩梭

家庭都保留着敬锅庄、成丁礼、过摩梭小年、转山（因为森林防火，一般在村边山头的一个寺庙围着寺庙转一圈），节庆及红白喜事念达巴经等传统。宜底大村有 3 位达巴，其中年龄大的一位达巴已到丽江随子女居住，另外两位达巴在村里比较隆重的节日或红白喜事时，都会被邀请去念诵达巴经文。路跨村毗邻宜底大村，摩梭语言文化保留与宜底大村相似，只是没有达巴，节庆或红白喜事要到宜底大村请达巴或村里的喇嘛举行仪式。摩梭人聚居、传统文化的保留，为摩梭话的使用、传承提供了现实土壤。同时，摩梭家庭也很重视摩梭文化的教育，有很强的自觉传承意识。访谈中路跨村的曹国忠村长谈道："在家里和村里公共场合，包括开会都说摩梭话，家长也要求孩子都说摩梭话。"摩梭村民阿应德也谈道："家里的传统教育很重要，在家说摩梭话，长大就不会忘。"

此外，宜底完小为两个村的摩梭儿童母语的使用提供了条件。宜底完小（1—6 年级）建于 1954 年，1954 年 4 月开班，孩子们上学不用去很远的地方。在 2000 年前，学校教师多为本地老师，上课或课间很多时候都说摩梭话，特别是一二年级的老师讲课都用摩梭话；到了初中，学生的汉语才比较好。自 2000 年以后，本地老师大多退休了，很多老师是外地的，讲课才都用普通话。母语使用语境的保持及 2000 年前本土教师的母语教学，为宜底大村、路跨村儿童的母语使用提供了有利条件，对摩梭话保留较有利。正如阿应荣书记所谈到的，"孩子们在小时候都会说摩梭话，上初中之前，都在家附近，摩梭话都说得很好，长大以后也不会忘"。

2. 兼用汉语及其他民族语的原因

宜底摩梭人最早从永宁、盐源等一带迁徙而来，"宜底摩梭到宜底定居后，与具有浓厚母系文化的永宁在地域上形成隔离。受土司体制和周边民族的影响，由最初母系为主的大家庭逐渐变成父系为主的大家庭"①。"由于宜底摩梭人当时不分家，不准族内通婚，因此与周边纳西、普米、傈僳等少数民族的通婚是很频繁的。"② 族际通婚及与周边纳西族、普米族、傈僳族的交流往来，为世居于此的摩梭人提供了多语习得环境，如路跨村曹村长所谈到的"村里有纳西、普米、汉、藏、摩梭、傈僳族等民

① 何林富：《摩梭达巴经"口头诗学"研究》，硕士学位论文，云南师范大学，2014 年，第 5 页。

② 何林富：《摩梭达巴经"口头诗学"研究》，硕士学位论文，云南师范大学，2014 年，第 6 页。

族，不同民族的村民间交流时，慢慢就学会了对方民族的语言”。因此宜底大村、路跨村的摩梭人在熟练使用母语的同时，普遍兼用两种或两种以上的少数民族语。

同时这两个摩梭村的摩梭人都普遍熟练地兼用汉语，这与村里有汉族居住、有完小提供的汉语教学语境以及电视手机的普及、与外界沟通的增多等因素都密切相关。

四　个案4：拉伯乡格庄村摩梭人的语言生活

拉伯乡格庄村居住有摩梭人和纳西族，全村按照地理分布可以划分为上村、中村和下村；上村均为摩梭人，中村均为纳西族，下村以摩梭人居多，夹杂着几户纳西族。全村共有44户，其中摩梭人33户，纳西族11户。全家一起外出打工的现象较多，常住的摩梭人有15户。摩梭人的节日有农历五月初五的端午节，农历七月十五的转山节，农历十二月初九的摩梭小过年（现在过小过年的人很少了），汉族的春节。村里没有小学，距最近的“新庄完小”步行30分钟左右的路程。

（一）格庄村摩梭人稳定地使用其母语

我们采用便利抽样调查的方式，采用访谈法、参与观察法，对15个摩梭家庭58人的语言使用情况进行了调查；并分年龄段抽取了13人进行摩梭话400词测试，以调查其母语词汇量掌握情况。

1. 摩梭话是家庭成员主要的交际工具

（1）格庄村摩梭人家庭母语使用情况

依据调查数据显示，该村摩梭人基本都能掌握自己的母语，家庭成员都能熟练地使用摩梭话进行交流。其母语使用情况见表3-21。

表3-21　格庄村摩梭人家庭母语使用情况

年龄段（岁）	人数（人）	熟练		略懂		不懂	
		人数（人）	百分比（%）	人数（人）	百分比（%）	人数（人）	百分比（%）
6—19	8	8	100	0	0	0	0
20—39	26	26	100	0	0	0	0
40—59	18	18	100	0	0	0	0
60以上（含60）	6	6	100	0	0	0	0

续表

年龄段（岁）	人数（人）	熟练		略懂		不懂	
		人数（人）	百分比（%）	人数（人）	百分比（%）	人数（人）	百分比（%）
合计	58	58	100	0	0	0	0

表3-21显示，调查的15户家庭的58位摩梭人，不分年龄、性别、文化程度，都能熟练地使用摩梭话，其熟练度达100%。同时，我们从不同年龄段中抽取了13人进行了摩梭话400词测试，以调查其母语词汇量掌握情况（见表3-22）。

表3-22　　格庄13名不同年龄段摩梭人 母语400词测试结果统计

年龄段（岁）	人数（人）	A（优秀）		B（良好）		C（一般）		D（差）	
		人数（人）	百分比（%）	人数（人）	百分比（%）	人数（人）	百分比（%）	人数（人）	百分比（%）
6—19	4	3	75.00	1	25.00	0	0	0	0
20—39	4	4	100	0	0	0	0	0	0
40—59	3	3	100	0	0	0	0	0	0
60以上（含60）	2	2	100	0	0	0	0	0	0
合计	13	12	92.31	1	7.69	0	0	0	0

从表3-21和表3-22可以看出：格庄村摩梭人母语掌握程度较高，能熟练地运用摩梭话进行日常交际；其母语词汇掌握程度整体较高，但20岁以下的开始出现衰弱现象。

（2）格庄村摩梭家庭中的其他民族成员能熟练地使用摩梭话

格庄村因与纳西村毗邻，不少摩梭家庭与纳西族通婚，融入摩梭家庭的纳西族都能熟练地使用摩梭话。在调查的15户摩梭家庭中有5户家庭的纳西族家庭成员能熟练地使用摩梭话（见表3-23）。

表3-23　　格庄村摩梭人家庭中5位其他民族成员语言使用情况

姓名	年龄（岁）	民族	学历	第一语言	第二语言	第三语言
达拉米鲁玛	30	纳西	小学	纳西语，熟练	摩梭话，熟练	汉语，熟练
阿尔库米	66	纳西	文盲	纳西语，熟练	摩梭话，熟练	汉语，熟练

续表

姓名	年龄（岁）	民族	学历	第一语言	第二语言	第三语言
加布宏米	50	纳西	文盲	纳西语，熟练	摩梭话，熟练	汉语，熟练
巴布思米	54	纳西	文盲	纳西语，熟练	摩梭话，熟练	汉语，熟练
加布小莉	44	纳西	小学	纳西语，熟练	摩梭话，熟练	汉语，略懂

2. 格庄村摩梭人母语在其他场合的稳定使用

格庄村的摩梭人之间在开会及其他公共场合都使用摩梭话进行交流；与纳西族交流时视交流对象、事情的不同在摩梭话与纳西语之间自由切换。

（二）格庄村摩梭人普遍兼用汉语和纳西语

摩梭话属于纳西语东部方言，格庄村摩梭人在熟练掌握母语的同时，全民能熟练地兼用纳西语。在调查的58位摩梭村民中，其熟练兼用纳西语的比例为100%。同时，该村摩梭人普遍熟练地兼用汉语，但在调查的58位摩梭村民中仍有10位，即占调查总数17.24%的摩梭村民汉语不太熟练，只能用汉语进行简单的交流（见表3-24）。

表3-24　　格庄村10位摩梭人语言使用情况

家庭编号	姓名	年龄（岁）	学历	第一语言	第二语言	第三语言
1	达拉米丹泽	54	文盲	摩梭话，熟练	纳西语，熟练	汉语，略懂
1	达拉米巴佳	46	文盲	摩梭话，熟练	纳西语，熟练	汉语，略懂
2	打开米古泽	82	文盲	摩梭话，熟练	纳西语，熟练	汉语，略懂
3	达拉米阿丹米	54	文盲	摩梭话，熟练	纳西语，熟练	汉语，略懂
3	达拉米旦史	6	学龄前	摩梭话，熟练	纳西语，熟练	汉语，略懂
4	史都阿佳	39	文盲	摩梭话，熟练	纳西语，熟练	汉语，略懂
5	阿尔美嘉	48	文盲	摩梭话，熟练	纳西语，熟练	汉语，略懂
7	史都高茹玛	61	文盲	摩梭话，熟练	纳西语，熟练	汉语，略懂
8	格日拉错	53	文盲	摩梭话，熟练	纳西语，熟练	汉语，略懂
9	阿古次拉姆	53	文盲	摩梭话，熟练	纳西语，熟练	汉语，略懂

从表3-24可以看出：兼用汉语的熟练程度与年龄及受教育程度密切

相关。汉语不太熟练的包括学龄前儿童及40岁左右及其以上年龄段的人群；这部分摩梭村民大部分没上过学，受教育程度低，仅能听懂或说简单的汉语。

（三）格庄村摩梭人语言生活成因

为了更好地了解格庄村摩梭人摩梭话使用现状成因，我们在以上调查的58人中，采用便利抽样调查法，抽取了2人进行了“摩梭话使用情况”及“摩梭人兼用其他语言情况”的深度访谈，依据访谈材料分析其成因。

1. 稳定地使用母语的成因

格庄村为摩梭人和纳西族居住村，摩梭话属于纳西语方言，与纳西语具有较多相似性，这为摩梭人稳定地使用母语提供了氛围。同时，该村摩梭话的良好保留与摩梭人对母语的强烈认同感密切相关。格庄村村委副主任和颂军（松娜古萨）谈道：“民族语（话）非常重要，如果一个人不会民族语（话）就意味着开始脱离这个民族群体了。学习民族语（话），应该以家庭教育为中心，在家里教并严格要求孩子说摩梭话。”“要以家庭教育为中心，语言要父母去教，摩梭礼节文化这些也要父母去传授，在日常生活中潜移默化地去影响孩子。”

此外，摩梭传统节日的保留对摩梭话使用也有积极意义。格庄村民和海雄谈道：“村里过的节日有：春节、农历七月十五转山节、端午节，还有比较隆重的是成丁礼；这些节日会请达巴做仪式。这些节日为摩梭话的使用和传承营造了很好的氛围。”

2. 熟练兼用纳西语、普遍兼用汉语的成因

格庄村有11户纳西族，不少摩梭家庭与纳西族通婚，在长期的民族交流交往中，摩梭话、纳西语成为村民全民熟练使用的语言。随着上学及外出打工人数的增多、与外界接触的增多，熟练使用汉语的摩梭人也越来越多，但一部分年龄大的老人，由于较少外出，没有上过学，用摩梭话和纳西语能满足日常的交际，汉语使用频率不高，因而只能说或听懂一些简单的汉语。

第二节 “绝大部分掌握并熟练使用摩梭话”类型的个案分析

“绝大部分掌握并熟练使用摩梭话”是指摩梭人母语词汇的400词测试优秀率为70%—80%，摩梭话是村民重要的交际工具。

此类型有 8 个村：6 个摩梭聚居村（永宁镇瓦拉壁村、拉罗湾村、里格村，红桥镇吉意村，金棉乡达瓦村，新营盘乡拉巴河上村）和 2 个摩梭人杂居村（拉伯乡三江口村、新营盘乡衙门村）。下面我们结合母语熟练程度及 400 词测试结果，对这 8 个村的摩梭人语言使用现状进行个案分析。

一 个案 1：永宁镇瓦拉壁村摩梭人的语言生活

永宁镇瓦拉壁村属永宁镇温泉村委会。温泉村委会共有 15 个村民小组，由永宁街方向进入的村寨依次是：阿古瓦、依满瓦、阿汝瓦、瓦拉壁（这 4 个村都是摩梭村），然后是 5 个普米族村，依次是：拖泽、比柒、八家、瓦都（上瓦都、中瓦都），再往里面是一个汉族村（下瓦都），村委会最靠里面是 5 个彝族村，依次是：拉窝罗村、农场村、安家村、新家村、刘家村。

温泉村委会有 2400 多人，彝族占人口总数一半左右。普米族、摩梭人、汉族约占该村人口总数的一半，汉族人数最少。依满瓦村、阿汝瓦村、瓦拉壁村基本都是摩梭人，阿古瓦村除了 10 户汉族外，都是摩梭人。村委会的村子都通乡村公路，但路面比较窄。

瓦拉壁村离永宁街 10 千米，东北与四川盐源县、木里县接壤，地处两省三县交界处，东边是四川盐源县“一小堆村”（汉、摩杂居，摩梭人居多），西边是普米族村（比柒村、八家村），北边是彝族村（落昌村、拉窝罗村），南边是摩梭村“阿汝瓦村”，距泸沽湖 22 千米。2006 年被云南省人民政府公布为首批传统文化保护村。

瓦拉壁村有 467 人，96 户，全部是摩梭人（嫁过来的有 2 位汉族人，3 位普米族人，身份证上的民族一栏都是“摩梭人”），除 16 户外，其他都是摩梭大家庭，保留着摩梭人以前的传统。与周围普米族、彝族、汉族交往频繁，民族关系融洽。村民的收入主要是传统种植业，种荞麦、苞谷、洋芋、小麦、稻米；还有一些家庭开办民族餐，很多游客也会来村里吃民族餐；此外还有部分村民农闲时外出打工。

（一）瓦拉壁村摩梭人稳定地使用其母语

我们采用便利抽样调查的方式，通过访谈法、参与观察法，对拉开西里村 16 个摩梭家庭的 101 位摩梭人的语言使用情况进行了穷尽式调查，并从不同年龄段中共抽取了 17 人进行了摩梭话 400 词测试，以调查其母语词汇量掌握情况。

1. 家庭成员以摩梭话为主要的交际工具

调查显示，摩梭人都能掌握自己的母语，家庭成员都熟练地使用摩梭话进行交流。其母语使用情况统计见表 3-25。

表 3-25　　瓦拉壁村摩梭人家庭母语使用情况

年龄段（岁）	人数（人）	熟练		略懂		不懂	
		人数（人）	百分比（%）	人数（人）	百分比（%）	人数（人）	百分比（%）
6—19	20	20	100	0	0	0	0
20—39	42	42	100	0	0	0	0
40—59	27	27	100	0	0	0	0
60 以上（含 60）	12	12	100	0	0	0	0
合计	101	101	100	0	0	0	0

从表 3-25 可以看出：瓦拉壁村摩梭人的家庭语言使用中，不分年龄、性别、教育程度都能熟练地运用母语进行交流。但其母语词汇掌握情况，从摩梭话 400 词测试结果中可以看出，已出现衰弱现象（见表 3-26）。

表 3-26　　瓦拉壁村 17 名不同年龄段摩梭人母语 400 词测试结果统计

年龄段（岁）	人数（人）	A（优秀）		B（良好）		C（一般）		D（差）	
		人数（人）	百分比（%）	人数（人）	百分比（%）	人数（人）	百分比（%）	人数（人）	百分比（%）
6—19	7	3	42. 86	2	28. 58	1	14. 28	1	14. 28
20—39	3	3	100	0	0	0	0	0	0
40—59	5	5	100	0	0	0	0	0	0
60 以上（含 60）	2	2	100	0	0	0	0	0	0
合计	17	13	76. 47	2	11. 77	1	5. 88	1	5. 88

从表 3-26 可以看出：母语词汇掌握的整体优秀率为 76. 47%，属于中等水平。20 岁及其以上的摩梭村民的母语词汇测试都为 100%，20 岁

以下的母语词汇掌握的“优秀”率明显下降，为42.86%；“良好”率为28.58%；“一般”和“较差”的占比都为14.28%；该村20岁以下的摩梭村民母语词汇掌握量有明显下降趋势。

从表3-25、表3-26可以看出：瓦拉壁村摩梭人全民能熟练地使用摩梭话，20岁以下的摩梭青少年母语能力有下降趋势。

2. 瓦拉壁村摩梭人母语在其他场合的使用情况

（1）学校摩梭话的使用情况

瓦拉壁村有乡村完小（1—6年级），老师都是彝族或汉族，在课堂教学中都用汉语教学；课间孩子们多用摩梭话、汉语进行交流。课间活动，会播放摩梭歌曲、跳摩梭舞蹈；有时还会请村里的摩梭壁画传承人、手工织纺传承人等为孩子们讲一些摩梭传统文化及民族故事等。

（2）摩梭话在其他场合的使用

在调查中发现：村里摩梭人在开会、聊天、打招呼、田间劳动、卫生所就医、商店买东西等各种公开场合，都用摩梭话；在村里遇到周围村寨的其他民族（普米族、彝族、汉族），会视交流的事情、情景或双方关系的远近，在其他民族语和摩梭话间自由切换。一般遇到普米族，用摩梭话或普米语交流；遇到彝族，用摩梭话、汉语或彝语进行交流；遇到汉族，多用夹杂着摩梭话的汉话交流。

（二）瓦拉壁村摩梭人兼用汉语及其他民族语

瓦拉壁村周围有普米族、彝族、汉族村，近年来随着外出打工人数的增多及村里开办民族餐家庭的增多以及民族文化体验活动的增加，该村村民都能熟练地兼用汉语；还有大部分也能熟练兼用周边村寨普米族、彝族的语言。因此，该村摩梭人使用语类型分为双语型和三语型。

1. 瓦拉壁村摩梭人的语言使用类型

（1）双语型

瓦拉壁村部分村民是双语型，即指在熟练地使用母语的同时，还普遍熟练地兼用汉语或另一种民族语言。在调查的16户摩梭人家庭的101人中，双语人共50人，占调查总人数（101人）的49.50%。其中有4位70岁以上的老人在熟练使用摩梭话的同时，还熟练地兼用普米语；另外有46位，即占调查总人数（101人）45.54%的摩梭村民在使用自己母语的同时，还不同程度地兼用汉语。双语者兼用汉语的情况见表3-27。

表 3-27　　瓦拉壁村摩梭村民兼用汉语情况

年龄段（岁）	人数（人）	熟练		略懂		不懂	
		人数（人）	百分比（%）	人数（人）	百分比（%）	人数（人）	百分比（%）
6—19	15	15	100.00	0	0	0	0
20—39	19	17	89.47	2	10.53	0	0
40—59	9	8	88.89	1	11.11	0	0
60 以上（含 60）	3	0	0	3	100.00	0	0
合计	46	40	86.96	6	13.04	0	0

如表 3-27 所示，瓦拉壁村摩梭村民兼用汉语的双语人中，6—19 岁的青少年汉语熟练程度较高，60 岁（含 60）以上的摩梭老人汉语整体不熟练，仅能听懂或是说一些简单的日常交际话语。在调查中发现，汉语熟练度不高的摩梭村民，都没有上过学，且很少外出，与外界交往相对较少。

（2）三语或多语型

瓦拉壁村的大部分摩梭村民都在熟练地使用自己母语的同时，普遍熟练兼用汉语及周边村寨普米族、彝族的语言，还有部分还兼用藏语；普遍是三语人或四语人。其中，三语人有 26 人，占调查总数（101 人）的 25.74%（具体情况见表 3-28）。

表 3-28　　瓦拉壁村 26 位三语型摩梭人兼用语情况　　单位：人

兼用语类型	人数
普米语熟练，汉语熟练	12
普米语熟练，汉语略懂	1
汉语熟练，普米语略懂	6
汉语、藏语，都熟练	3
汉语、纳西语，都熟练	1
汉语熟练，彝语略懂	3

从表 3-28 可以看出，瓦拉壁村的摩梭人兼用“汉语+普米语”的人数最多，共 19 人，占三语人数总数（26 人）的 73.08%；其次是兼用“汉语+藏语”“汉语+彝语”型。熟练地兼用藏语的三位摩梭青年中，其

中一位是喇嘛，学习藏传佛教习得藏语；另外两位是同一家庭的青年，家里的祖父是藏族，因摩梭家庭与藏族通婚而习得藏语。兼用“汉语+纳西语”的是一位在丽江读书的摩梭青年，受周围纳西语环境习得了纳西语。

此外，在所调查的 101 人中，有 25 人，占总人数 24. 75%的是四语或五语人，即在熟练掌握母语的同时，还普遍熟练地兼用三种或四种其他民族语。具体见表 3-29。

表 3-29　　瓦拉壁村 25 位四语或五语型摩梭人兼用语情况

姓名	年龄（岁）	性别	学历	第一语言	其他兼用语及其水平
翁措着比	51	男	小学	摩梭话，熟练	普、汉，熟练；藏语，略懂
独玛次尔	57	女	文盲	摩梭话，熟练	普、彝、汉，熟练
甲泽荣波	50	男	文盲	摩梭话，熟练	普、彝、汉，熟练
皮措	35	男	小学	摩梭话，熟练	普、彝、汉，熟练
次尔卓玛	42	女	文盲	摩梭话，熟练	普、汉，熟练；彝语，略懂
翁措高汝	59	男	文盲	摩梭话，熟练	普、彝、汉，熟练
翁措二车	55	男	初中	摩梭话，熟练	普、彝、汉，熟练；藏语，略懂
甲策汝波	46	男	文盲	摩梭话，熟练	普、汉，熟练；彝语，略懂
达巴甲泽	32	男	小学	摩梭话，熟练	汉、普、藏，熟练
次里独芝	45	男	大专	摩梭话，熟练	藏、彝、普、汉，熟练
鲁汝独枝	50	男	文盲	摩梭话，熟练	汉、彝、普熟练，藏语略懂
鲁汝次尔拉措	37	女	文盲	摩梭话，熟练	汉语，熟练；彝、普米语略懂
扎西皮聪	61	男	初中	摩梭话，熟练	汉、彝、普，熟练；藏语，略懂
布加思给	60	男	小学	摩梭话，熟练	普、汉、彝，熟练
布加旦史玛	56	女	小学	摩梭话，熟练	普米语熟练，彝、汉略懂
布加次丁玛	34	女	小学	摩梭话，熟练	汉、彝，熟练；普米语略懂
有多尔车	55	男	小学	摩梭话，熟练	普、彝、汉，熟练
阿其独枝玛	55	女	初中	摩梭话，熟练	普、彝、汉，熟练
尼玛·次尔	32	男	大学	摩梭话，熟练	汉、普，熟练；彝语，略懂
独玛拉措	52	女	初中	摩梭话，熟练	汉，熟练；普、彝，略懂
边玛拉措	26	女	大学	摩梭话，熟练	汉，熟练；普、彝，略懂
阿泽达史	47	男	小学	摩梭话，熟练	普、彝、汉，熟练
沙布独枝	40	男	小学	摩梭话，熟练	普、彝、汉，熟练
沙布甲泽独枝	29	男	小学	摩梭话，熟练	普、彝、汉、藏，熟练
公布次里	38	男	文盲	摩梭话，熟练	汉、藏、普，熟练；彝语略懂

如表3-29所示，瓦拉壁村摩梭人普遍熟练地兼用汉语、普米语、彝语，另外还有3人能熟练地兼用藏语，4人能用藏语进行简单交流；彝语略懂的有8人，普米语略懂的有4人，汉语略懂的有1人。

2. 瓦拉壁村摩梭人的兼用语特点

从表3-27、表3-28、表3-29可以看出：瓦拉壁村摩梭人普遍能熟练兼用汉语、普米语，大部分还能熟练兼用彝语，少部分能兼用藏语；双语人和三语人占多数，四语人也占有一定比例。

（三）瓦拉壁村摩梭人语言生活成因

1. 稳定使用母语的原因

首先，地理位置提供了有利条件。瓦拉壁村是摩梭人聚居村，毗邻的阿汝瓦、依满瓦、阿古瓦三个村也是摩梭人聚居村，村寨间交往都说摩梭话。这为摩梭话的使用提供了地缘优势。

其次，村里摩梭传统文化氛围的熏陶。

瓦拉壁村除了16户外，其他都是摩梭大家庭，传统房屋建筑（祖母房）、传统风俗、节日方面都保留得很好。

村里过节最隆重的是摩梭新年（摩梭话叫"仁旦"节）。从农历冬月十二开始有十三天。成丁礼在这十三天的第一天举行。前三天吃灌猪脚（摩梭名叫"伯克"），做法是把猪脚里面的肉掏空，拌上作料（摩梭秘制的作料），放进猪脚皮里，然后用麻绳缝制好。这三天要把煮熟的猪脚放在袋子里，随时背着，晚上放在床边。第二个三天只吃炒五谷，第三个三天吃炒麦（用猪油炒出来，加摩梭秘制香料），连续吃三天。第四个三天吃水果、香肠、鸡蛋。第十三天，每个房间要挂放一小袋五谷杂粮，摩梭新年就结束了。还有农历八月初三（像汉族"七月半"）的节日，也是瓦拉壁村村民过的传统节日，一般会请达巴念诵相应的经文。此外，农历七月二十五的转山节，也是摩梭村民的一个盛大节日。转山节这天永宁坝子和泸沽湖周边的摩梭人，以家庭为单位自发组织到泸沽湖旁边的格姆山朝拜格姆女神（朝拜时由喇嘛念诵祭祀女神的经文，同时吹响海螺、法号，烧起大堆的新鲜松枝和柏枝，冒出的巨大浓烟环绕在女神山麓，以此表达对女神的敬仰和朝拜），同时开展歌舞、体育竞技、野餐等活动，然后以格姆女神庙为起点，顺时针环山绕行。传统节日的传承为摩梭话生命力的延续提供了条件。

另外，瓦拉壁村的传承文化较多，如：达巴、歌舞、苏理玛酒、手工、竹编、皮革、医药、泥雕、民居建筑、唢呐、民族服装设计（头饰等）等方面的传承。其中，摩梭传统手工纺织已于2017年注册登记为“摩梭非物质文化遗产”，主要织披肩和摩梭传统服装（孩子成丁礼的服装、结婚穿的服装、节日穿的服装）。苏理玛酒是摩梭传统节日、丧葬和宗教活动必不可少的一种酒。目前已录制了苏理玛酒制作的相关宣传片。摩梭传统绘画，据壁画传承人公布次里介绍，绘画的颜料是关键，有植物颜料、动物颜料（动物血）、矿物颜料，颜料都需要自己制作。壁画绘画内容包括摩梭人敬奉的神，如山神、水神、火神等；还包括一些生活场景，如达巴做法事、招魂、成丁礼、敬客人的礼节；此外还有各种装饰、吉祥的图案等。

此外，瓦拉壁村村小学为村里摩梭儿童母语的延续使用提供了条件。课间活动，学校会播放摩梭歌曲、跳摩梭舞蹈，村里的摩梭文化传承人也会到学校为孩子们讲解相关的摩梭传统文化；加之学校处于摩梭话使用的大背景中，这些都为孩子们摩梭话的稳定使用提供了现实环境。

2. 兼用其他民族语和汉语的成因

瓦拉壁村周围有5个普米族村、5个彝族村、1个汉族村，个别摩梭家庭与普米族、汉族通婚，不同村寨民族长期共处在一个村委会，民族间的交流、往来频繁，这为不同民族语言的接触提供了地缘条件。此外，结合表3-28和表3-29可以看出，还有部分村民不同程度地兼用藏语。藏语熟练的共有6位，2位是村里的喇嘛，因学习藏传佛经而习得藏语；另外4位熟练使用藏语是因常外出经商，结识藏族人而习得藏语。此外，还有4人能用一些简单的藏语进行交际，是因与藏族通婚，家里有藏族成员。

对于兼用其他民族语包括汉语，摩梭人表现出积极的态度，如沙布汝包谈道：“村子周围有汉族和普米族，遇到汉人，多用夹杂着摩梭话的汉话；遇到普米族用普米语或摩梭话。”“孩子们讲汉话是件好事，多学一种语言可以跟更多的人交流。”

可以看出，瓦拉壁村摩梭人的语言生活主要受地理环境、民族交流的影响。

二　个案2：永宁镇拉罗湾村摩梭人的语言生活

拉罗湾村属永宁村委会。永宁村委会位于永宁坝中心，下辖21个村民小组，只有3个村没有摩梭人，少数民族占该村委会人口总数的73%，以摩梭人为主。其他民族有普米族、藏族、壮族、汉族、彝族。彝族是近几年才搬迁下来的。

拉罗湾村离永宁街1千米左右。人均有两亩地。村里的经济收入主要是种植高原红米、玉米、洋芋、黄豆，有三四家在街上开商铺，农闲时外出打工。村里有摩梭人、汉族两个民族（人），其中50户摩梭人，21户汉族，共71户，350人；摩梭人有280人。摩梭人是这个村的世居民族（人），汉族以前有两户。东边是汉族村，南边是纳西族村，西边是山，北边是汉族、摩梭人杂居村（汉族居多）。村里有永宁完小、永宁一中。

村里有4个喇嘛，没有达巴。春节、婚丧以及家里不顺时会请喇嘛念经。汉族、摩梭人的节日都过，不过彝族火把节。摩梭新年（小孩子会背上猪脚、果子、饼干、饭团去周围山上游玩，祈福）、端午、八月十五中秋、汉族春节、转山节以及每个月初五、十五都会到村里的神山烧香。

（一）拉罗湾村摩梭人稳定地使用其母语

我们采用便利抽样调查法，结合访谈法、参与观察法，对拉罗湾村12个摩梭家庭的73位摩梭人的语言使用情况进行了穷尽式调查，并从不同年龄段中抽取了13人进行了摩梭话400词测试，调查其母语词汇掌握情况。

1. 家庭成员以摩梭话为主要的交际工具

通过调查发现，拉罗湾村的摩梭人基本上都能掌握自己的母语，家庭成员都能够熟练地使用摩梭话进行交流（见表3-30）。

表3-30　　拉罗湾村摩梭人家庭母语使用情况

年龄段（岁）	人数（人）	熟练		略懂		不懂	
		人数（人）	百分比（%）	人数（人）	百分比（%）	人数（人）	百分比（%）
6—19	17	17	100	0	0	0	0
20—39	28	28	100	0	0	0	0
40—59	21	21	100	0	0	0	0
60以上（含60）	7	7	100	0	0	0	0
合计	73	73	100	0	0	0	0

如表3-30所示，拉罗湾的摩梭村民，不分年龄、性别、教育背景，

都熟练地掌握母语，在家庭语境中，都熟练地运用摩梭话进行交流。但在母语词汇掌握的测试中，我们发现了母语词汇量的掌握出现了代际差异（见表 3-31）。

表 3-31　拉罗湾村 13 名不同年龄段摩梭人母语 400 词测试结果统计

年龄段（岁）	人数（人）	A（优秀）		B（良好）		C（一般）		D（差）	
		人数（人）	百分比（%）	人数（人）	百分比（%）	人数（人）	百分比（%）	人数（人）	百分比（%）
6—19	4	0	0	2	50.00	0	0	2	50.00
20—39	5	5	100	0	0	0	0	0	0
40—59	2	2	100	0	0	0	0	0	0
60 以上（含 60）	2	2	100	0	0	0	0	0	0
合计	13	9	69.23	2	15.38	0	0	2	15.38

从表 3-31 可以看出：20 岁及其以上的摩梭村民，其母语词汇测试的优秀率都为 100%；20 岁以下的摩梭村民，其母语词汇量出现衰退现象，“良好”和“差”的比例各为 50%。该村摩梭人的母语词汇掌握情况整体为中等水平。

综上所述，从表 3-30、表 3-31 可以看出：拉罗湾村摩梭人整体能熟练地使用摩梭话，但 20 岁以下年龄段的摩梭人母语词汇掌握能力出现下降趋势。

2. 拉罗湾村摩梭人母语在其他场合的使用情况

在实地调查及观察中发现，拉罗湾村的摩梭人在村里的公开场合交流、聊天时都说摩梭话；开会时也说摩梭话，对于不能对译的汉语词汇，用汉语说出后再用摩梭句子解释。在与村里汉族交流时也说摩梭话，村里的汉族都能熟练地使用摩梭话。

在村小学的教学中，教学多用普通话，只是在低年级教学中，会用一些摩梭话辅助教学；课间学生和老师用摩梭话或汉语方言交流。

（二）拉罗湾村摩梭人兼用汉语及其他民族语

摩梭话能满足摩梭村民村寨内的交际需要，但与外界沟通、交流还需使用通用语。拉罗湾村靠近永宁街，村民到街上买卖、休闲以及与周边其他民族、外来游客接触时，汉语是主要的交流工具；同时，拉罗湾村杂居民族有汉族，周边有摩梭人、汉族杂居村，因而拉罗湾村的摩梭人普遍能熟练地兼用汉语。此外，还有部分村民不同程度地兼用周边村寨其他少数民族的民族语。因此，拉罗湾村摩梭人普遍是双语人或多语人。

1. 拉罗湾村摩梭人的语言使用类型

（1）双语型

双语型是指拉罗湾村摩梭村民在熟练地掌握母语的同时，还熟练地兼用汉语。所调查的 12 户摩梭家庭兼用汉语情况见表 3-32。

表 3-32　　拉罗湾村摩梭人兼用汉语情况

年龄段（岁）	人数（人）	熟练		略懂		不懂	
		人数（人）	百分比（%）	人数（人）	百分比（%）	人数（人）	百分比（%）
6—19	17	17	100	0	0	0	0
20—39	28	28	100	0	0	0	0
40—59	21	21	100	0	0	0	0
60 以上（含 60）	7	6	85. 71	1	14. 29	0	0
合计	73	72	98. 63	1	1. 37	0	0

如表 3-32 所示，拉罗湾村的摩梭村民普遍能熟练地使用汉语。60 岁以上的老人中，除较少外出的少数老人外，都能熟练地运用汉语进行交际。

（2）多语型

拉罗湾村摩梭人在使用摩梭话的同时，还有部分村民不同程度地兼用汉语、纳西语、普米语、彝语、藏语（见表 3-33）。

表 3-33　　拉罗湾村多语型摩梭人兼用语情况

家庭编号	姓名	年龄（岁）	性别	学历	第一语言	其他兼用语及其水平
1	阿卡给汝	28	女	大学	摩梭话，熟练	汉语，熟练；彝语略懂
4	旦史达都	69	男	文盲	摩梭话，熟练	汉语，熟练；纳西语略懂
4	次尔独枝	40	男	初中	摩梭话，熟练	汉语，熟练；纳西语、彝语略懂
4	品初独玛	17	女	高中	摩梭话，熟练	汉语、纳西语，熟练

续表

家庭编号	姓名	年龄（岁）	性别	学历	第一语言	其他兼用语及其水平
10	阿知鲁汝	42	男	小学	摩梭话，熟练	普、藏、彝、汉，熟练；纳西语，略懂
11	贡嘎	75	男	文盲	摩梭话，熟练	汉语，熟练；普米语、彝语略懂
11	独芝	24	男	小学	摩梭话，熟练	汉语、藏语、普米语、纳西语，熟练
11	幺红军	22	男	高中	摩梭话，熟练	汉语、藏语、普米语、纳西语，熟练
11	松纳	45	男	初中	摩梭话，熟练	汉语，熟练；纳西语、彝语略懂
12	生依	39	男	高中	摩梭话，熟练	汉语熟练；普米语略懂
12	生依贡嘎	8	男	小学	摩梭话，熟练	汉语、普米话，熟练

如表 3-33 所示，11 位摩梭村民中，三语人有 5 人，四语人有 3 人，五语人有 2 人，六语人有 1 人。这 11 位摩梭村民中兼用纳西语的最多，有 7 人；其次是兼用普米语的有 6 人；兼用彝语的有 5 人；兼用藏语的有 3 人。其中，第 1 户的阿卡给汝和第 11 户的幺红军、松纳，因分别在宁利高中读书接触到彝族同学、在永宁高中读书接触到不同民族同学而习得其他民族语；第 11 户的独芝在四川佛学院藏传佛教专业读书，接触人多，因此能熟练地使用汉语、藏语、普米语、纳西语。第 12 户是与普米族通婚的家庭，因此家庭成员能不同程度地兼用普米语。

2. 拉罗湾村摩梭人兼用语特点

拉罗湾村摩梭人全民兼用汉语，普遍能熟练地运用汉语进行交际；整个村双语人占多数，还有部分是多语人，因求学、经商、家族通婚及与周边纳西族村寨的村民交往，因此还会不同程度地兼用纳西语、藏语、普米语、彝语。

（三）拉罗湾村摩梭人语言生活成因

1. 稳定使用母语的成因

拉罗湾村摩梭人传统文化的良好保留及摩梭人聚居是其母语稳定保留的重要因素。在对摩梭村民阿卡给汝甲泽的访谈中了解到，村里保留得比较好的传统节日有摩梭小过年，摩梭话称“仁旦”（农历冬月十二），大人在家祭祖，亲戚之间会拜年，小孩子在农历冬月十二当天会背着猪脚

(灌猪脚)、水果、鸡蛋、饭团、鸡腿等到山上玩耍；以前只有小孩子去，现在想去的大人也约着去。此外还有永宁地区比较隆重的转山节（农历七月二十五)、成丁礼、敬锅庄（吃饭前敬锅庄，念一些敬祖先的简单的经文)、每天早上烧香念经文以及每个月初五、十五都会到村里的神山烧香。浓厚的摩梭文化熏陶，为摩梭话使用及传承提供了条件。

此外，浓厚的家庭教育环境，也是摩梭话得以保留的重要因素。拉罗湾村的村民旦史达都谈道："虽然孩子会说汉话，但家里人都说摩梭话，回到家里都说摩梭话，孩子长大了也会说摩梭话。即使孩子长大在外面工作，但是每个摩梭节日都要回来，与家人联系密切，摩梭话就能传承下去。"摩梭民间彩绘市级传承人阿知鲁汝也谈道："家里都会说摩梭话，说汉话不会有太大影响。小时候学会了摩梭话就不会忘。"摩梭人对其语言文化浓厚的情感及自觉传承意识，是摩梭话生命力得以保持的重要因素。

2. 兼用汉语及其他民族语的成因

拉罗湾村摩梭村民全民普遍熟练兼用汉语，与拉罗湾村靠近永宁街的便利地理位置、汉族杂居及通用语用于不同民族间的沟通有关。永宁村委会阿塔给汝书记谈道："不同民族间交流多用汉语"，"当地人汉语水平普遍较高，除了极个别年龄较大的老人不会说外，其他人即使不识字也能说流利的汉语"。

而兼用其他民族语，是村民在外出经商、求学及与其他民族交往交流的过程中，逐渐习得的。从三语型、四语型等多语型中可以看出，交际范围越广，其兼用语种越多，熟练度越高。

三 个案 3：永宁镇里格村摩梭人的语言生活

里格村位于永宁镇泸沽湖的北侧，东西南三面环水，形成了以里格半岛为核心的"里格湾"。村子坐落于格姆女神山下（当地人叫狮子山——因在永宁眺望该山如静卧的狮子而得名)，房舍分布在湖湾及半岛上。里格村 56 户，全是摩梭人。村里每家都有经坛、祖母屋，丧葬礼和摩梭过年也比较隆重。村里没有达巴，有 2 位喇嘛。村里没有学校，旁边竹地村有完小，初中在永宁读。1992 年开始有大批的游客到里格村旅游。为了保护泸沽湖，2004 年政府规定原住居民房屋从湖边往后搬迁 80 米，开始有规模地修建酒店。旅游开发后，村民外出打工的人数减少了。村民收入主要靠旅游业。

（一）里格村摩梭人母语使用比较稳定

我们采用便利抽样调查的方式，采用访谈法、参与观察法，对 13 个摩梭家庭的 54 位摩梭人的语言使用情况进行了调查；并从不同年龄段中抽取了 16 人进行了摩梭话 400 词测试，以调查其母语词汇量掌握情况。

1. 家庭成员以摩梭话为主要的交际工具

实地调查显示，里格村摩梭人都能熟练地使用母语与家庭成员交流。其调查结果见表 3-34。

表 3-34　　里格村摩梭人家庭母语使用情况

年龄段（岁）	人数（人）	熟练		略懂		不懂	
		人数（人）	百分比（%）	人数（人）	百分比（%）	人数（人）	百分比（%）
6—19	12	12	100	0	0	0	0
20—39	21	21	100	0	0	0	0
40—59	13	13	100	0	0	0	0
60 以上（含 60）	8	8	100	0	0	0	0
合计	54	54	100	0	0	0	0

如表 3-34 所示，里格村摩梭人不分年龄、性别、教育程度，都能熟练地运用母语进行日常交流。在调查的 13 户摩梭家庭中有 2 户各自有一名家庭成员为汉族，这两位汉族家庭成员也都能熟练地运用摩梭话与家人进行交流。

在母语词汇掌握方面，从调查结果来看，里格村摩梭人母语词汇掌握出现了代际差异（见表 3-35）。

表 3-35　　里格村 16 名不同年龄段摩梭人母语 400 词测试结果统计

年龄段（岁）	人数（人）	A（优秀）		B（良好）		C（一般）		D（差）	
		人数（人）	百分比（%）	人数（人）	百分比（%）	人数（人）	百分比（%）	人数（人）	百分比（%）
6—19	3	1	33.33	2	66.67	0	0	0	0
20—39	7	7	100	0	0	0	0	0	0
40—59	4	4	100	0	0	0	0	0	0

续表

年龄段（岁）	人数（人）	A（优秀）		B（良好）		C（一般）		D（差）	
		人数（人）	百分比（%）	人数（人）	百分比（%）	人数（人）	百分比（%）	人数（人）	百分比（%）
60以上（含60）	2	2	100	0	0	0	0	0	0
合计	16	14	87.50	2	12.50	0	0	0	0

从表3-35可以看出：20岁及其以上的摩梭村民，其母语词汇量的测试优秀率都为100%，但20岁以下的摩梭村民，母语词汇掌握量为“优秀”及“良好”的比例分别为33.33%和66.67%；母语词汇掌握量在20岁以下的群体中，呈明显衰弱趋势。

综上所述，从表3-34、表3-35可以看出：里格村摩梭人稳定地使用母语，在日常交际中能熟练地运用摩梭话进行家庭日常交际；母语词汇掌握整体较好，但20岁以下的摩梭人母语词汇掌握量出现下降趋势。

2. 摩梭人母语在其他场合的使用情况

在调查及访谈中发现，里格村摩梭人与本村摩梭人在传统节庆、红白喜事等场合及寒暄、聊天时都用摩梭话，开会时也多用摩梭话，有时会夹杂汉语。

（二）里格村摩梭人兼用汉语及其他民族语

里格村自旅游开发以来，汉语成为里格村村民与外来游客、租客、商人等的重要的语言交流工具。在调查的54人中，有52人，占调查总数96.30%的摩梭村民能熟练地兼用汉语；汉语不太熟练的有2位摩梭老人，因不常与外人交往，文化程度不高，摩梭话能满足日常交际需要，所以只能听懂或说一些简单的汉语（见表3-36）。

表3-36　　里格村2位摩梭人兼用汉语情况

家庭编号	姓名	年龄（岁）	性别	学历	第一语言	其他兼用语及水平
10	农布	65	男	小学	摩梭语，熟练	汉语，略懂
10	阿甲	59	女	文盲	摩梭语，熟练	汉语，略懂

此外，还有部分里格村摩梭村民在熟练地使用母语的同时，还不同程度地兼用普米语、彝语、纳西语（见表3-37）。

表 3-37　里格村部分摩梭人兼用其他民族语情况

家庭编号	姓名	年龄（岁）	性别	学历	第一语言	其他兼用语及其水平
1	阿玛达史拉初	55	女	文盲	摩梭话，熟练	汉语熟练；彝语，略懂
1	纳姆次措	19	女	大学	摩梭话，熟练	汉语熟练；彝语，略懂
3	卓玛	51	女	文盲	摩梭话，熟练	汉语熟练；纳西语，略懂
4	茨尔拉姆	68	女	文盲	摩梭话，熟练	汉语熟练；彝语，略懂
4	泽翁	75	男	文盲	摩梭话，熟练	汉语熟练；彝语，略懂
4	阿翁独芝	50	男	文盲	摩梭话，熟练	汉语熟练；彝语，略懂
5	扎西次丁	22	男	大学	摩梭话，熟练	汉语、彝语，熟练
7	阿尼阿布汝	65	男	文盲	摩梭话，熟练	汉语熟练；纳西语，略懂
9	茨尔独玛	60	女	文盲	摩梭话，熟练	纳西语熟练，汉语略懂
12	旦史一卓	45	女	文盲	摩梭话，熟练	汉语、普米语，熟练

从表 3-37 可以看出：该村三语者中，兼用汉语、彝语的较多；其次是兼用汉语、纳西语，也有兼用汉语、普米语的。

（三）里格村摩梭人语言生活成因

里格村摩梭人摩梭话的保留与其对母语的强烈情感认同密切相关。村民阿甲尔茨谈道："摩梭话是摩梭人的重要标志，也藏在摩梭人的文化里，要好好传承。在家里都要求说摩梭话。"

但在调查中我们发现，当地居民在交谈时常会夹杂汉语词汇，年轻人说汉语的现象较普遍，这与旅游业的发展密切相关。村民直巴·尔车先生谈道："旅游开发后，外出打工的人就少了。村民收入主要靠旅游业。本村人的土地、客房多租给外地老板经营，外地老板又请了外地民工来工作"，因此摩梭人在日常交际中常常"夹杂着汉语"。村民阿甲尔茨也谈道："小孩上学后，多说汉语，平辈之间都说汉语。"

此外，因毗邻彝族村及与普米族、纳西族通婚，周围也有普米族、纳西族村，因此，也有一些摩梭村民还会不同程度地兼用彝语、普米语或纳西语。

四　个案 4：红桥镇吉意村摩梭人的语言生活

红桥镇黄腊老吉意村距离宁蒗县城 41 千米。吉意村全村 86 户，其中汉族 4 户，其他 82 户都是摩梭人（与普米族通婚多）。东边是彝族下拉垮村，西边是黄腊老普米族村，南边是彝族的高峰村，北边是彝族的石佛山彝族村（离本村较远）。经济收入主要以种植业（种植玉米、土豆、水稻、豆类）及农闲时外出打工为主。人均有三亩多土地。与普米族、汉族交往多，与彝族较交往少。村里没有小学，有两位达巴。

（一）吉意村摩梭人稳定地使用其母语

我们采用便利抽样调查的方式，结合访谈法、参与观察法，对吉意村18个摩梭家庭的71位摩梭人的语言使用情况进行了穷尽式调查，并从不同年龄段中抽取了18人进行摩梭话400词测试，以调查其母语词汇掌握情况。

1. 家庭成员以摩梭话为主要的交际工具

实地调查显示，吉意村摩梭人都能熟练地使用母语进行家庭日常交流（见表3-38）。

表3-38　　吉意村摩梭人母语使用情况

年龄段	人数（人）	熟练		略懂		不懂	
		人数（人）	百分比（%）	人数（人）	百分比（%）	人数（人）	百分比（%）
6—19岁	9	9	100	0	0	0	0
20—39岁	35	35	100	0	0	0	0
40—59岁	23	23	100	0	0	0	0
60岁（含60）以上	4	4	100	0	0	0	0
合计	71	71	100	0	0	0	0

如表3-38所示，吉意村摩梭人不分年龄、性别、文化程度，全村都能熟练地使用母语进行日常交流。摩梭家庭中其他民族的家庭成员也能熟练地运用摩梭话进行日常交流（见表3-39）。

表3-39　　吉意村摩梭家庭其他民族成员兼用语情况

姓名	年龄（岁）	民族	学历	第一语言	第二语言	第三语言	其他兼用语及其水平
管咪	82	普米	文盲	普米语，熟练	摩梭话，熟练	汉语，熟练	
次尔拉姆	34	普米	小学	普米语，熟练	摩梭话，熟练	汉语，熟练	
哈姆	31	普米	小学	普米语，熟练	摩梭话，熟练	汉语，熟练	

续表

姓名	年龄（岁）	民族	学历	第一语言	第二语言	第三语言	其他兼用语及其水平
库姆	43	汉族	小学	汉语，熟练	摩梭话，熟练		
曹迪吉	75	普米	文盲	普米语，熟练	摩梭话，熟练	彝语，熟练	汉语，熟练
石生根	44	普米	小学	普米语，熟练	摩梭话，熟练	彝语，熟练	汉语，熟练
曹撒打麻	44	普米	文盲	普米语，熟练	摩梭话，熟练	汉语，熟练	
王秀英	66	普米	文盲	普米语，熟练	摩梭话，熟练	汉语，熟练	
郭哈措	52	普米	文盲	普米语，熟练	摩梭话，熟练	汉语，熟练	
曹长英	54	普米	小学	普米语，熟练	摩梭话，熟练	汉语，熟练	
李艳	32	白族	高中	白族话，熟练	汉语，熟练	摩梭话，略懂	

如表 3-39 所示，摩梭家庭中的其他民族家庭成员普遍能熟练地使用摩梭话与家人进行沟通、交流；所调查的第 18 户家庭中的这位白族成员，因刚嫁入吉意村不久，摩梭话习得还较少，只能用一些简单的摩梭话与家人交流。

吉意村摩梭村民在日常交际中能熟练地使用摩梭话进行交际，但其母语词汇掌握情况已出现代际差异（见表 3-40）。

表 3-40　　红桥吉意村 18 名不同年龄段摩梭人母语 400 词测试结果统计

年龄段（岁）	人数（人）	A（优秀）		B（良好）		C（一般）		D（差）	
		人数（人）	百分比（%）	人数（人）	百分比（%）	人数（人）	百分比（%）	人数（人）	百分比（%）
6—19	3	1	33. 33	2	66. 67	0	0	0	0
20—39	7	5	71. 42	1	14. 29	1	14. 29	0	0
40—59	6	6	100	0	0	0	0	0	0
60 以上（含 60）	2	2	100	0	0	0	0	0	0
合计	18	14	77. 78	3	16. 67	1	5. 55	0	0

从表 3-40 可以看出：40 岁及其以上的摩梭村民，其母语词汇测试优秀的比例都为 100%；40 岁以下的摩梭村民，其母语词汇掌握量呈现出年龄差异；20 岁以下的被调查者其“优秀”及“良好”的比例分别为 33. 33%和 66. 67%；吉意村摩梭人母语词汇量随年龄段的变小而出现衰弱

趋势。该村摩梭人的母语词汇掌握量，整体处于良好水平。

综上所述，从表 3-39、表 3-40 可以看出：吉意村摩梭人在日常交际中能熟练地使用摩梭话进行交际，但其母语词汇掌握程度出现了代际差异，40 岁以下摩梭村民的母语能力出现减弱趋势。

2. 吉意村摩梭人母语在其他场合的使用情况

在调查和访谈中了解到，吉意村摩梭人在村里其他公开场合都用摩梭话进行交流，开会宣读文件时，除一些不能对译的词汇外，一般都把文件内容翻译为摩梭话。村里的节庆、红白喜事、日常交际，都用摩梭话。因村里汉族人数较少，村里的汉族都能熟练地使用摩梭话进行交流，因而，摩梭人与汉族人交流时也用摩梭话。

（二）吉意村摩梭人兼用汉语及其他民族语

吉意村位于宁丽公路旁，交通便利，村民外出方便。随着与外界联系的增多，电视、手机等电子产品的普及，加之村里有 4 户汉族杂居其间，吉意村摩梭人不分年龄、性别、受教育程度，都能熟练地兼用汉语。此外，因族际通婚及与周边村寨其他民族的往来，还有部分摩梭村民在熟练地使用母语及兼用汉语的同时，还不同程度地兼用普米语、彝语（见表 3-41）。

表 3-41　　　　吉意村摩梭人兼用语情况

家庭编号	姓名	性别	年龄（岁）	学历	第一语言	其他兼用语及其水平
1	池理	男	56	初中	摩梭话，熟练	汉语、彝语，熟练；普米语，略懂
1	王二迁	男	32	初中	摩梭话，熟练	汉语，熟练；彝语，略懂
1	晓三	男	42	小学	摩梭话，熟练	汉语，熟练；普米语，略懂
1	阿措	女	11	小学	摩梭话，熟练	汉语，熟练；普米语，略懂
3	窝枝	女	33	高中	摩梭话，熟练	汉语，熟练；彝语，略懂
3	石景	男	31	初中	摩梭话，熟练	汉语，熟练；彝语，略懂
4	湖鲁汝	男	55	小学	摩梭话，熟练	汉语，熟练；彝语，略懂
5	尼玛	男	44	初中	摩梭话，熟练	汉语、彝语，熟练
6	石二起	男	30	高中	摩梭话，熟练	汉、纳西语熟练；彝语，略懂
6	次尔	男	25	高中	摩梭话，熟练	汉语、彝语，熟练；纳西语，略懂
7	鲁汝	男	42	高中	摩梭话，熟练	汉语、彝语，熟练
7	二车	男	27	大专	摩梭话，熟练	汉语、彝语，熟练

续表

家庭编号	姓名	性别	年龄（岁）	学历	第一语言	其他兼用语及其水平
10	农布	男	46	小学	摩梭话，熟练	汉语、彝语、普米语，熟练
12	杨长英	女	80	文盲	摩梭话，熟练	汉语、彝语、普米语，熟练
12	王德志	男	44	初中	摩梭话，熟练	汉语，熟练；彝语，略懂
12	王晓琴	女	20	大学	摩梭话，熟练	汉语，熟练；彝语，略懂
12	王晓军	男	18	高中	摩梭话，熟练	汉语、彝语，熟练；普米语，略懂
13	石新忠	男	45	初中	摩梭话，熟练	汉语，熟练；普米语，略懂
13	石蓉	女	22	大学	摩梭话，熟练	汉语，熟练；普米语，略懂
13	石凡	女	20	大学	摩梭话，熟练	汉语，熟练；普米语，略懂
13	石新忠	男	45	初中	摩梭话，熟练	汉语，熟练；普米语，略懂
14	李玉兰	女	22	初中	摩梭话，熟练	汉语，熟练；彝语，略懂

如表 3-41 所示，吉意村摩梭人因族际通婚而不同程度地兼用通婚民族的民族语。第 6 号家庭的两位摩梭村民，因在丽江带旅游团，因此还会使用纳西语。

（三）吉意村摩梭人语言生活成因

吉意村摩梭人都能熟练地使用母语进行交流，与摩梭人聚居、摩梭习俗文化的保留都密切相关。

在访谈中王村长谈道："村里的摩梭传统保留得很好。腊月二十四祭火塘，腊月二十八家族聚会，正月十五转山节（全村人聚集到本村神山祭拜、祈福、聚餐、打跳），正月十七、十九全村的大部分人都一起去神山烧香。此外，村里还过的节日有清明节、端午节、六月二十四火把节、中秋节。平时每家都保持着每天烧香、吃饭前敬锅庄的习俗。村里的红白喜事全村都互相帮忙。村里的汉族受我们摩梭人的影响，也跟我们一样了。""家里都说摩梭话，家里摩梭话使用氛围很浓。"

同时，因村子周围是彝族村和普米族村，因此该村摩梭人不同程度地兼用彝语、普米语；此外，因外出上学、打工人数也在逐渐增多，村里也有汉族，因而该村摩梭人兼用汉语的人数增加；摩梭话使用范围在缩减，摩梭话的活力也在衰弱，这体现在 40 岁以下的摩梭人的母语词汇测试中，母语词汇掌握量出现下降趋势。

五 个案5：金棉乡达瓦村摩梭人的语言生活

金棉乡地处宁蒗彝族自治县南部，东与宁利乡毗邻，南与西川乡相依，西与玉龙纳西族自治县鸣音乡和古城区大东乡隔江相望，北与翠玉傈僳族普米族乡接壤。金棉乡属山区，达瓦村（又称“大小村”）距离金棉村委会2千米，离县城70多千米，村寨分布在几个小山坡上。村里有共97户，372人；其中，普米族20户、汉族1户、彝族2户，摩梭人最多有74户，320多人。村民的主要经济收入为种植烤烟、青椒及养殖羊、牛、马；村民人均0.7亩土地，人均年收入2万—3万元。村里近两年修通了乡村水泥路，外出较方便。农闲时候，年轻人外出打工的人较多。村里没有小学，孩子们需到乡政府小学读书，一般是大人骑摩托车接送，个别有私家车的用车接送。

达瓦村西边是彝族村（距本村两三千米），东边是彝族村（距本村4千米），北边是汉族村（距本村1千米），南边是普米族村（距本村2千米）。达瓦村是摩梭人聚居村。摩梭小过年、祭山神、丧葬及敬锅庄等传统节庆、习俗都有保留。

（一）金棉乡达瓦村摩梭人稳定地使用母语

我们采用便利抽样调查的方式，结合访谈法、参与观察法，对金棉乡达瓦村14户摩梭家庭的57位摩梭人的语言使用情况进行了穷尽式调查；并从不同年龄段中抽取了16人进行母语400词测试，调查其母语词汇量掌握情况。

1. 摩梭话是家庭成员主要的交际工具

如14户摩梭家庭的调查结果显示，摩梭人在家庭语言使用中，都能熟练地运用母语进行交流（见表3-42）。

表3-42 金棉乡达瓦村摩梭人家庭母语使用情况

年龄段（岁）	人数（人）	熟练		略懂		不懂	
		人数（人）	百分比（%）	人数（人）	百分比（%）	人数（人）	百分比（%）
6—19	10	10	100	0	0	0	0
20—39	23	23	100	0	0	0	0
40—59	16	16	100	0	0	0	0

续表

年龄段（岁）	人数（人）	熟练		略懂		不懂	
		人数（人）	百分比（%）	人数（人）	百分比（%）	人数（人）	百分比（%）
60以上（含60）	8	8	100	0	0	0	0
合计	57	57	100	0	0	0	0

如表3-42所示，达瓦村摩梭人在家庭语言使用中，不分年龄、性别、受教育程度，都能熟练地使用母语进行交流。同时，其他民族与摩梭家庭通婚后也都能熟练地运用摩梭话进行日常交流（见表3-43）。

表3-43　　　　达瓦村摩梭家庭中其他民族成员兼用语情况

姓名	年龄（岁）	民族	性别	学历	第一语言	第二语言	第三语言
何福莲	41	纳西	女	小学	纳西语，熟练	摩梭话，熟练	汉语，熟练
和东顺	28	普米	女	小学	普米语，熟练	汉语，熟练	摩梭话，熟练
付齐敏	29	普米	女	文盲	普米语，熟练	摩梭话，熟练	汉语，熟练
曾文丽	25	汉族	女	大学	汉语，熟练	摩梭话，略懂	
和歪姑	72	傈僳	女	文盲	傈僳语，熟练	摩梭话，熟练	汉语，熟练

从表3-43可以看出：融入摩梭家庭生活的其他民族成员，在摩梭话使用的大语境下，普遍熟练地习得了摩梭话。表3-43中的这位汉族儿媳妇，因在县城工作，大部分时间居住在县城，与家人用摩梭话交流的时间相对较少，因而摩梭话熟练程度不高。

达瓦村摩梭人虽能熟练地运用母语进行交流，但其母语词汇量掌握情况已出现代际差异（见表3-44）。

表3-44　金棉乡达瓦村16名不同年龄段摩梭人母语400词测试结果统计

年龄段（岁）	人数（人）	A（优秀）		B（良好）		C（一般）		D（差）	
		人数（人）	百分比（%）	人数（人）	百分比（%）	人数（人）	百分比（%）	人数（人）	百分比（%）
6—19	3	1	33.33	2	66.67	0	0	0	0
20—39	6	6	100	0	0	0	0	0	0
40—59	5	5	100	0	0	0	0	0	0

续表

年龄段（岁）	人数（人）	A（优秀）		B（良好）		C（一般）		D（差）	
		人数（人）	百分比（%）	人数（人）	百分比（%）	人数（人）	百分比（%）	人数（人）	百分比（%）
60以上（含60）	2	2	100	0	0	0	0	0	0
合计	16	14	87.50	2	12.50	0	0	0	0

从表3-44可以看出：20岁及其以上的摩梭村民，其母语词汇掌握情况的优秀率都为100%，20岁以下的摩梭村民的母语词汇掌握情况“优秀”和“良好”的比例，分别为33.33%和66.67%；达瓦村摩梭人母语词汇量以20岁为分界，呈现出明显的年龄差异。

2. 达瓦村摩梭人母语在其他场合的使用情况

在访谈和调查中发现，摩梭人在田间劳动、节庆、红白喜事等场合，都使用摩梭话进行交流；村里开会时也都用摩梭话，遇到一些不能对译的汉语词汇，则采用夹杂着汉语词汇的摩梭话来讲。

（二）达瓦村摩梭人兼用汉语及其他民族语情况

达瓦村摩梭人在熟练地使用母语的同时，还普遍熟练地兼用汉语；同时还有部分摩梭村民不同程度地兼用周边少数民族的民族语。

1. 达瓦村摩梭人普遍熟练兼用汉语

在调查的14户摩梭家庭中，除了年龄较小的儿童和少数年龄大的老人外，普遍都能熟练地使用汉语。具体见表3-45。

表3-45　　金棉乡达瓦村摩梭人汉语使用情况

年龄段	人数（人）	熟练		略懂		不懂	
		人数（人）	百分比（%）	人数（人）	百分比（%）	人数（人）	百分比（%）
6—19岁	10	8	80.00	2	20.00	0	0
20—39岁	23	22	95.65	1	4.35	0	0
40—59岁	16	16	100.00	0	0	0	0
60岁（含60）以上	8	7	87.50	1	12.50	0	0
合计	57	53	92.98	4	7.02	0	0

表3-45显示，达瓦村摩梭人熟练兼用汉语的比例较高，为92.98%。

调查中 4 位略懂汉语的摩梭人中，有两位是一年级小学生；另外两位没有上过学，外出时间比较少，在村里使用摩梭话的语境下，使用汉语较少，汉语熟练度不高。

2. 部分摩梭村民不同程度地兼用周边少数民族的民族语

在调查的 57 位摩梭人中，有 17 人在熟练地使用母语同时，还不同程度地兼用汉语、普米语、彝语、纳西语（见表 3-46）。

表 3-46　达瓦村摩梭人兼用其他民族语情况

家庭编号	姓名	年龄（岁）	性别	学历	第一语言	其他兼用语及其水平
1	木顺提	男	73	小学	摩梭话，熟练	汉语、纳西语，熟练
1	木也苴	男	50	小学	摩梭话，熟练	汉语、纳西语，熟练
2	和海青	男	83	高中	摩梭话，熟练	汉语、纳西语，熟练
3	木安强	男	43	初中	摩梭话，熟练	汉语、彝语、纳西语，熟练
4	木汝桥	男	42	小学	摩梭话，熟练	汉语、彝语、纳西语，熟练
4	和文香	女	40	小学	摩梭话，熟练	汉语、彝语熟练；纳西语，略懂
4	木冬宁	男	20	初中	摩梭话，熟练	汉语、彝语熟练；纳西语，略懂
4	木冬霞	女	17	高中	摩梭话，熟练	汉语、纳西语，熟练
5	和自咪	女	62	文盲	摩梭话，熟练	汉语、彝语熟练；纳西语，略懂
5	和建国	男	26	初中	摩梭话，熟练	汉语、彝语、纳西语，熟练
6	和易宝	男	84	文盲	摩梭话，熟练	汉语、纳西语，熟练
6	和贵英	女	53	文盲	摩梭话，熟练	汉语，熟练；彝语，略懂
8	木东才	男	25	小学	摩梭话，熟练	汉语、彝语，熟练
9	木银生	男	16	初中	摩梭话，熟练	汉语，熟练；彝语，略懂
10	和乔龙	男	15	初中	摩梭话，熟练	汉语，熟练；彝语，略懂
12	和金才	男	79	文盲	摩梭话，熟练	汉语、纳西语，熟练
12	木长贵	男	45	小学	摩梭话，熟练	汉语，熟练；纳西语，略懂

如表 3-46 所示，在调查的 57 人中，有 11 人，占调查总人数 19.30% 的摩梭人三语人，即在熟练地使用母语的同时，还兼用汉语和另外一种民族语（纳西语或彝语）；有 6 人，占调查总人数 10.53% 的摩梭人为四语人，即在熟练地使用母语的同时，还兼用汉语和另外两种民族语（纳西语或彝语）。其中，表 3-46 中的第 1、2、3、12 号家庭，都是与纳西族通婚，家庭成员中有纳西族。

（三）达瓦村摩梭人语言生活成因

1. 达瓦村摩梭人稳定使用母语的成因

在访谈中我们了解到，达瓦村摩梭话的保留与摩梭人聚居、摩梭习俗的保留及摩梭人对母语的情感认同密切相关。村长木也苴谈道："摩梭习俗村里都有保留，特别是丧葬礼、正月初三祭山神、敬锅庄、过年过节烧香等风俗都没变。因为村里摩梭人多，平时都说摩梭话。普米族都说摩梭话，反而连普米语都不怎么会说了。"

同时，20岁以下的摩梭村民母语掌握程度的减弱，与上学、打工等有关。村长木也苴谈道："有近一半的年轻人，农闲时都在外打工"，这对其母语词汇的掌握有一定影响。

2. 达瓦村摩梭人兼用汉语及其他民族语成因

达瓦村摩梭人普遍能熟练地运用汉语进行交际。在访谈中我们了解到，周围村寨中，汉族村离达瓦村最近；达瓦村村民的土地与汉族村村民的土地间杂在一起，平时田间劳动交流的机会比较多。在长期的交往中，语言间接触频繁，摩梭人会说汉语，汉人也会说摩梭话了。同时，随着孩子上学及外出打工人数增多，摩梭人使用汉语的场合增多，汉语也更熟练。

此外，因族际通婚及地理位置的靠近、民族间的日常交往，还有部分村民不同程度地兼用周边纳西族、彝族的语言。

六　个案6：新营盘乡拉巴河上村摩梭人的语言生活

新营盘乡东风村委会拉巴河上村，距离县城12千米，2017年通乡村公路。村里有68户，268人，全是摩梭人。村子东边是东风自然村（普米族、摩梭人、汉族、彝族杂居，摩梭人居多），南边是麻栗坪村（除四五家普米族外全是摩梭人），西面是黄板坪村委会（彝族村），北门是拉巴河下村（摩梭人聚居村）。周边都是摩梭人，彝族在山背后，接触的机会不多。拉巴河上村处在四个摩梭村的中心。以前有小学，因师资缺乏，现在学校没再开办。

村民的经济收入主要依靠打工、种植业和养殖业。村里有1位达巴。村里比较隆重的节日有春节、转山节、祭祀祖先的七月半及中秋节、端午节，没有过摩梭新年。春节的初一至初七，晚辈要给长辈拜年；正月初八（送年节），全村聚集在指定的地方聚餐、烧香、祈福；正月十五转山，全村集中到村背后的神山烧香、祈福、聚餐及举行娱乐活动。七月半（农历七月初一到七月十三）敬祖先，在家里去世老人属相的当天亲戚会聚集在一起，每家都要请喇嘛、达巴诵经。七月二十五转山节，附近的摩梭村全部集中到新营盘乡“拉措窝山”烧香，请达巴、喇嘛念经祈福、聚餐及举办打跳等娱乐活动。此外，村里还保留着敬锅庄的传统。摩梭传统服饰一般节日都会穿，平时只有摩梭老人穿。

（一）拉巴河上村摩梭人稳定地使用其母语

我们采用便利抽样调查的方式，结合访谈法、参与观察法，对该村摩梭人家庭语言使用情况、母语词汇量掌握情况进行了调查。调查结果显示，该村摩梭人母语使用情况稳定。

1. 家庭成员以摩梭话为主要的交际工具

对 11 个摩梭家庭 51 位摩梭人的母语使用情况的调查结果见表 3-47。

表 3-47　　拉巴河上村摩梭人家庭母语使用情况

年龄段（岁）	人数（人）	熟练		略懂		不懂	
		人数（人）	百分比（%）	人数（人）	百分比（%）	人数（人）	百分比（%）
6—19	12	12	100	0	0	0	0
20—39	12	12	100	0	0	0	0
40—59	18	18	100	0	0	0	0
60 以上（含 60）	9	9	100	0	0	0	0
合计	51	51	100	0	0	0	0

表 3-47 显示，所调查的 51 位摩梭人，不分年龄、性别、文化程度，都能熟练地使用摩梭话进行家庭中的交流。同时，我们从以上 51 人中，分年龄段，共抽取了 13 人进行了母语 400 词测试，测试结果如表 3-48 所示。

表 3-48　拉巴河上村 13 名不同年龄段摩梭人母语 400 词测试结果统计

年龄段（岁）	人数（人）	A（优秀）		B（良好）		C（一般）		D（差）	
		人数（人）	百分比（%）	人数（人）	百分比（%）	人数（人）	百分比（%）	人数（人）	百分比（%）
6—19	4	1	25	3	75	0	0	0	0
20—39	3	3	100	0	0	0	0	0	0
40—59	4	4	100	0	0	0	0	0	0

续表

年龄段（岁）	人数（人）	A（优秀）		B（良好）		C（一般）		D（差）	
		人数（人）	百分比（%）	人数（人）	百分比（%）	人数（人）	百分比（%）	人数（人）	百分比（%）
60以上（含60）	2	2	100	0	0	0	0	0	0
合计	13	10	76.92	3	23.08	0	0	0	0

从表3-48可以看出：该村摩梭人的母语词汇掌握程度整体优秀率为76.92%；20岁及其以上年龄段的摩梭村民，其母语词汇测试优秀率都为100%；20岁以下的摩梭村民，其母语词汇掌握量为“优秀”及“良好”的比例分别为25%和75%；该村20岁以下的摩梭人母语词汇掌握量明显下降。

因此，从表3-47、表3-48可以看出，拉巴河上村的摩梭人在日常交际中都能熟练地使用母语进行交流，其母语词汇掌握情况整体良好，20岁以下的摩梭青少年掌握的母语词汇量出现下降趋势。

2. 拉巴河上村摩梭人母语在其他场合的使用情况

拉巴河上村除个别家庭与其他民族通婚，有少数普米族、汉族、彝族的家庭成员外，其他百分之九十都是摩梭人。因此，在日常生活交流中，包括开会等场合，都使用摩梭话。

（二）拉巴河上村摩梭人兼用汉语及其他民族语

在调查中发现，拉巴河上村摩梭人普遍是双语人，即在熟练地掌握母语的同时，还能同时熟练地使用汉语进行交际。此外，还有部分村民是三语或四语人，即在熟练地使用母语、汉语的同时，还不同程度地兼用另外一种或两种其他少数民族语。具体见表3-49。

表3-49　　拉巴河上村摩梭人兼用语情况

家庭编号	姓名	性别	年龄（岁）	学历	第一语言	其他兼用语及其水平
1	苏那永祖	女	75	小学	摩梭话，熟练	汉语、彝语，熟练；纳西语，略懂
1	二车看都	女	49	大学	摩梭话，熟练	汉语、彝语，熟练；纳西语，略懂
1	边玛拉错	女	20	大学	摩梭话，熟练	汉语，熟练；彝语，略懂
1	给汝独枝	男	14	初中	摩梭话，熟练	汉语、彝语，熟练；纳西语，略懂
2	松那尔次	男	53	初中	摩梭话，熟练	汉语、彝语，熟练

续表

家庭编号	姓名	性别	年龄（岁）	学历	第一语言	其他兼用语及其水平
2	松那卓玛	女	50	小学	摩梭话，熟练	汉语、彝语，熟练
3	珠荣次迪	男	80	文盲	摩梭话，熟练	汉语，熟练；彝语，略懂
3	迪玛阿初	女	80	文盲	摩梭话，熟练	汉语，熟练；彝语，略懂
3	常军	男	50	文盲	摩梭话，熟练	汉语，熟练；彝语，略懂
3	常英	男	47	小学	摩梭话，熟练	汉语、彝语，熟练
3	边玛芝玛	女	42	文盲	摩梭话，熟练	汉语、彝语，熟练
4	地志	男	72	小学	摩梭话，熟练	汉语、彝语，熟练
4	依迪	男	50	高中	摩梭话，熟练	汉语、彝语，熟练
4	哈措	女	14	初中	摩梭话，熟练	汉语、普米语，熟练；彝语，略懂
4	依路玛	女	12	小学	摩梭话，熟练	汉语、普米语，熟练；彝语，略懂
4	二史达实	男	42	初中	摩梭话，熟练	汉语、彝语，熟练
5	长久	男	49	小学	摩梭话，熟练	汉语、彝语，熟练
5	独枝尔次	男	30	初中	摩梭话，熟练	汉语、彝语，熟练
6	达安次尔	男	76	文盲	摩梭话，熟练	汉语、彝语，熟练
6	次尔独玛	女	73	文盲	摩梭话，熟练	汉语、彝语，熟练
6	那吉达史	男	45	初中	摩梭话，熟练	汉语、彝语，熟练
6	旦安次尔	男	76	文盲	摩梭话，熟练	汉语、彝语，熟练
7	独枝玛	女	73	文盲	摩梭话，熟练	汉语、彝语，熟练
7	达安次尔	男	76	文盲	摩梭话，熟练	汉语、彝语，熟练

如表3-49所示，在调查的51人中，有24人，占调查总人数47.06%的摩梭村民，其语言使用类型为三语型或四语型，且都能兼用彝语；彝语略懂的有6人，其余的18人都能熟练地运用彝语进行交际。此外，还有2人能熟练地使用普米语。第1号家庭中因有家庭成员在丽江工作，因而，家里有3人能用纳西语进行简单的交流。

（三）拉巴河上村摩梭人语言生活成因

1. 稳定使用母语的成因

新营盘乡的摩梭人居住在东风村委会的拉巴河上下村、东风衙门村、麻栗坪村这4个村。拉巴河上下村、麻栗坪3个村都是摩梭人聚居村，东风衙门村是普米族、彝族、摩梭人、汉族杂居村。拉巴河上村处于另外3

个摩梭村中间，虽然周围也有彝族村，但村寨周围摩梭人较多，村里也是摩梭人聚居，这就为摩梭话的使用提供了语言环境，这是摩梭话稳定保留的重要因素。此外，拉巴河上村还有一位达巴，春节、转山节等一些节庆时会念诵达巴经文。这种节庆中的耳濡目染，也为摩梭话的使用及传承营造了氛围、提供了条件。

在调查中，我们也发现该村摩梭人母语掌握能力出现代际差异。20 岁以下的摩梭青少年的母语词汇掌握量明显下降，其母语词汇掌握量的优秀率仅为 25%。究其原因，除与电视、手机等的普及及外出打工人数增多的影响有关外，还与青少年母语使用环境受限有关。村长松那尔次在访谈中谈到，因村里没有小学，“孩子读书要到县城，上学都用汉话，回来的时间也少，接触摩梭话的时间也就少了，这就慢慢地影响小孩说摩梭话了”。

2. 兼用汉语及其他民族语的成因

拉巴河上村有部分家庭与汉族通婚，旁边的东风衙门村有汉族人杂居其中，在日常的劳动及村寨间往来时，会与汉族人交往；同时随着拉巴河上村乡村公路的修通，外出较方便，村里外出打工的人也逐渐增多；且因村里没有学校，孩子上小学就要到宁蒗县城就读，家长需在县城租房陪读，汉语的使用空间变得更广，汉语熟练度也在不断提高。

此外，拉巴河上村摩梭人还普遍兼用彝语，这与周边有彝族村，村民交往而产生的语言接触有关；同时，村里孩子去宁蒗县城上学，县城使用彝语的大环境也是拉巴河上村摩梭人习得彝语的一大原因。另外，还有部分村民兼用普米语，这也和与周围普米族的交往有关。

七 个案 7：拉伯乡三江口村摩梭人的语言生活

三江口村位于拉伯乡北边，距离拉伯村委会 20 千米，全村有农户 40 户，摩梭人 14 户（从布落村搬迁过来的）、普米族 15 户、汉族 1 户、纳西族 10 户，是摩梭人与其他民族的杂居村。村里主要经济来源是传统种植业、养殖业，外出打工的人很少。北边毗邻布落摩梭村（约有 1 千米距离），摩梭文化保留得很好，有 4 位东巴（即“达巴”，拉伯乡都称为东巴）。

（一）三江口村摩梭人稳定地使用其母语

调查中发现，三江口村摩梭人都能熟练地使用母语进行交流，其母语词汇掌握量整体良好，但已出现明显的代际差异。

1. 家庭成员以摩梭话为主要的交际工具

我们采用便利抽样调查的方式，结合访谈法、参与观察法，对 11 个摩梭家庭的 40 位摩梭村民的母语使用情况进行了调查，调查结果见表 3-50。

表 3-50　　三江口村摩梭人家庭母语使用情况

年龄段	人数（人）	熟练		略懂		不懂	
		人数（人）	百分比（%）	人数（人）	百分比（%）	人数（人）	百分比（%）
6—19 岁	3	3	100	0	0	0	0
20—39 岁	13	13	100	0	0	0	0
40—59 岁	20	20	100	0	0	0	0
60 岁（含 60）以上	4	4	100	0	0	0	0
合计	40	40	100	0	0	0	0

表 3-50 显示，调查的 11 户家庭的 40 位摩梭人，不分年龄、性别、文化程度，其母语熟练度都为 100%。因是多民族杂居村，因此，摩梭家庭中的其他民族成员在长期的生活中，也逐渐习得并能熟练地使用摩梭话（见表 3-51）。

表 3-51　　三江口村摩梭家庭其他民族成员兼用语情况

家庭编号	姓名	民族	年龄（岁）	性别	学历	第一语言	其他兼用语及其水平
1	次格茸	普米	48	女	文盲	普米语，熟练	摩梭话、纳西语、汉话，熟练
6	普米族	普米	49	女	小学	普米语，熟练	摩梭话、纳西语、汉话，熟练
8	独基玛	普米	71	女	小学	普米语，熟练	摩梭话、纳西语、汉话，熟练
8	永宗	藏族	29	女	小学	藏语，熟练	普米语、汉语，熟练；摩梭话略懂
11	永扎咪	藏族	34	女	小学	藏语，熟练	普米语、汉语，熟练；摩梭话略懂

如表 3-51 所示，调查的 11 户摩梭家庭中，除了 5 位家庭成员为其他民族外，其他都是摩梭人，这为家庭交流中摩梭话的使用提供了良好的语境。这 5 人中，有 3 人是本村的普米族，从小与摩梭人相处，摩梭话很熟练。另外的两位藏族成员是从四川盐源嫁过来的，其中第 8 号家庭的藏族

家庭成员嫁过来不到两年，摩梭话还不太熟练。

此外，我们从这40位摩梭村民中，分年龄段抽取了15人进行了摩梭话400词测试，进一步了解其母语能力情况（见表3-52）。

表3-52　三江口村15名不同年龄段摩梭人母语400词测试结果统计

年龄段（岁）	人数（人）	A（优秀）		B（良好）		C（一般）		D（差）	
		人数（人）	百分比（%）	人数（人）	百分比（%）	人数（人）	百分比（%）	人数（人）	百分比（%）
6—19	2	1	50.00	1	50.00	0	0	0	0
20—39	5	3	60.00	2	40.00	0	0	0	0
40—59	6	6	100.00	0	0	0	0	0	0
60以上（含60）	2	2	100.00	0	0	0	0	0	0
合计	15	12	80.00	3	20.00	0	0	0	0

从表3-52可以看出：该村摩梭人母语词汇掌握情况整体良好，优秀率为80%；其中40岁及其以上年龄段的摩梭村民母语词汇测试优秀率都为100%，但40岁以下的随年龄减小而呈现掌握程度下降的趋势。

2. 三江口村摩梭人母语在其他场合的使用情况

三江口村因紧靠摩梭聚居村——布落村，两个村之间交往密切，村里摩梭人之间、与布落村摩梭人之间交流都说摩梭话。但因三江口村是杂居村，因此，在田间劳动、开会、节庆等公开场合，会视交流对象民族的不同而使用摩梭话或其他民族语。

（二）三江口村摩梭人普遍兼用汉语及其他民族语

三江口村摩梭人普遍能熟练地使用汉语，同时普遍熟练地兼用村里其他民族的民族语（见表3-53）。

表3-53　三江口村摩梭人语言使用情况

家庭编号	姓名	性别	年龄（岁）	文化程度	第一语言	其他兼用语及其水平
1	永初独玛	女	77	文盲	摩梭话，熟练	普米语、纳西语，熟练；汉语略懂
	格吐汝	男	25	小学	摩梭话，熟练	汉语、普米语、纳西语，熟练
	次里拉初	女	21	初中	摩梭话，熟练	汉语、普米语、纳西语，熟练

续表

家庭编号	姓名	性别	年龄（岁）	文化程度	第一语言	其他兼用语及其水平
2	木年基	男	42	文盲	摩梭话，熟练	汉语、普米语、纳西语，熟练
	哈巴米	女	43	文盲	摩梭话，熟练	汉语、普米语、纳西语，熟练
	永扎基	男	22	大学在读	摩梭话，熟练	汉语、普米语、纳西语，熟练
	旦史拉姆	女	20	初中	摩梭话，熟练	汉语、普米语、纳西语，熟练
3	格吐汝	男	45	小学	摩梭话，熟练	汉语、普米语、纳西语，熟练
	尔期普枝	女	24	小学	摩梭话，熟练	汉语、普米语、纳西语，熟练
4	博布	女	72	小学	摩梭话，熟练	汉语、普米语、纳西语，熟练
	嘎吐	男	46	初中	摩梭话，熟练	汉语、普米语、纳西语，熟练
	科若	男	44	文盲	摩梭话，熟练	汉语、普米语、纳西语，熟练
	独基都玛	女	42	小学	摩梭话，熟练	汉语、普米语、纳西语，熟练
	和莉	女	24	大学本科	摩梭话，熟练	汉语、普米语、纳西语，熟练
	和梅	女	20	大学在读	摩梭话，熟练	汉语、普米语、纳西语，熟练
	和江海	男	42	初中	摩梭话，熟练	汉语、普米语、纳西语，熟练
	和江跃	男	40	教师	摩梭话，熟练	汉语、普米语、纳西语，熟练
5	丝咪	女	74	小学	摩梭话，熟练	普米语、纳西语，熟练；汉语略懂
	次都吉	男	51	文盲	摩梭话，熟练	汉语、普米语、纳西语，熟练
	巴都	女	54	小学	摩梭话，熟练	汉语、普米语、纳西语，熟练
	扎纳	男	30	大学	摩梭话，熟练	汉语、普米语、纳西语，熟练
	那姆塔	男	27	中专	摩梭话，熟练	汉语、普米语、纳西语，熟练
6	品初都吉	男	49	小学	摩梭话，熟练	汉语、普米语、纳西语，熟练
	甲阿	男	22	小学	摩梭话，熟练	汉语、普米语、纳西语，熟练
7	石古玛	男	47	文盲	摩梭话，熟练	汉语、普米语、纳西语，熟练
	次咪	女	46	文盲	摩梭话，熟练	汉语、普米语、纳西语，熟练
	嘎日拉姆	女	22	小学	摩梭话，熟练	汉语、普米语、纳西语，熟练
	英芝	男	21	初中	摩梭话，熟练	汉语、普米语、纳西语，熟练
	古玛	女	57	文盲	摩梭话，熟练	汉语、普米语、纳西语，熟练
	兵玛次里	男	31	小学	摩梭话，熟练	汉语、普米语、纳西语，熟练
9	石有华	男	56	小学	摩梭话，熟练	汉语、普米语、纳西语，熟练
	占米	女	41	文盲	摩梭话，熟练	汉语、普米语、纳西语，熟练
	巴都拉姆	女	18	中专	摩梭话，熟练	汉语、普米语、纳西语，熟练
	拉姆	女	15	小学	摩梭话，熟练	汉语、普米语、纳西语，熟练

续表

家庭编号	姓名	性别	年龄（岁）	文化程度	第一语言	其他兼用语及其水平
10	独吉	女	75	文盲	摩梭话，熟练	汉语、普米语、纳西语，熟练
	格汝	男	45	文盲	摩梭话，熟练	汉语、普米语、纳西语，熟练
	格吐汝	男	55	小学	摩梭话，熟练	汉语、普米语、纳西语，熟练
	博他	男	42	初中	摩梭话，熟练	汉语、普米语、纳西语，熟练
11	博汝	男	45	初中	摩梭话，熟练	汉语、普米语、纳西语，熟练
	次里依布	男	14	小学	摩梭话，熟练	汉语、普米语、纳西语，熟练

如表 3-53 所示，所调查的 40 位摩梭村民，在熟练地使用母语的同时，都能熟练地兼用普米语、纳西语；除少数年龄大的摩梭老人略懂汉语外，其他摩梭村民都能熟练地使用汉语，多为四语人。

（三）三江口村摩梭人语言生活成因

1. 稳定使用母语的成因

三江口村虽为摩梭杂居村，但其毗邻摩梭人聚居村——布落村，距离布落村 1 千米，与布落村摩梭人交往密切。布落村摩梭人的传统节日、节庆、红白喜事等，两个村的摩梭人都一起参加、互相帮忙。同时，两个村摩梭人通婚家庭也较多，虽然属于不同的行政村，但日常交往中与同属一个村无差异。因而，摩梭语言文化保留、传承较好。

2. 兼用汉语及其他民族语成因

因三江口村是普米族、纳西族、摩梭人、汉族杂居村，不同民族交流时也会使用对方的民族语，因此该村摩梭人都能熟练地兼用普米语、纳西语。此外，村里还有 1 户汉族，与汉人交往时也会使用汉语；同时随着与外界联系的增多，外出打工、上学人数的增多，汉语也成为该村摩梭人普遍熟练使用的语言。只有少数年龄大的摩梭老人，因在其生活中摩梭话能满足其日常交际需要，因而只能说或听懂一些简单的汉语。

八　个案 8：新营盘乡衙门村摩梭人的语言生活

新营盘乡东风村委会距离县城 15 千米，有彝族、汉族、普米族、摩梭人 4 个民族（人）杂居；共有 11 个村民小组，1080 户，4159 人。彝族居多，汉族最少（共有 30 户左右）。

衙门村是摩梭杂居村，因蒗蕖土司的衙门设在此地而得名。原土司衙门占地20多亩，衙门村坐落在蒗蕖土司府的原址上，土司衙门的遗址至今仍有部分保留。衙门村距县城20千米，89户人，421人，是汉族、彝族、摩梭人组成的杂居村。其中摩梭人最多，有49户，没有走婚，都是小家庭，约有190人；其他彝族28户，12户汉族。村里有小学，小学距离村委会500米；村里有2位达巴。主要经济收入来源为种植核桃、苹果、花椒以及农闲时间的劳务输出。

（一）衙门村摩梭人基本稳定地使用其母语

依据家庭语言使用、母语词汇测试及其他场合母语使用情况的调查结果所示，衙门村摩梭人基本都能熟练地使用其母语。

1. 家庭成员以摩梭话为主要的交际工具

我们采用便利抽样调查的方式，结合访谈法、参与观察法，对16个摩梭家庭的77位摩梭村民的母语使用情况进行了调查。调查结果显示，家庭成员基本能熟练地使用摩梭话进行交流。其母语使用情况见表3-54。

表3-54　　衙门村摩梭人家庭母语使用情况

年龄段（岁）	人数（人）	熟练		略懂		不懂	
		人数（人）	百分比（%）	人数（人）	百分比（%）	人数（人）	百分比（%）
6—19	13	10	76.92	2	15.38	1	7.7
20—39	31	31	100	0	0	0	0
40—59	25	25	100	0	0	0	0
60以上（含60）	8	8	100	0	0	0	0
合计	77	74	96.10	2	2.60	1	1.30

从表3-54可以看出：衙门村摩梭人熟练使用摩梭话的比例为96.10%，家庭交流中基本能熟练使用母语；20岁以下青少年的母语熟练度呈现下降趋势。衙门村摩梭人家庭多为族内通婚；也有少数摩梭家庭与其他民族通婚，与其他民族通婚的摩梭家庭中，其他民族的家庭成员也普遍能熟练地使用摩梭话（见表3-55）。

表 3-55 衙门村摩梭家庭中其他民族成员兼用语情况

姓名	年龄（岁）	民族	性别	学历	第一语言	其他兼用语及其水平
龙红斌	49	汉族	男	小学	汉语，熟练	摩梭话，略懂
坎都拉措	26	彝族	女	文盲	彝语，熟练	摩梭话、汉语，熟练
熊林花	34	普米	女	初中	普米语，熟练	汉语、彝语，熟练；摩梭话，略懂
看都拉措	61	彝族	女	文盲	彝语，熟练	摩梭话，熟练；汉语，略懂
独枝二车	38	普米	男	小学	普米语，熟练	汉语、彝语、摩梭话，熟练

如表 3-55 所示，所调查的 16 户摩梭家庭中有 5 位家庭成员为其他民族，这 5 位中有 3 位摩梭话熟练，有 2 位能用摩梭话进行简单的日常交流。

可以看出摩梭家庭中族内通婚占多数，这为家庭成员稳定地、熟练地使用摩梭话提供了条件；这也为族际通婚的其他民族的家庭成员摩梭话的习得提供了语境。

衙门村摩梭人在家庭语境中普遍能熟练地运用母语进行交流，但其母语词汇能力已出现代际差异（见表 3-56）。

表 3-56 衙门村 17 名不同年龄段摩梭人母语 400 词测试结果统计

年龄段（岁）	人数（人）	A（优秀）		B（良好）		C（一般）		D（差）	
		人数（人）	百分比（%）	人数（人）	百分比（%）	人数（人）	百分比（%）	人数（人）	百分比（%）
6—19	5	1	20. 00	4	80. 00	0	0	0	0
20—39	3	3	100. 00	0	0	0	0	0	0
40—59	7	6	85. 71	1	14. 29	0	0	0	0
60 以上（含 60）	2	2	100. 00	0	0	0	0	0	0
合计	17	12	70. 59	5	29. 41	0	0	0	0

从表 3-56 可以看出：衙门村摩梭人母语词汇掌握量总体良好，整体优秀率为 70. 59%，同时呈现代际差异和不规律特征：20—39 岁及 60 岁以上的摩梭村民其母语词汇掌握程度较好，20 岁以下的摩梭村民其母语词汇掌握程度明显减弱。

2. 衙门村摩梭人母语在其他场合的使用情况

在实地调查、观察和访谈中发现，在田间劳动、节庆及其他场合，摩梭人之间或摩梭人与会说摩梭话的人交流时，一般说摩梭话。因村委多是摩梭人，因此村委在宣读文件或讲会议事项时，多用摩梭话，有时也会夹杂汉语。该村有完小，孩子们课间也会用摩梭话、汉语、彝语进行交流。学校老师课间也会用摩梭话交流。

（二）衙门村摩梭人兼用汉语及其他民族语

衙门村为汉族、彝族、普米族、摩梭人杂居村，摩梭人有 49 户，汉族、彝族共 40 户。不同民族（人）长期的交往交流，为摩梭人多语能力的形成提供了自然语境。在调查的 16 户共 77 位摩梭人中，在普遍熟练使用母语的情况下，都能熟练地兼用汉语和彝语；此外，还有部分摩梭村民还不同程度地兼用普米语（见表 3-57）。

表 3-57　　衙门村摩梭人兼用语情况

家庭编号	姓名	年龄（岁）	性别	学历	第一语言	其他兼用语及其水平
3	纳开吉泽	男	42	小学	摩梭话，熟练	汉语、彝语，熟练；普米语，略懂
4	苏拉哈姆	75	女	文盲	摩梭话，熟练	汉语、彝语、普米语，熟练
4	拉依品初	53	男	文盲	摩梭话，熟练	汉语、彝语、普米语，熟练
4	鲁汝尔茨	32	男	初中	摩梭话，熟练	汉语、彝语、普米语，熟练
5	阿晓童	男	57	文盲	摩梭话，熟练	汉语、彝语、普米语，熟练
5	阿新民	男	26	大学	摩梭话，熟练	汉语、彝语、普米语，熟练
5	阿秀梅	女	33	小学	摩梭话，熟练	汉语、彝语、普米语，熟练
5	阿秀珍	女	31	大学	摩梭话，熟练	汉语、彝语、普米语，熟练
6	那开荣布	男	44	小学	摩梭话，熟练	汉语、彝语，熟练；普米语，略懂
6	那开哈姆	女	41	小学	摩梭话，熟练	汉语、彝语，熟练；普米语，略懂
7	松那独枝	男	53	小学	摩梭话，熟练	汉语、彝语，熟练；普米语，略懂
7	依迪卓玛	女	54	小学	摩梭话，熟练	汉语、彝语，熟练；普米语，略懂
9	陈耀生	男	45	文盲	摩梭话，熟练	汉语、彝语，熟练；普米语，略懂
10	初汝迪玛	女	55	小学	摩梭话，熟练	汉语、彝语，熟练；普米语，略懂
11	周晓彤	女	52	文盲	摩梭话，熟练	汉语、彝语、普米语，熟练
11	鲁汝	男	30	小学	摩梭话，熟练	汉语、彝语、普米语，熟练
11	那开汝布	男	29	初中	摩梭话，熟练	汉语、彝语、普米语，熟练

续表

家庭编号	姓名	年龄（岁）	性别	学历	第一语言	其他兼用语及其水平
11	三三	男	26	初中	摩梭话，熟练	汉语、彝语，熟练；普米语，略懂
12	萨达哈姆	女	57	文盲	摩梭话，熟练	汉语、彝语，熟练；普米语，略懂
12	萨达独枝	男	55	小学	摩梭话，熟练	汉语、彝语，熟练；普米语，略懂
12	独枝尔茨	男	34	小学	摩梭话，熟练	汉语、彝语，熟练；普米语，略懂
12	迪玛拉措	女	30	小学	摩梭话，熟练	汉语、彝语，熟练；普米语，略懂
12	杨顺宝	男	30	小学	摩梭话，熟练	汉语、彝语，熟练；普米语，略懂
12	给汝独玛	女	29	小学	摩梭话，熟练	汉语、彝语，熟练；普米语，略懂
14	边玛次尔	男	75	文盲	摩梭话，熟练	汉语、彝语，熟练；普米语，略懂
14	李汝吉初	男	49	小学	摩梭话，熟练	汉语、彝语、普米语，熟练
14	国尔拉初	女	49	小学	摩梭话，熟练	汉语、彝语、普米语，熟练
14	枝玛哈除	女	28	大学	摩梭话，熟练	汉语、彝语、普米语，熟练
14	尔茨达珠	男	26	大专	摩梭话，熟练	汉语、彝语、普米语，熟练
15	茶咪	女	60	文盲	摩梭话，熟练	汉语、彝语、普米语，熟练
15	长安	男	36	小学	摩梭话，熟练	汉语、彝语，熟练；普米语，略懂
15	萨达	男	32	大学	摩梭话，熟练	汉语、彝语，熟练；普米语，略懂
16	晓桶	男	56	文盲	摩梭话，熟练	汉语、彝语、普米语，熟练
16	生根枝玛	女	64	文盲	摩梭话，熟练	汉语、彝语、普米语，熟练
16	边玛拉初	女	32	小学	摩梭话，熟练	汉语、彝语、普米语，熟练
16	李汝吉初	男	31	初中	摩梭话，熟练	汉语、彝语、普米语，熟练

如表3-57所示，调查的77位摩梭人中，有36人为四语人，即在熟练使用母语的同时，还不同程度地兼用汉语、彝语、普米语3种民族语。其中，汉语和彝语是该村村民都能熟练兼用的；另外有19人还能熟练地兼用普米语，17人能用普米语进行简单的日常交流。

（三）衙门村摩梭人语言生活成因

1. 母语使用成因

该村原为蒗蕖土司居住、办公所在地，摩梭人为该村世居民族（人），摩梭人的婚丧仪式、摩梭新年、转山节等传统仪式、节日都有保留。这些传统仪式、节日都会请村里的达巴念经祈福，这些为摩梭人语言文化的保留和传承营造了氛围、提供了使用场合。同时，该村摩梭人相对汉族、彝族两个民族而言，人口数相对较多，且摩梭人多为族内通婚，为摩梭话在家庭内的日常交流及其他场合的使用提供了条件。此外，村里有小学，处于村寨和家庭摩梭话使用的大背景下，有利于摩梭儿童母语的延续使用和母语能力的培养。

但同时该村部分摩梭人母语能力已出现减弱的现象。在访谈中了解到劳务输出和外出上学在一定程度上影响了母语掌握程度。如该村陈村长谈道："经济作物主要是种植核桃，其他收入主要是外出打工。长期在外，说摩梭话的时候少，一些词就不会了。孩子们初中以后去宁蒗县城上学，有些家庭小学就去县城上学，平时接触汉族、彝族多，摩梭话也就不流利了。"

2. 兼用汉语及其他民族语的成因

衙门村为民族杂居村，不同民族的村民长期交流交往及族际通婚，为该村摩梭人多语能力的形成提供了条件。除摩梭人外，该村汉族、彝族人数也较多，因此，该村摩梭人都能熟练地使用汉语、彝语；此外，村里的普米族多是因与汉族、彝族、摩梭人通婚嫁入或入赘该村，人数相对较少；但因在衙门村周围有普米族村，日常生活中也会接触到普米族，因此该村部分摩梭人也能兼用普米语。

第三节　"多数人掌握并熟练使用摩梭话"类型的个案分析

"多数人掌握并熟练使用摩梭话"类型的母语词汇量400词测试，优秀率约为60%；摩梭话熟练程度除紫玛街道新民村为72.97%外，其他均为100%；摩梭话是该村重要的交际工具。此类型有3个村：永宁镇大落水村、紫玛街道新民村、大兴街道新桥村。

下面我们结合母语熟练程度、母语400词测试结果及成因访谈，对这3个村摩梭人的语言生活现状及原因进行个案分析。

一　个案1：永宁镇大落水村摩梭人的语言生活

大落水村属落水村委会。该村委会有13个村民小组，摩梭村有大落水村、里格村、竹地村、尼赛村、舍垮村、小落水村，共6个自然村。

大落水村有211户，645人。有摩梭人、普米族、汉族、白族等民族，摩梭人占多数。摩梭人基本居住在湖边，汉族、普米族居住在离湖

100 米的地方。旁边是竹地村、里格村（大部分是摩梭人），南边是老屋基村（彝族村），东边是三家村（汉族居多，也有普米族、彝族、摩梭人），北边是四川盐源县的普落村（普米族、摩梭人杂居）、直普村（普米族、摩梭人杂居）、大嘴村。摩梭人、普米族是该村的世居民族，摩梭人一般与汉族、普米族通婚的居多。

大落水村村民以前主要的经济来源是种植业、养殖业和渔业，种植苞谷、豆类、洋芋等；人均两亩地。20 世纪 80 年代初，逐渐有外来人员来村里开旅店。后来丽江旅游业兴起后，村里旅游业也开始发展；近十多年发展比较快，很多外地人租用当地村民的酒店来经营。本村人多从事旅游业，每家轮流划船、打跳等；整个村旅游业便兴盛起来。大落水村已被评为永宁“十大富裕村”。村里的房屋保留着摩梭传统的房屋结构。因大落水村位于湖边，木头容易受潮，现在多为砖瓦结构。

大落水村 80%的摩梭人还保留着大家庭的生活方式。传统服饰老人基本都会穿；年轻人在节日、旅游接待时也会穿。大落水村摩梭人所过的节日有春节（初一去寺庙烧香）、端午节、转山节、摩梭新年、佛教节日（观音斋戒节，农历六月初一到初七。统一组织到寺庙里过这个节。寺庙里隔日禁语、禁食，寺庙范围之外不受限制）、佛祖诞辰月（农历四月十五至二十五，整个月家里不杀生，老人吃素）。村里有一位 60 多岁的达巴。在转山节、摩梭新年及丧葬或家里做法事时会请达巴念经祈福。村里有落水完小（1—6 年级的小学），课间操会跳摩梭锅庄舞。

（一）大落水村摩梭人基本能稳定地使用其母语

大落水村摩梭人的母语词汇量掌握情况虽然一般，但在日常的交际中，该村摩梭人都能熟练地使用母语进行交流；摩梭话仍是该村主要的交际工具。

1. 家庭成员以摩梭话为主要的交际工具

我们采用便利抽样调查的方式，结合访谈法、参与观察法，对 17 个摩梭家庭 45 人的母语使用情况进行了调查。调查结果显示，摩梭人都能掌握自己的母语，家庭成员都熟练地使用摩梭话进行交流，见表 3-58。

如表 3-58 所示，所调查的 17 户家庭的 45 位摩梭人，不分年龄、性别、文化程度，都能熟练地使用摩梭话，其熟练度达 100%。

表 3-58　　大落水村摩梭人家庭交流中母语使用情况

年龄段（岁）	人数（人）	熟练		略懂		不懂	
		人数（人）	百分比（%）	人数（人）	百分比（%）	人数（人）	百分比（%）
6—19	8	8	100	0	0	0	0
20—39	21	21	100	0	0	0	0
40—59	10	10	100	0	0	0	0
60 以上（含 60）	6	6	100	0	0	0	0
合计	45	45	100	0	0	0	0

为进一步了解该村摩梭人的母语词汇掌握情况，从这 45 人中，分年龄段抽取了 12 人进行了摩梭话 400 词测试，测试结果显示其母语词汇掌握情况已存在代际差异（见表 3-59）。

表 3-59　大落水村 12 位不同年龄段摩梭人母语 400 词测试结果统计

年龄段（岁）	人数（人）	A（优秀）		B（良好）		C（一般）		D（差）	
		人数（人）	百分比（%）	人数（人）	百分比（%）	人数（人）	百分比（%）	人数（人）	百分比（%）
6—19	3	0	0	1	33. 33	0	0	2	66. 67
20—39	5	3	60. 00	1	20. 00	1	20. 00	0	0
40—59	2	2	100	0	0	0	0	0	0
60 以上	2	2	100	0	0	0	0	0	0
合计	12	7	58. 33	2	16. 67	1	8. 33	2	16. 67

从表 3-59 可以看出：大落水村摩梭人的母语词汇掌握程度总体不高，整体优秀率仅为 58. 33%；40 岁以下的摩梭人母语词汇掌握程度明显下降；特别是 20 岁以下的，母语词汇掌握“差”的比例占 66. 67%，“良好”的比例为 33. 33%，呈现出代际差异和母语词汇能力衰弱现象。

2. 大落水村摩梭人母语在其他场合的使用情况

在实地调查中发现大落水村村民在田间劳动、湖边划船、酒店工作（打扫卫生、餐饮准备等）、闲暇聊天时，摩梭人之间都说摩梭话；与普米族人说摩梭话或普米语。在村长的访谈中了解到，村里开会多用摩梭话，会夹杂一些汉语词汇；节庆、丧葬等场合都说摩梭话。摩梭儿童在学校课间也常说摩梭话，但也会夹杂汉语。

（二）大落水村摩梭人使用汉语及其他民族语

根据调查发现，该村摩梭人普遍能熟练使用汉语和普米语（见表3-60）。

表3-60　大落水村摩梭人兼用语情况

家庭编号	姓名	性别	年龄（岁）	文化程度	第一语言	其他兼用语及其水平
1	二车独玛	女	68	文盲	摩梭话，熟练	汉语、普米语，熟练
	鲁汝独玛	女	50	小学	摩梭话，熟练	汉语、普米语，熟练
	鲁汝	男	47	小学	摩梭话，熟练	汉语、普米语，熟练
	鲁汝次尔	男	44	初中	摩梭话，熟练	汉语、普米语，熟练
	苦姆	女	37	初中	摩梭话，熟练	汉语、普米语，熟练
	比玛拉错	女	28	大学	摩梭话，熟练	汉语、普米语，熟练
	给汝奇珠	女	21	中专	摩梭话，熟练	汉语、普米语，熟练
	次里多吉	女	20	初中	摩梭话，熟练	汉语、普米语，熟练
	达瓦	男	13	初中	摩梭话，熟练	汉语、普米语，熟练
	皮措	男	16	高中	摩梭话，熟练	汉语、普米语，熟练
	思格拉姆	女	80	文盲	摩梭话，熟练	普米语熟练，汉语，略懂
2	甲次卓玛	女	51	文盲	摩梭话，熟练	汉语、普米语，熟练
	次尔卓玛	女	47	小学	摩梭话，熟练	汉语、普米语，熟练
	纳金卓玛	女	35	高中	摩梭话，熟练	汉语、普米语，熟练
	永珍拉措	女	27	高中	摩梭话，熟练	汉语、普米语，熟练
3	阿拉扎西	男	60	小学	摩梭话，熟练	汉语、普米语，熟练
	次里拉姆	女	42	小学	摩梭话，熟练	汉语、普米语，熟练
	娥亲多吉	男	32	高中	摩梭话，熟练	汉语、普米语，熟练
	纳珠卓玛	女	20	大学	摩梭话，熟练	汉语、普米语，熟练
4	次里拉姆	女	71	文盲	摩梭话，熟练	汉语、普米语，熟练
	次里旦史	男	46	文盲	摩梭话，熟练	汉语、普米语，熟练
	扎西拉姆	女	45	小学	摩梭话，熟练	汉语、普米语，熟练
	次里永宗	女	33	高中	摩梭话，熟练	汉语、普米语，熟练
	格桑永珍	女	25	大学	摩梭话，熟练	汉语、普米语，熟练
	卓玛永宗	女	21	大学	摩梭话，熟练	汉语、普米语，熟练
	丁子彬荣	女	12	小学	摩梭话，熟练	汉语、普米语，熟练
	油母	女	68	文盲	摩梭话，熟练	普米语熟练，汉语，略懂

续表

家庭编号	姓名	性别	年龄（岁）	文化程度	第一语言	其他兼用语及其水平
5	次尔	女	51	小学	摩梭话，熟练	汉语、普米语，熟练
	次尔拉措	女	34	初中	摩梭话，熟练	汉语、普米语，熟练
	二车拉姆	女	25	初中	摩梭话，熟练	汉语、普米语，熟练
	苦汝旦史	男	32	初中	摩梭话，熟练	汉语、普米语，熟练
	鲁汝旦史	男	16	初中	摩梭话，熟练	汉语、普米语，熟练
	卓玛	女	12	小学	摩梭话，熟练	汉语、普米语，熟练
	萨达	女	62	文盲	摩梭话，熟练	普米语熟练，汉语，略懂
6	李鲁汝	男	38	高中	摩梭话，熟练	汉语、普米语，熟练
	娜卡	女	36	小学	摩梭话，熟练	汉语、普米语，熟练
	给汝	男	36	初中	摩梭话，熟练	汉语、普米语，熟练
	品初卓玛	女	26	初中	摩梭话，熟练	汉语、普米语，熟练
	丁增荣帝	男	12	小学	摩梭话，熟练	汉语、普米语，熟练
	丹增朵登	男	7	小学	摩梭话，熟练	汉语、普米语，熟练
	卓玛拉措	女	9	小学	摩梭话，熟练	汉语、普米语，熟练
	曹丽英	女	53	初中	摩梭话，熟练	汉语、普米语，熟练
	扎西	男	33	大学	摩梭话，熟练	汉语、普米语，熟练
	给汝	男	30	高中	摩梭话，熟练	汉语、普米语，熟练
	旦史拉姆	女	29	大学	摩梭话，熟练	汉语、普米语，熟练

如表3-60所示，45位摩梭人中，除第1号、4号、5号家庭的3位老人略懂汉语外，其他42位摩梭人都能在使用母语的同时，熟练地兼用普米语和汉语。

（三）大落水村摩梭人语言生活成因

1. 稳定使用母语的成因

大落水村虽为杂居村，但摩梭人占多数，周围村寨除南边为彝族村寨外，其他都为摩梭人杂居或聚居村；且靠近格姆女神山，每年摩梭传统的大型节日——转山节、转海节（围着泸沽湖转一圈）等都较好地保留和传承下来；丧葬等仪式也保留较好，丧葬关乎全村人，大家都要去帮忙。这些都为大落水村摩梭话的使用、传承提供了浓厚的文化氛围。村里摩梭人居多，普米族大多都会说摩梭话；调查中还发现一些普米族连普米语都不会讲了，转用摩梭话了。

此外，旅游业的发展也会增强摩梭人自觉的语言文化传承意识。在访谈中了解到：旅游业给大落水村村民的生活带来了较大改善，除了部分年轻人考出去担任公务员外，其他村民都留在村里。旅游业很兴旺，特别是暑假。我们去采访时家家都很忙，老人忙着收地里的土豆，年轻人忙着划船、管理饭店和宾馆、经营餐饮、做摩梭文化讲解员。所以当我们访谈时问到随着旅游业和社会的发展，越来越多的人说汉话，有没有担心摩梭话会消失时，受访者都一致认为不会消失，不会削弱摩梭话的生命力。他们认为，旅游业让更多的人了解摩梭人，让摩梭人对摩梭语言文化的传承更有使命感、责任感，同时对摩梭语言文化保护也更有利；如村民苦汝扎实谈道："旅游业的发展，会增加收入，也让我们觉得摩梭话很特别、有特点，会在家里更自觉地传承下去。"

另外，家庭教育及村里的环境有利于摩梭话传承。家里都要求会说摩梭话，摩梭传统习俗也都有很好的保留。很多人会留在村里生活。这个大环境对摩梭话及摩梭文化的保留较有益处。在访谈时，遇到的每一位受访者都有很强的民族意识，也都较强地意识到摩梭话在摩梭文化传承及摩梭民族标志中的重要作用，也都谈到了对教孩子说摩梭话的重视。

同时，旅游业及社会的发展也在一定程度上影响着摩梭话的传承。村民曹丽英谈道："以前生活闭塞，与外面的接触少，大家都说摩梭话；现在社会发展了，外地人来得也很多，很多时候在外面都要说汉语，有些摩梭话的表达就不太熟练了。此外，有很多汉语新词语进入摩梭话；有些事物消失了，这些摩梭话词汇也跟着消失了；特别是孙辈没有接触过的，就不会说以前的摩梭话词了。"

在访谈中我们也发现：摩梭小孩之间的交流常用汉语，家里父母与子女交谈时也会自然地用汉语；即使是用摩梭话交流，也夹杂着很多汉语词汇。根据调查、访谈发现，间杂的汉语词汇，有些的确是需要借用汉语词汇才能表达，但也有一些词是摩梭话中原本就有的，但大家已经习惯用汉语词汇来替代了。这也可以从一个侧面反映出大落水村摩梭人母语使用情况的变化。

2. 兼用汉语及其他民族语的原因

大落水村是摩梭人、普米族、汉族等民族（人）的杂居村，由于长期生活中的交流交往，摩梭人普遍能熟练地兼用汉语、普米语。同时，因旅游开发，来村里投资的外地人及游客的增多，汉语使用频率也增加，除个别年纪较大、不常外出的老人外，该村摩梭人普遍能熟练地运用汉语与外地人交流。

此外，社会发展、新事物新词语的涌现，也是摩梭人普遍熟练兼用汉语的重要因素。摩梭协会副会长格则多吉也谈道：“有太多的新名词已经不能用摩梭话表达了，只能借助汉语来说，词汇的匮乏，严重影响着摩梭话的使用，慢慢地摩梭话里就夹杂了很多汉语词汇；加上电视、手机的影响，现在很多年轻人都用汉语词来说了。”

二　个案 2：紫玛街道新民村摩梭人的语言生活

紫玛街道属原大兴镇，原大兴镇地处宁蒗彝族自治县中部，东与烂泥箐乡、新营盘两乡接壤，南与西布河乡毗邻，西与宁利乡相连，北与红桥镇相邻。2021 年 3 月 18 日，撤销大兴镇，设立大兴街道和紫玛街道，紫玛街道以硝水坪、白牛厂、羊窝子 3 个行政村和岔河、安乐、官地坝、红旗、清泉 5 个社区为行政区域；大兴街道以拉都河、黄板坪 2 个行政村和大村街、大兴、干河子、万格、河滨 5 个社区为行政区域。

新民村，属紫玛街道安乐社区，离宁蒗县城 1 千米。新民村有居民 150 多户，有 760 多人，除 8 户普米族外，都是摩梭家庭，摩梭家庭与汉族通婚的比较多。新民村从中华人民共和国成立后一直保留着一夫一妻的小家庭生活方式，没有走婚的习俗。村里因土地被征收，有土地征收赔款，因而村里大部分盖起了砖房、楼房，摩梭人原有的木质结构房已经较少；但在现代建筑里仍保留有祖母房，仍有供奉神灵、祖先及火神的传统。吃饭前都要先敬锅庄。新民村还保留部分摩梭传统节日，如新年的正月初七，全村集中到村后的神山祭拜、烧香、念经、聚餐、祈福；初八到村对面山上祈福；正月十三全村都集中到大兴街道东红村的喇嘛寺，请喇嘛念经；正月十五，到离村七八千米的山脚，请喇嘛、“别匝”（达巴助手）念经，大家一起转山、祭山神、烧香、聚餐，祈求平安。摩梭民族服装除了少数年长的女性平时穿外，一般人只有在节日聚会时才穿。

村里土地已征收用于修建公路、学校。目前村里已建有小学、初中和高中。因离县城较近，常有外地人来村里租用村民房屋居住。

（一）新民村摩梭人大部分稳定地使用其母语

调查发现，新民村摩梭人大部分能熟练地使用摩梭话，其母语词汇掌握情况已出现衰弱现象。

1. 大部分家庭成员以摩梭话为主要的交际工具

我们采用便利抽样调查的方式，结合访谈法、参与观察法，对9个摩梭家庭的37人的家庭母语使用情况进行了调查（见表3-61）。

表3-61 新民村摩梭人家庭母语使用情况

年龄段（岁）	人数（人）	熟练		略懂		不懂	
		人数（人）	百分比（%）	人数（人）	百分比（%）	人数（人）	百分比（%）
6—19	7	3	42.86	3	42.86	1	14.28
20—39	11	5	45.46	3	27.27	3	27.27
40—59	10	10	100	0	0	0	0
60以上（含60）	9	9	100	0	0	0	0
合计	37	27	72.97	6	16.22	4	10.81

如表3-61所示，新民村摩梭人家庭语言交流中能熟练使用摩梭话的占比为72.97%，摩梭话还是大部分家庭成员主要的语言交际工具。但40岁以下的摩梭人母语熟练度在降低。母语掌握能力呈现代际差异及减弱的现象，这在摩梭话400词汇测试中也体现出来（见表3-62）。

表3-62 新民村10名不同年龄段摩梭人母语400词测试结果统计

年龄段（岁）	人数（人）	A（优秀）		B（良好）		C（一般）		D（差）	
		人数（人）	百分比（%）	人数（人）	百分比（%）	人数（人）	百分比（%）	人数（人）	百分比（%）
6—19	3	0	0	3	100	0	0	1	0
20—39	2	1	50.00	1	50.00	0	0	0	0
40—59	3	3	100	0	0	0	0	0	0
60以上（含60）	2	2	100	0	0	0	0	0	0
合计	10	6	60.00	4	40.00	0	0	0	0

从表3-62可以看出：紫玛街道新民村摩梭人的母语词汇量掌握程度不高，“优秀率”仅为60%；40岁以上的摩梭村民的母语词汇掌握较好，40岁以下的则呈现出明显的减弱趋势，特别是20岁以下的摩梭村民表现得更明显。

综上所述，从表3-61、表3-62可以看出：所调查的新民村摩梭人有72.97%能熟练地使用摩梭话，其母语掌握情况整体一般，40岁以下的已出现母语词汇掌握度下降趋势。

2. 新民村摩梭人母语在其他场合的使用情况

在调查和访谈中发现，新民村摩梭人在节庆、开会、商店购买东西等场合，除了正在上学的十多岁的摩梭青少年多讲汉语外，其他的摩梭人之间都说摩梭话。

（二）新民村摩梭人兼用汉语及其他民族语

新民村摩梭人普遍能熟练地使用汉语，部分人还不同程度地兼用普米语和彝语。具体见表3-63。

表3-63　新民村摩梭人兼用语情况

家庭编号	姓名	性别	年龄（岁）	学历	第一语言	其他兼用语及其水平
1	依思吉措	男	58	小学	摩梭话，熟练	汉语、普米语、彝语，略懂
1	翁吉哈措	女	60	文盲	摩梭话，熟练	汉语，熟练；彝语，略懂
1	荣枝次迪	男	37	中专	摩梭话，熟练	汉语、纳西语，熟练
2	付友丽	女	62	文盲	摩梭话，熟练	汉语，熟练；彝语，略懂
2	付进	女	56	初中	摩梭话，熟练	汉语，熟练；彝语，略懂
3	二车独枝	男	44	大专	摩梭话，熟练	汉语，熟练；彝语，略懂
3	翁吉尔车	男	39	中专	摩梭话，熟练	汉语、彝语，熟练
4	思格独枝	男	62	文盲	摩梭话，熟练	汉语，熟练；彝语，略懂
5	达波拉吉	男	60	初中	摩梭话，熟练	汉语，熟练；彝语，略懂
7	那开尔次	男	49	文盲	摩梭话，熟练	汉语、彝语，熟练
8	鲁汝次尔	男	73	文盲	摩梭话，熟练	汉语、彝语，熟练
8	浩姆	女	72	文盲	摩梭话，熟练	汉语、彝语，熟练
8	达史达吉	男	48	小学	摩梭话，熟练	汉语、彝语，熟练
9	依底独枝	男	46	小学	摩梭话，熟练	汉语，熟练；彝语，略懂
9	给汝	女	41	初中	摩梭话，熟练	汉语、彝语，熟练
9	旦史哈措	女	16	职高	摩梭话，熟练	汉语，熟练；彝语，略懂
9	哈姆	女	13	初中	摩梭话，略懂	汉语，熟练；彝语，略懂

从表3-63可见看出，在调查的37人中，有1人为四语人，即熟练使用母语的同时，还兼用汉语、普米语和彝语。有16人，占调查总数

43.24%的该村摩梭人为三语人，即在使用母语的同时，还能熟练地兼用汉语，同时不同程度地兼用彝语或纳西语。其中，除第1号家庭的一位家庭成员因在丽江读中专，接触纳西族同学而习得纳西语外，其他的16位摩梭人在熟练地兼用汉语的同时，还不同程度地兼用彝语。

（三）新民村摩梭人语言生活成因

1. 大部分摩梭村民稳定使用其母语的成因

该村大部分摩梭人，特别是40岁以上的摩梭人都能熟练地使用摩梭话进行日常交流，这与该村为摩梭人聚居村，为摩梭话使用提供了使用空间密切相关。摩梭人聚居，一些摩梭传统节日的保留，为摩梭话使用、传承提供了条件。但同时，40岁以下摩梭人的母语能力呈下降趋势。该村因邻近宁蒗县城，土地征用开发，青年多外出打工、孩子上学等因素，摩梭话使用场合及范围在一定程度上受限，长时间的兼用或转用汉语，母语能力也受到影响；思格独枝村长在访谈中谈道："十多岁的孩子，他们间交流时都说汉话。我家两个孙子，很小的时候在家会说摩梭话；现在大部分时间都在学校，也不太会说摩梭话了。随着社会发展、外出打工人数增多，说摩梭话的年轻人也越来越少了。"

2. 兼用汉语及其他民族语的成因

新民村离县城1千米左右，交通便利，外出方便，与其他民族接触较多，不同民族间交流多使用汉语；周边彝族较多，也不同程度地兼用彝语。此外，村里修建了从小学到高中的学校，孩子上学后也多使用汉语，回到家也习惯用汉语与家人交流。因此，该村摩梭人普遍能兼用汉语、彝语。

三 个案3：大兴街道新桥村摩梭人的语言生活

大兴街道挖开新桥村离宁蒗县城7千米，是摩梭人世居村。村里共有190户，660多人；其中，汉族2户，摩梭人、普米族、彝族（有两家）通婚34户，其余都是摩梭家庭。摩梭人占该村村民总人数的90%。新桥村的东边是拉伯乡移民搬迁来的摩梭人、白族、纳西族杂居村，西边靠山，南边是两个汉族村：烧基湾村和高峰村（以前汉族就居住在此），北边是雷家村、熊家村和宁蒗县城。乡村公路通车已有五十多年。村里年轻人除了考入公务员系统外，大多出去打工、经商。村里经济条件不是很好，人均一亩二左右的土地，主要种植苞谷、大米、土豆，收入不高。

现在村民过的节日有正月十五转山节（全村人都聚集去拜山神、祭龙洞、聚餐、跳舞）；三月三（杀鸡祭祀山神，祈求家人不生病、平安）；农历三月十六（祈求牲畜健康，如果家里牲畜生病，哪种牲畜生病就用哪种牲畜进行祭祀）；二月十九观音节（到寺庙拜观音，祈求人畜平安；现在去的人少了）；清明节、端午节（家族聚会，煮药根水喝）；六月二十四彝族的火把节；七月半（从七月初一到七月十二，有十二个属相。家里去世父母属相的那天，家族会聚在一起拜祭）；八月十五（最近几年才过，以前不过）；九月十九观音节，跟二月十九相似（去寺庙祈福）。

村里有一位达巴、六位喇嘛。与丧葬有关的法事要请达巴和喇嘛，其他节日一般请达巴。报酬方面，达巴没有固定的报酬标准，一般要给酒、烟，其他的主人随意给；而喇嘛会按照相应的仪式给予相应的报酬，收入较高；因达巴报酬低，从事达巴的人也越来越少；学喇嘛的人越来越多。

（一）新桥村摩梭人稳定地使用其母语

依据调查结果显示，新桥村摩梭人在日常交际中，都能熟练地使用摩梭话进行交流，但其母语词汇掌握情况已出现代际差异。

1. 家庭成员以摩梭话为主要的交际工具

我们采用便利抽样调查的方式，结合访谈法、参与观察法，对9个摩梭家庭36人的家庭母语使用情况进行了调查（见表3-64）。

表3-64　新桥村摩梭人家庭母语使用情况

年龄段（岁）	人数（人）	熟练		略懂		不懂	
		人数（人）	百分比（%）	人数（人）	百分比（%）	人数（人）	百分比（%）
6—19	7	7	100	0	0	0	0
20—39	10	10	100	0	0	0	0
40—59	10	10	100	0	0	0	0
60以上（含60）	9	9	100	0	0	0	0
合计	36	36	100	0	0	0	0

表3-64所示，调查的9户家庭的36位摩梭人，不分年龄、性别、文

化程度，都能熟练地使用摩梭话，其熟练度达 100%。同时，我们从这 36 人中，分年龄段抽取了 15 人进行了摩梭话 400 词测试，测试结果显示，其母语词汇能力已呈现出代际差异，见表 3-65。

表 3-65　　大兴街道挖开新桥村 15 名不同年龄段摩梭人母语 400 词测试结果统计

年龄段（岁）	人数（人）	A（优秀）		B（良好）		C（一般）		D（差）	
		人数（人）	百分比（%）	人数（人）	百分比（%）	人数（人）	百分比（%）	人数（人）	百分比（%）
6—19	4	0	0	1	25.00	1	25.00	2	50.00
20—39	4	3	75.00	1	25.00	0	0	0	0
40—59	5	5	100	0	0	0	0	0	0
60 以上（含 60）	2	2	100	0	0	0	0	0	0
合计	15	10	66.67	2	13.33	1	6.67	2	13.33

如表 3-65 所示：大兴街道挖开新桥村摩梭人母语词汇量掌握程度处于中下等水平，整体优秀率为 66.67%；且呈现年龄段差异：40 岁以上摩梭村民的母语词汇掌握程度优秀率为 100%；20—39 岁年龄段的开始减弱，20 岁以下的摩梭村民母语词汇掌握量减少现象更为明显，测试结果中“差”的比重占 50%，“良好”及“一般”的比例各占 25%。

2. 新桥村摩梭人母语在其他场合的使用情况

在实地调查及访谈中发现，新桥村摩梭人在村里开会、公开场合一般都说摩梭话，只有部分二十多岁的年轻人，因常年在外读书、打工，摩梭话已说得不怎么流利了，平时多用汉语交流。

（二）新桥村摩梭人兼用汉语及其他民族语

新桥村摩梭人都能熟练地兼用汉语，还有部分摩梭人不同程度地兼用彝语、纳西语、普米语。见表 3-66。

表 3-66　　新桥村摩梭人兼用语情况

家庭编号	姓名	性别	年龄（岁）	学历	第一语言	其他兼用语及其水平
1	甲给汝二车	男	72	小学	摩梭话，熟练	汉语熟练，彝语略懂
5	李布汝	男	71	文盲	摩梭话，熟练	汉语熟练，彝语略懂

续表

家庭编号	姓名	性别	年龄（岁）	学历	第一语言	其他兼用语及其水平
6	给汝农布	男	53	初中	摩梭话，熟练	汉语熟练，普米语，略懂
6	翁甲达史	男	31	大学	摩梭话，熟练	汉语熟练，普米语，略懂
8	独枝次尔	男	53	中专	摩梭话，熟练	汉语、纳西语，熟练
8	给汝独玛	女	49	小学	摩梭话，熟练	汉语、纳西语，略懂
8	给如农布	男	25	大学	摩梭话，熟练	汉语、纳西语，略懂
8	那吉次迪	男	23	高中	摩梭话，熟练	汉语、纳西语，略懂
9	那开独枝	男	46	初中	摩梭话，熟练	汉语熟练，彝语略懂
9	独珠二尺	男	25	初中	摩梭话，熟练	汉语熟练，彝语略懂
9	谷布迪枝	男	39	小学	摩梭话，熟练	汉语、彝语，熟练

如表 3-66 所示，所调查的新桥村 36 人中，有 11 人为三语人，即在熟练地使用母语的同时，还熟练地兼用汉语，同时不同程度地兼用彝语、纳西语或普米语。

（三）新桥村摩梭人语言生活成因

1. 普遍稳定地使用母语的成因

新桥村为摩梭人聚居村，和另一个摩梭人聚居村——新民村相较而言，离宁蒗县城较远，外来人员及外来文化的影响相对较小。村里有不成文的规定：土地不能转卖给其他民族耕种或建房；虽然也有与其他民族通婚的家庭，但村里摩梭人口占该村总人口数的 90%，这就为摩梭话的使用、传承提供了条件。同时，一些摩梭传统习俗的保留，也增强了摩梭人对摩梭语言文化保护、传承的自觉意识。在家庭教育中也都注重摩梭话的使用和传承，如村民给汝二车谈道：“村里平时都说摩梭话”，“家里都说摩梭话，每一代摩梭人都有义务教孩子说摩梭话”。

虽然摩梭话能满足村民日常交际的需要，但随着与外界交往的增多，一些摩梭年轻人使用母语频率在逐渐降低，母语能力呈现下降趋势。

2. 兼用汉语及其他民族语成因

汉语是各民族的通用语。随着村民外出打工、上学及电子产品等的使用等，接触和使用汉语频率的增多，该村摩梭村民普遍都能熟练地兼用汉语。此外，新桥村村里有普米族、彝族，周边有纳西族村；多民族长期交流交往过程中，部分摩梭人不同程度地习得了邻村少数民族的语言。如村长给汝独玛谈道：“通婚家庭，孩子会说摩梭话、普米语、汉语、彝语。”

第四节　“普遍出现母语转用”类型的个案分析

“普遍出现母语转用”是指摩梭话熟练程度和摩梭话400词测试优秀率都在60%以下，摩梭话的交际及文化载体功能已基本消失，该村摩梭人已部分或全部转用其他民族语。此类型有：大兴街道东红村、红桥镇白岩子二村及西布河乡碧源村委会的庆河村、湾子村，这4个摩梭杂居村。下面我们结合摩梭话熟练程度、摩梭话400词测试结果及成因访谈，对这4个村的摩梭人语言生活现状及原因进行个案分析。

一　个案1：大兴街道东红村摩梭人的语言生活

大兴街道滨河社区东红村位于宁蒗县城城边，共115户，其中摩梭人有33户，共130多人；是摩梭人、普米族、彝族、汉族、纳西族、白族、傈僳族、满族八个民族（人）杂居的村寨；汉族占60%，摩梭人占25%，普米族占10%，其他民族占5%。摩梭人与纳西族、普米族、汉族、彝族通婚。村里保留着敬锅庄、挂经幡等摩梭风俗。逢年过节会穿民族服装。村里没有达巴，只有一个喇嘛；成丁礼、婚丧都会请喇嘛；结婚仪式还会请大兴街道挖开新桥村的达巴。

村里现在过的节日有春节、正月十五转山节以及七月初一至七月十二祭家里去世老人的节日。

（一）东红村摩梭人普遍出现母语转用

从家庭语言使用情况调查及摩梭话400词测试结果来看，东红村摩梭人普遍出现了母语转用现象。

1. 摩梭话不再是家庭成员主要的语言交际工具

我们采用便利抽样调查的方式，结合访谈法、参与观察法，对14个摩梭家庭的52位摩梭人的家庭母语使用情况进行了调查（见表3-67）。

表 3-67　　东红村摩梭人家庭母语使用情况

年龄段（岁）	人数（人）	熟练		略懂		不懂	
		人数（人）	百分比（%）	人数（人）	百分比（%）	人数（人）	百分比（%）
6—19	6	1	16. 67	2	33. 33	3	50. 00
20—39	22	7	31. 82	4	18. 18	11	50. 00
40—59	15	9	60. 00	2	13. 33	4	26. 67
60 以上（含 60）	9	6	66. 67	1	11. 11	2	22. 22
合计	52	23	44. 23	9	17. 31	20	38. 46

如表 3-67 所示，所调查的东红村 52 位摩梭村民能熟练地使用母语的比例仅为 44. 23%，略懂的比例为 17. 31%，不懂的比例高达 38. 46%。可见，东红村摩梭人在家庭交流中，摩梭话已不是家庭成员交流的主要语言工具。

此外，从抽取的 41 人的母语词汇量测试结果来看，该村摩梭人母语能力较弱，母语活力衰退，出现了语言转用现象（见表 3-68）。

表 3-68　　大兴街道东红村 41 名不同年龄段摩梭人母语 400 词测试结果统计

年龄段（岁）	人数（人）	A（优秀）		B（良好）		C（一般）		D（差）	
		人数（人）	百分比（%）	人数（人）	百分比（%）	人数（人）	百分比（%）	人数（人）	百分比（%）
6—19	6	0	0	1	16. 67	0	0	5	83. 33
20—39	18	4	22. 22	2	11. 11	0	0	12	66. 67
40—59	13	5	38. 46	0	0	1	7. 69	7	53. 85
60 以上（含 60）	4	3	75. 00	0	0	0	0	1	25. 00
合计	41	12	29. 27	3	7. 32	1	2. 44	25	60. 97

如表 3-68 所示：东红村摩梭人母语词汇量低，整体优秀率仅 29. 27%，母语词汇掌握量“差”的比例高达 60. 97%；其母语词汇掌握程度随年龄段的递减而降低：40—59 岁的母语词汇掌握情况，优秀率为 38. 46%；20—39 岁的优秀率为 22. 22%；而 20 岁以下的优秀率为 0。可

见，东红村摩梭话生命力整体较弱。

2. 东红村摩梭人母语在其他场合的使用情况

在访谈中了解到，东红村摩梭人二十年前家里普遍还说摩梭话。但现在很多会说摩梭话的老人都去世了，目前村里只有六家五六十岁的人还说摩梭话，因此，在公开场合该村摩梭人都不说摩梭话了。

（二）东红村摩梭人普遍熟练使用汉语及其他民族语

东红村摩梭人都能熟练地使用汉语，此外还不同程度地兼用彝语、普米语。具体见表3-69。

表3-69　东红村摩梭人语言使用情况

家庭编号	姓名	性别	年龄（岁）	文化程度	摩梭话熟练程度	其他语言及其熟练程度
1	达史甲泽	男	37	初中	熟悉	汉语、彝语、普米语，熟练
	熊拉巴卓玛	女	9	小学	熟悉	汉语、普米话，熟练
	熊扎西拉姆	女	6	幼儿园	略懂	汉语、普米话，熟练
2	杨建新	男	54	高中	略懂	汉语，熟练
	给汝拉措	女	18	高中	略懂	汉语，熟练
	苦汝次尔	男	28	大学	略懂	汉语，熟练
3	周次尔	男	80	文盲	熟悉	汉语、彝语、普米语，熟练
	熊哈姆	女	76	文盲	熟悉	汉语，熟练
	依迪农布	男	48	小学	熟悉	汉语、彝语，熟练
	那开	男	24	中专	略懂	汉语，熟练
	苏那	男	21	小学	熟悉	汉语，熟练
4	迪枝	男	54	初中	熟悉	汉语，熟练
	给汝玛	女	28	大学	略懂	汉语，熟练
5	阿吉福	男	82	小学	熟悉	汉语，熟练
	谷尔达史	男	28	大学	略懂	汉语，熟练
	德枝	男	55	初中	熟悉	汉语、彝语，熟练
	纳而布	男	52	初中	熟悉	汉语、彝语，熟练
	格汝哈措	女	57	初中	熟悉	汉语、彝语，熟练
	艺迪	男	49	初中	熟悉	汉语、彝语，熟练

续表

家庭编号	姓名	性别	年龄（岁）	文化程度	摩梭话熟练程度	其他语言及其熟练程度
6	依布尔茨	男	78	小学	熟悉	汉语、彝语，熟练
	啊达基	男	68	小学	能听懂一些，不会说	汉语、彝语，熟练
	阿耀强	男	54	小学	能听懂一些，不会说	汉语，熟练
	阿建新	男	37	初中	熟悉	汉语，熟练
	给汝	女	37	初中	熟悉	汉语，熟练
	阿耀军	男	54	小学	能听懂一些，不会说	汉语、彝语、普米语，熟练
	阿小淑	女	26	大学	完全不会说，能听懂一些	汉语、彝语，熟练
	阿永尔	男	18	大学	完全不会说，能听懂一些	汉语、彝语，熟练
7	阿耀英	女	46	文盲	完全不会说，能听懂一些	汉语、彝语，熟练
	黄全儿	男	21	大学	完全不会说，能听懂一些	汉语、彝语，熟练
8	熊云	男	36	初中	会听懂一些，不会说	汉语、彝语，熟练
	永玛	女	38	初中	会听懂一些，不会说	汉语、彝语、普米语，熟练
9	熊茂荣	男	50	小学	会听懂一些，不会说	汉语、彝语、普米语，熟练
	熊瑶	女	21	中专	会听懂一些，不会说	汉语、普米语，熟练
	熊芳	女	23	大学	会听懂一些，不会说	汉语、普米语，熟练
10	熊茂彬	男	55	小学	略懂	汉语、彝语、普米语，熟练
	熊建新	男	18	中专	会听懂一些，不会说	汉语、彝语，熟练
	熊利辉	男	15	初中	会听懂一些，不会说	汉语、彝语，熟练
11	宋大国	男	60	文盲	略懂	汉语、彝语、普米语，熟练
	阿依英	女	59	小学	能听懂一些，不会说	汉语、彝语、普米语，熟练
	宋奎	男	36	大学	能听懂一些，不会说	汉语、彝语，熟练
	宋强	男	30	大学	能听懂一些，不会说	汉语、彝语，熟练
	宋杰	男	26	大学	能听懂一些，不会说	汉语、彝语，熟练

续表

家庭编号	姓名	性别	年龄（岁）	文化程度	摩梭话熟练程度	其他语言及其熟练程度
12	周云兵	男	50	小学	熟悉	汉语、彝语，熟练
	周国良	男	30	大学	熟悉	汉语、彝语，熟练
	周国华	男	25	高中	熟悉	汉语、彝语，熟练
13	阿江珍	女	60	小学	能听懂一些，不会说	汉语、彝语，熟练
	李全武	男	63	小学	熟悉	汉语、彝语，熟练
	李耀宏	男	32	高中	熟悉	汉语、彝语，熟练
	李进	男	27	高中	熟悉	汉语、彝语，熟练
14	阿继珍	女	68	文盲	熟悉	汉语、彝语，熟练
	张江鹏	男	42	大学	略懂	汉语、彝语，熟练
	张江鸥	男	36	大学	能听懂一些，不会说	汉语、彝语，熟练

如表 3－69 所示，所调查的 52 人中，能熟练使用汉语的比例为 100%；能熟练使用汉语和彝语的共有 35 人，占该村调查总人数的 67.31%；能熟练使用汉语和普米语的有 4 人，占村调查总人数的 7.69%；汉语、普米语和彝语都熟练的有 8 人，占该村调查总人数的 15.38%。可见，东红村摩梭人普遍是三语人，也有部分四语人。

（三）东红村摩梭人语言生活成因

东红村摩梭人母语活力的衰弱及兼用汉语和其他民族语现象的形成，与该村摩梭人口较少，杂居民族多密切相关。如熊村长所说："在 20 世纪五六十年代，村里摩梭人多，其他民族都会说摩梭话；因为处在县城边上，搬来的民族慢慢多了，摩梭话说得就少了。现在懂摩梭话的人都很少了，小孩子都不讲摩梭话了。"

另外，摩梭人母语衰弱及部分转用其他民族语言，还与民族间通婚有关。熊村长谈道："摩梭人多与纳西族、普米族、汉族、彝族通婚，不同民族之间说汉话。"汉语是不同民族间交流的主要工具，且因该村摩梭人口较少，摩梭话的交际功能受限，摩梭话逐渐被汉语、彝语、普米语等其他民族语言替代。

二　个案 2：红桥镇白岩子二村摩梭人的语言生活

红桥镇白岩子二村，距宁蒗县城 30 千米。村里有 120 户，有摩梭人、彝族、普米族、汉族、傈僳族、纳西族。摩梭人有 12 户，村里彝族最多；世居民族是普米族、摩梭人，彝族是五十多年前搬来的。村里主要种植玉米、水稻、洋芋，年轻人多外出打工。

村里的房屋建筑都保留着摩梭传统建筑风格，有神台、锅庄、祖母屋、生死门，每户大门门口和房顶上都挂经幡。村里还保留着一些摩梭传统生活、节庆习俗，如敬锅庄、成丁礼（“穿裙子”“穿裤子”要站在猪膘、米袋上，请达巴、喇嘛念经、祈福）、摩梭新年、正月十五和七月十五祭山神（村里的普米族、摩梭人都一起到村里的神山祭山神，请达巴、喇嘛念经、烧香、祈福，同时举办聚餐、打跳等活动）。婚丧都要请永宁的喇嘛、达巴，习俗与永宁相同。

（一）红桥镇白岩子二村摩梭话生命力衰退

从摩梭话在家庭中及其他场合使用情况的调查及摩梭话常用 400 词测试的结果来看，白岩子二村的摩梭人能熟练地使用母语的人数占比较少，在家里或其他场合已基本转用汉语或其他民族语，摩梭话生命力衰退。

1. 摩梭话已不是家庭成员主要的语言交际工具

我们采用便利抽样调查的方式，结合访谈法、参与观察法，对 17 个摩梭家庭的 33 位摩梭村民的家庭母语使用情况进行了调查，调查结果见表 3-70。

表 3-70　白岩子二村摩梭人家庭母语使用情况调查

年龄段（岁）	人数（人）	熟练		略懂		不懂	
		人数（人）	百分比（%）	人数（人）	百分比（%）	人数（人）	百分比（%）
6—19	3	0	0	1	33.33	2	66.67
20—39	8	2	25.00	4	50.00	2	25.00
40—59	13	4	30.77	6	46.15	3	23.08
60 以上（含 60）	9	9	100	0	0	0	0
合计	33	15	45.46	11	33.33	7	21.21

如表 3-70 所示，白岩子二村摩梭人在家庭成员的交流中，能熟练使

用摩梭话的人数比例为45.46%，“略懂”的比例为33.33%，“不懂”的比例为21.21%；其中60岁以上摩梭老人都还能熟练地运用摩梭话进行交流。总体而言，在日常生活的交流中，有54.54%（“略懂”和“不懂”的百分比之和）的摩梭人已转用其他语言。

同时，我们从这33人中，分年龄段抽取22人进行了400词测试，测试结果显示，该村摩梭人母语掌握程度整体较低（见表3-71）。

表3-71 红桥镇白岩子二村22名不同年龄段摩梭人母语400词测试结果统计

年龄段（岁）	人数（人）	A（优秀）		B（良好）		C（一般）		D（差）	
		人数（人）	百分比（%）	人数（人）	百分比（%）	人数（人）	百分比（%）	人数（人）	百分比（%）
6—19	3	0	0	0	0	0	0	3	100
20—39	7	1	14.29	0	0	0	0	6	85.71
40—59	7	1	14.29	0	0	0	0	6	85.71
60以上（含60）	5	3	60.00	1	20.00	0	0	1	20.00
合计	22	5	22.73	1	4.54	0	0	16	72.73

从表3-71可以看出：红桥镇白岩子二村摩梭人母语词汇掌握程度低，整体优秀率仅22.73%，母语词汇掌握“差”的比例为72.73%；而20岁以下“差”的比例为100%，此年龄段的摩梭人已普遍不会说摩梭话。

2. 红桥镇白岩子二村摩梭人母语在其他场合的使用情况

该村大部分摩梭人（见表3-70）已经出现语言转用，但在摩梭人的称谓语中还保留着摩梭话的发音；另外，少数年纪大的摩梭老人在节庆、丧葬等场合还用摩梭话进行交流；除此之外，都已转用汉语或彝语。

（二）红桥镇白岩子二村摩梭人普遍使用汉语及其他民族语

红桥镇白岩子二村摩梭人普遍使用汉语或彝语进行交流。具体见表3-72。

表3-72 白岩子二村摩梭人语言使用情况

家庭编号	姓名	性别	年龄（岁）	文化程度	摩梭话熟练程度	其他语言熟练程度
1	王萨达玛	女	72	文盲	熟练	汉语，熟练
	王达史品措	男	13	小学	略懂	汉语，熟练；彝语，略懂
	王车拉措	女	9	小学	略懂	汉语，熟练；彝语，略懂

续表

家庭编号	姓名	性别	年龄（岁）	文化程度	摩梭话熟练程度	其他语言熟练程度
2	王尼玛	男	53	小学	熟练	汉语、彝语熟练；普米语，略懂
	何高汝玛	女	54	小学	略懂	汉语，熟练；彝语，略懂
	王依汝次尔	男	26	初中	略懂	汉语，熟练；彝语，略懂
	央都	女	24	大学	略懂	汉语，熟练；彝语，略懂
3	王生格尔且	男	28	小学	熟练	汉语、彝语，熟练
4	王直玛	女	81	文盲	熟练	汉语，熟练
5	和思跟	男	56	高中	熟练	汉语、彝语，熟练
6	王思跟	女	47	小学	略懂	汉语，熟练；纳西语略懂
	甲泽	男	21	高中	略懂	汉语，熟练；彝语，略懂
	车里	男	18	大学	略懂	汉语，熟练；彝语，略懂
7	王依汝	男	69	初中	熟练	汉语、彝语，熟练
	石依汝玛	女	62	小学	熟练	汉语，熟练；纳西语略懂
	王拉龙	男	38	小学	略懂	汉语、彝语，熟练
	王鲁汝	男	36	初中	略懂	汉语、彝语，熟练
8	曹达玛	女	84	文盲	熟练	汉语，熟练
	王迪枝	男	53	小学	略懂	汉语、彝语，熟练
	王生根	男	42	初中	略懂	汉语，熟练；彝语，略懂
9	王边玛	男	55	小学	略懂	汉语，熟练；彝语，略懂
10	王边玛	女	58	小学	略懂	汉语，熟练
11	王纳卡	男	42	小学	略懂	汉语，熟练；彝语，略懂
12	答史玛	女	82	文盲	熟练	汉语，熟练
	王科若	男	48	小学	略懂	汉语，熟练；彝语，略懂
14	和打史	男	60	小学	熟练	汉语，熟练；彝语，略懂
	阿艳	女	33	小学	熟练	汉语，熟练；纳西语略懂
	杨甲曼	女	40	初中	熟练	汉语，熟练；纳西语略懂
16	打史玛	男	85	文盲	熟练	汉语，熟练
	王科若	男	41	初中	熟练	汉语、彝语，熟练
17	王纳长	男	40	初中	略懂	汉语、普米语熟练；彝语，略懂

续表

家庭编号	姓名	性别	年龄（岁）	文化程度	摩梭话熟练程度	其他语言熟练程度
18	王约尔	男	74	小学	熟练	汉语，熟练
	边玛次尔	男	32	初中	略懂	汉语，熟练

如表3-72所示，该村摩梭人都能熟练运用汉语交际。同时，还有21人，占调查总人数63.64%的摩梭村民不同程度地兼用彝语；其中，能熟练兼用彝语的有8人，占调查总人数的24.24%；彝语略懂的有13人，占调查总人数的39.39%。此外，还有4人兼用纳西语；2人兼用普米语，1人熟练，1人略懂。可以看出，汉语已成为该村摩梭人主要的交流工具。

（三）红桥镇白岩子二村摩梭人语言生活成因

摩梭话活力的衰减、摩梭人兼用或部分转用汉语、彝语等现象的出现，主要与该村摩梭人口数量较少，该村杂居民族多，民族间通婚等因素的影响有关。如王村长谈道："村里杂居民族多，大家多用汉语、彝语交流。摩梭人之间多说汉话，只有六七十岁的老人之间还说摩梭话，三十岁以下的摩梭人基本都不太会说摩梭话了。"此外，因家里会说摩梭话的成年人较少，孩子上学又多接触汉族、彝族等其他民族，年龄小的摩梭人便已转用汉语、彝语，这也是影响摩梭话生命力及出现语言转用、兼用的重要因素。

三 个案3：西布河乡碧源村委会庆河村、湾子村摩梭人的语言生活

碧源村委会离宁蒗县城70千米，碧源乡有彝族、摩梭人、傈僳族、汉族，傈僳族和汉族为世居民族，居住于此的摩梭人是300多年前从宁蒗县搬迁过来的。碧源村委会有13个村民小组，有887户，3370人；摩梭人杂居在8个村小组，其中庆河村和湾子村摩梭人相对较多。庆河村的摩梭人有10户，湾子村有20户；庆河村、湾子村有傈僳族、汉族、摩梭人，其中傈僳族居多。这两个村的经济收入主要为种植业和畜牧业。种植业主要是种植水稻、玉米、烤烟、花椒、核桃及部分药草。养殖业主要是喂养猪、羊、牛、马、毛驴。外出打工的人也比较多。

因碧源乡的摩梭人人数较少，主要杂居在庆河村和湾子村，因此，我

们将这两个村合并在一起分析。

（一）庆河村、湾子村摩梭话的交际功能已基本被其他语言替代

我们采用便利抽样调查的方式，结合访谈法、参与观察法，对这两个村摩梭人母语熟练度及母语词汇掌握量进行了调查。调查结果显示，这两个村摩梭人已普遍不会说摩梭话，摩梭话的交际功能已被取代。

17 个摩梭家庭 53 位摩梭村民的摩梭话熟练度调查结果见表 3-73。

表 3-73　庆河村和湾子村摩梭人母语熟练情况

年龄段（岁）	人数（人）	熟练		略懂		不懂	
		人数（人）	百分比（%）	人数（人）	百分比（%）	人数（人）	百分比（%）
6—19	10	0	0	1	10	9	90.00
20—39	16	0	0	4	25	12	75.00
40—59	20	0	0	8	40	12	60.00
60 以上（含 60）	7	2	28.57	5	71.43	0	0
合计	53	2	3.77	18	33.96	33	62.27

如表 3-73 所示，所调查的 53 人中，能熟练地使用摩梭话的仅 2 人，占调查总人数的 3.77%；已有 33 人，占调查总人数 62.27%的摩梭人已出现语言转用。摩梭话已不再是家庭成员主要的交际工具。

同时，从调查的这 53 人中，分年龄段抽取 47 人进行了摩梭话 400 词测试，测试结果见表 3-74。

表 3-74　庆河村、湾子村 47 名不同年龄段摩梭人母语 400 词测试结果统计

年龄段（岁）	人数（人）	A（优秀）		B（良好）		C（一般）		D（差）	
		人数（人）	百分比（%）	人数（人）	百分比（%）	人数（人）	百分比（%）	人数（人）	百分比（%）
6—19	7	0	0	0	0	0	0	7	100
20—39	11	0	0	0	0	0	0	11	100
40—59	22	0	0	0	0	0	0	22	100
60 以上（含 60）	7	1	14.29	1	14.29	0	0	5	71.42
合计	47	1	2.13	1	2.13	0	0	45	95.74

如表3-74所示：47位摩梭村民的母语词汇量测试结果显示，仅1人，占调查总数的2.13%的摩梭村民的母语词汇掌握量达到优秀；而母语词汇量掌握程度“差”的有45人，占调查总人数的95.74%。

综合表3-73、表3-74可以看出：该村摩梭人母语能力较低，摩梭话的交际功能已被其他语言替代。

（二）庆河村、湾子村摩梭人已全民转用汉语

调查结果显示，这两个村的摩梭人除两位摩梭老人的摩梭话还熟练外，其余的摩梭村民都已转用汉语、傈僳语或彝语（见表3-75）。

表3-75 庆河村、湾子村摩梭人转用或兼用语情况

家庭编号	姓名	性别	年龄（岁）	文化程度	摩梭话熟练程度	其他语言熟练程度
1	杨国莲	女	76	小学	略懂摩梭称呼语	汉语、傈僳语，熟练
	张发荣	男	48	高中	略懂摩梭称呼语	汉语、彝语、傈僳语，熟练
	何如姮	女	40	初中	略懂摩梭称呼语	汉语、傈僳语，熟练；彝语，略懂
	张文燕	女	23	大学	略懂摩梭称呼语	汉语、傈僳语，熟练；彝语，略懂
	张文莉	女	18	大学	略懂摩梭称呼语	汉语、傈僳语，熟练；彝语，略懂
2	何如实	男	48	初中	略懂	汉语、彝语、傈僳语，熟练
	何锡龙	男	20	初中	完全不懂	汉语、傈僳语，熟练
	何锡仙	女	14	小学	完全不懂	汉语，熟练；傈僳语，略懂
3	何锡庆	男	15	高中	完全不懂	汉语、傈僳语，熟练；彝语，略懂
4	何如位	男	56	高中	略懂	汉语、彝语、傈僳语，熟练
	何锡宏	男	30	高中	完全不懂	汉语、彝语、傈僳语，熟练
5	邹德英	女	80	文盲	熟练	汉语、彝语、傈僳语，熟练
	李天强	男	48	小学	略懂	汉语、彝语、傈僳语，熟练
	李子更	女	22	小学	完全不懂	汉语、彝语、傈僳语，熟练
6	何德旺	男	82	文盲	熟练	汉语、傈僳语，熟练
	邹国文	男	56	初中	略懂	汉语，彝语，熟练
	邹恩照	男	22	大专	完全不懂	汉语，彝语，熟练
7	何锡荣	男	55	高中	略懂	汉语，彝语，熟练

续表

家庭编号	姓名	性别	年龄（岁）	文化程度	摩梭话熟练程度	其他语言熟练程度
8	何金娣	女	64	文盲	略懂	汉语、傈僳语，熟练
	何锡燕	女	55	小学	略懂	汉语、傈僳语，熟练
	孙红新	男	20	初中	完全不懂	汉语，彝语，熟练
	何锡辉	男	48	初中	略懂	汉语，彝语，熟练
	何学师	男	14	初中	略懂	汉语、傈僳语，熟练
9	周国云	男	44	小学	略懂	汉语，彝语，熟练
	周恩伟	男	14	初中	完全不懂	汉语、傈僳语，熟练
10	何锡山	男	43	初中	略懂	汉语，彝语，熟练
	何如英	女	69	文盲	略懂	汉语，彝语，熟练
	杨层娣	女	42	文盲	略懂	汉语，彝语，熟练
	何正新	男	19	大学	完全不懂	汉语，彝语，熟练
	何秋萍	女	15	高中	完全不懂	汉语，彝语，熟练
11	何德伟	男	68	文盲	略懂	汉语、傈僳语，熟练
	何如文	男	36	小学	完全不懂	汉语、傈僳语，熟练
12	何锡灿	男	64	小学	略懂	汉语、傈僳语，熟练
	何学光	男	36	小学	完全不懂	汉语、彝语、傈僳语，熟练
13	张发珍	女	44	初中	完全不懂	汉语，彝语，熟练
14	杨金山	男	40	小学	略懂	汉语、傈僳语，熟练
15	周广秀	女	33	初中	略懂	汉语、傈僳语，熟练
16	何学平	男	45	初中	略懂	汉语、傈僳语，熟练
	何锡平	女	42	小学	略懂	汉语、彝语、傈僳语，熟练
	何建彬	女	22	中专	略懂	汉语、彝语、傈僳语，熟练
	何鸿	男	18	中专	完全不懂	汉语，彝语，熟练
	何阳	男	23	中专	略懂	汉语，彝语，熟练
	张世兰	女	40	初中	完全不懂	汉语、彝语、傈僳语，熟练
	杨建珍	女	42	初中	略懂	汉语、彝语、傈僳语，熟练
	杨继芹	女	20	大学	略懂	汉语、彝语、傈僳语，熟练
	杨继鸿	男	18	高中	完全不懂	汉语、彝语、傈僳语，熟练

续表

家庭编号	姓名	性别	年龄（岁）	文化程度	摩梭话熟练程度	其他语言熟练程度
17	何锡才	男	44	初中	完全不懂	汉语、彝语、傈僳语，熟练
	何学茹	女	22	大学	完全不懂	汉语、彝语、傈僳语，熟练
	何学雨	男	20	大学	完全不懂	汉语、彝语、傈僳语，熟练
	何锡春	女	49	小学	完全不懂	汉语、彝语、傈僳语，熟练
	肖丽珍	女	25	大学	完全不懂	汉语、彝语、傈僳语，熟练
	肖丽惠	女	23	大学	完全不懂	汉语、彝语、傈僳语，熟练
	肖丽梅	女	19	大学	完全不懂	汉语、彝语、傈僳语，熟练

从表3-75的调查可以看出，所调查的53位摩梭人中，能熟练使用汉语的比例为100%；能熟练使用汉语、彝语和傈僳语的有21人，占这两个村调查总人数的39.62%；能熟练使用汉语和傈僳语的共有38人，占这两个村调查总人数的71.70%；能熟练使用汉语和彝语的共有35人，占这两个村调查总人数的66.04%。可见，庆河村和湾子村的摩梭人已全民转用汉语，部分村民还不同程度地兼用彝语、傈僳语。

（三）庆河村、湾子村摩梭人语言生活成因

碧源乡最早的世居民族是汉族和傈僳族，几百年前摩梭人从宁蒗峰子岩搬来时，此地已有大量汉族、傈僳族；摩梭人人口数量少，杂居在不同村寨，摩梭话的使用空间受限；不同民族间交流时，民族语的交际功能有限，汉语作为通用语的功能得以发挥，成为不同民族间沟通的主要交际工具，如村民邹德英谈道：“村里有摩梭人、傈僳族、彝族、汉族，民族太多，大家语言不通，不同民族交流就用汉语。”因不同民族长期的交流交融，摩梭人在习得汉语的同时，也不同程度地习得了村里傈僳族、彝族的语言。

第四章

云南摩梭人语言生活印迹——摩梭话村寨名

地名是“先民识别环境和相互交流的代号或标识”①，记载了先民生存的地理环境、经历的历史事件、民族交流情况等，具有记载地域文化、民族文化等文化功能；同时，用什么语言来命名该区域，就说明了这种语言在其命名时期是重要的语言工具，发挥着重要的交际功能。虽然人口数量较少的摩梭人无完整、系统的文字系统来书写、记录其久远的语言生活，但其母语使用情况可以在地名命名中留下印迹。因此，对摩梭话地名的考察，一方面能反映摩梭话承载的某些文化内容，另一方面能在一定程度上揭示历史上摩梭人的语言生活；同时，将摩梭话地名的保留情况与该村寨摩梭话使用现状对照，可以从历时角度了解摩梭人母语使用情况的变迁。

为此，我们以云南摩梭人聚居的宁蒗县为考察范围，采用了实地调查、考证和历史文献考证相结合的方法②进行研究。特别参考了 1933 年《云南省各县区域全图》中记载的摩梭话地名③，并结合一些研究摩梭语言文化的书中散现的地名，如：木丽春的《永宁摩梭史话》、严汝娴、刘小幸的《摩梭母系制研究》、徐瑞娟的《摩梭语常用词语荟萃》等书中相

---

① 宋久成主编：《地名文化研究：概念、少数民族语地名及其他》，法律出版社 2013 年版，第 6 页。

② 在村名收集、考证过程中，得到了宁蒗县政府、民政局、文化局、文化站、云南省测绘工程院的大力支持和帮助，也得到了丽江市泸沽湖摩梭文化研究会会长曹建平老师及格则多吉老师、杨建国老先生、石高峰老师等众多摩梭文化研究协会成员和各自然村村长、达巴、摩梭老人、扎美寺活佛等众多热心人士的大力帮助。丽江师专中文系的李毅老师为村名国际音标的标注和校正花费了大量工夫，在此一并致谢！

③ 云南省宁蒗彝族自治县志编纂委员会编：《宁蒗彝族自治县志》，云南民族出版社 1993 年版，第 48 页。

关章节提到过的摩梭话村寨名进行考察。同时将现存的摩梭话自然村名和历史上曾以摩梭话命名，现在改为汉名的自然村名，一并收集考释，一共收录了 157 个摩梭话村寨名。

在收集、考释的基础上，探究其分布情况、体现的摩梭话语言系统特征、命名理据，进而揭示摩梭话村寨名体现的摩梭人的历史语言生活和文化生活，探究其母语使用情况的变化。

第一节 摩梭话村寨名的分布

主要从摩梭话村寨名的数量分布和语义分布两方面进行分析。

一 数量分布

我们以乡为单位，对“沿用至今的摩梭话村寨名”和“曾以摩梭话命名后改为汉名的村寨名”进行分类考释收集。其分布情况如图 4-1。

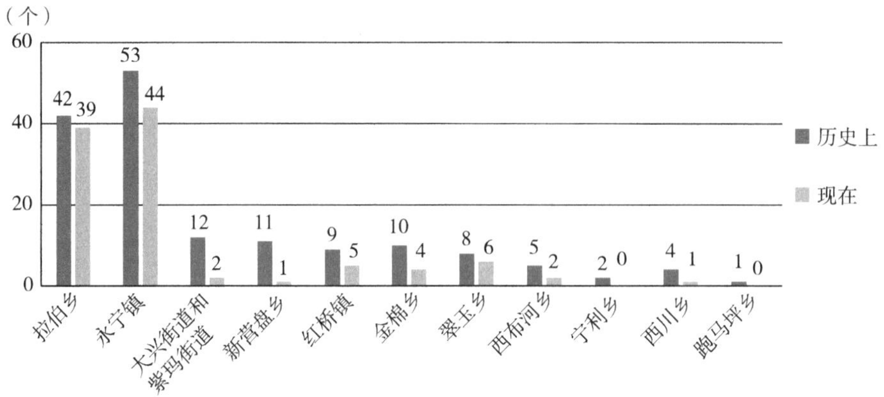

图 4-1 云南宁蒗摩梭话村寨名数量分布统计

将图 4-1 中的具体分布情况，在地图上标注出来，如图 4-2（采用 1∶250000 地形图）。图中●表示一直沿用的摩梭话村名，▲表示曾以摩梭话命名，后改为汉名的村寨名。

从图 4-1 和图 4-2 中可以看出：

第一，历史上宁蒗县的摩梭话村寨名共 157 个，主要分布在拉伯乡、永宁镇和今大兴街道和紫玛街道区域，其他乡镇按数量由多到少依次为：新营盘乡、金棉乡、红桥镇、翠玉乡、西布河乡、西川乡及宁利乡、跑马

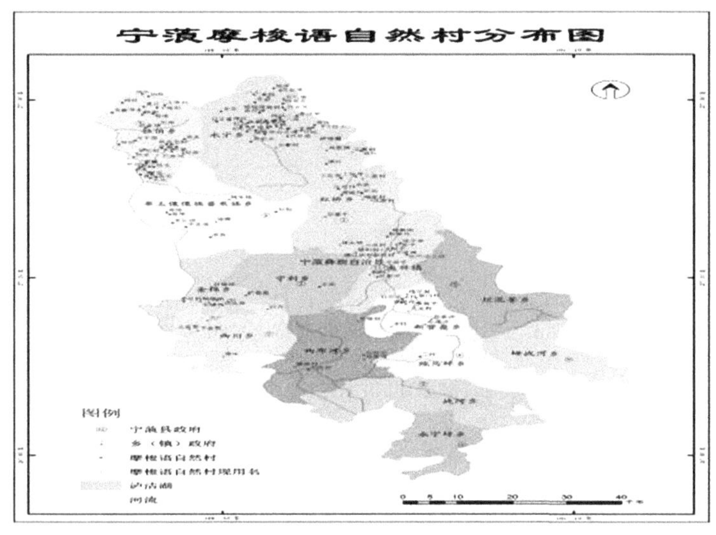

图 4-2　云南宁蒗摩梭话村寨名区域分布

坪乡。可见，历史上摩梭人活动的区域主要集中在拉伯乡、永宁镇、今大兴街道和紫玛街道、新营盘乡、金棉乡、翠玉乡、红桥镇等宁蒗的北部、中部及西北区域。

第二，现在仍沿用的摩梭话村寨名共 104 个，原摩梭话村寨名中有 53 个已更改为汉名。其中大兴街道和紫玛街道以及新营盘乡的摩梭话村名改为汉语村名的最多，都为 10 个；其次是永宁镇，有 9 个已改为汉名。现在沿用摩梭话村寨名较多的为拉伯乡和永宁镇，此外，翠玉乡、红桥镇、金棉乡、西布河乡、新营盘乡及大兴街道和紫玛街道还保留着少数的摩梭话村寨名。

二　语义类别分布

依据考察收集的 157 个摩梭话村寨名，按照村寨名命名方式的不同，分为自然事物命名的村寨名及人文活动类命名的村寨名两类。

（一）自然事物命名的村寨名

以自然事物命名的村寨名，记载了摩梭人对自然环境的认知，命名方式包括地形地貌、水文、方位、动物、植物及自然特征六小类。具体分布如图 4-3。

从图 4-3 可以看出：该类村名在拉伯、永宁、新营盘、红桥、翠玉、

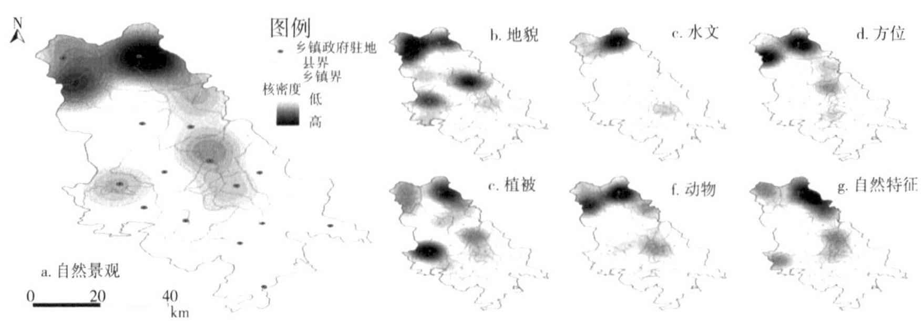

图 4-3　自然事物命名的村寨名空间分布

金棉、西川、西布河 8 个乡镇和大兴街道、紫玛街道 2 个街道都有分布，但分布数量较多的集中在宁蒗县北部，也是摩梭先民及现在摩梭人主要聚居的拉伯乡和永宁镇。因宁蒗地处滇西北高原，山峰林立，峡谷幽深，因此，“坡、山坡、山沟、垭口、悬崖”等村名在摩梭先民居住区域都有分布。宁蒗地处西南季风气候区域，具有暖温带山地季风气候。干湿季分明，四季不分明，立体气候显著，境内有丰富的植物、动物，村名中出现的“虎、鹰、马鹿、大雁、獐子、豪猪”等野生动物及“柏树、松树、冷杉树”等反映了宁蒗县的自然环境特征。

此外，以“沼泽、湖泊、水塘”命名的村名主要分布在地势相对较平的永宁坝子，而“江水”类村名分布在靠近金沙江沿岸的拉伯乡。方位类村名也主要分布在永宁镇和拉伯乡，特别反映了摩梭先民对“上（格 gə³¹）、下（母/明 mu³¹）”等方位的认知。

（二）人文活动命名的村寨名

人文活动命名的村寨名，记载了摩梭先民生活的历史足迹。命名方式包括经济、历史事件、居住者姓名这三小类。具体分布如图 4-4。

从图 4-4 可以看出：经济类村名主要分布在宁蒗西北的拉伯乡，其次分布在宁蒗中西部的大兴街道和紫玛街道、金棉乡、翠玉乡及新营盘乡、西布河乡等区域。经济类地名反映了摩梭先民农牧结合的生活方式。村名中以“牦牛”命名的村名，多分布在拉伯乡、翠玉乡及大兴街道和紫玛街道；与种庄稼（水稻）有关的村名，主要分布在位于金沙江边的翠玉乡、金棉乡。此外，与“青稞”“苦荞”有关的村名，主要分布在拉伯乡、大兴街道和紫玛街道；与“麻”有关的村名，多出现在金棉乡、西布河乡。历史事件类村名主要分布在永宁镇。居住者类村名集中分布在

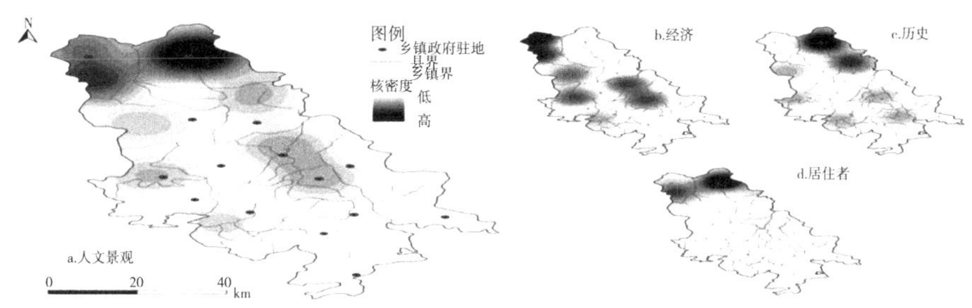

图 4-4　人文活动类命名的村寨名空间分布

永宁镇、拉伯乡，这也反映了摩梭先民集中居住的区域。

第二节　摩梭话村寨名的语言特征

一　摩梭话村寨名的语音特征

施向东、刘昀（2015）《摩梭话概况》研究中指出永宁镇落水村摩梭话："有声母 32 个，塞音、塞擦音有送气、不送气与清浊的对立，成三分格局……没有鼻音韵尾，但是有鼻化元音 ã、uã、ĩ、ũ……有卷舌韵母 ər，实际读音为［ɐr］……声调共有四个：13，31，33，55。其中 33、13 调的音节最多，55 调的音节较少。"① 季惜（2016）指出：摩梭话声母分为单辅音和复辅音两种②。结合已有的相关研究及与汉藏语研究专家讨论、考证的基础上，我们从摩梭话村名所体现的摩梭话音节数量和声韵调特征两方面进行分析。

（一）村寨名的音节结构特征

在这 157 个宁蒗摩梭话自然村名中，双音节和三音节的村名数量最多，其中双音节的有 82 个，占总数的 52.23%；三音节的有 65 个，占总数的 41.40%；另外，单音节的村名只有 1 个，即"白亚 $bər^{31}$"意为"庄稼"；五音节的村名有 3 个，即"农场，曾用摩梭话名 $t^{h}o^{33}ts^{h}e^{31}gv̩^{31}mi^{33}wɑ^{55}$"（其意为：拖泽里面较大的村），"宁利，曾用摩梭话名 $li^{33}dʑɯ^{33}xe^{31}kv̩^{55}wo^{33}$"（其意为：撵山狗撵獐子的地方）及"沙力，曾用摩梭话名

① 施向东、刘昀：《摩梭话概况》，《语言研究》2015 年第 3 期。

② 季惜：《永宁舍垮村摩梭话研究》，硕士学位论文，云南大学，2016 年。

ʂa^{31}ər^{33}xə^{55}li^{55}di^{31}”（其意为：山延绵很长的地方）；另外四音节的有 6 个，即“拉卡西 la^{33}kʰã^{33}ɕi^{33}lɯ^{33}”意为“打死老虎的地方”，“新建，摩梭话名 di^{31}mæ^{33}æ^{33}kʰɯ^{31}”意为“悬崖下边稍平的地方”，“猪头坡，曾用摩梭话名：pʰv̩^{33}wo^{33}ʐua^{33}di^{31}”意为“白色凹形的酷似猪头的山”，“峰子岩，曾用摩梭话名为：ua^{31}sɯ^{31}bv̩^{31}lo^{31}”意为“藏猪膘的山沟”，“药草坪，曾用摩梭话名为：wo^{33}tɕʰiə^{33}do^{33}tɕʰiə^{33}”意为“山又高又大的地方”，“马鹿湾，摩梭话原名 ʈʂʰa^{33}lo^{55}kʰv̩^{33}pʰv̩^{33}”意为“有鹿脚印的小平坝”。

（二）村寨名体现的摩梭话语音系统特征

这 157 个摩梭话自然村名体现的声韵调情况为：

声调有 31、33、55、13 四种声调，31、33 调在村名中出现的频率较高，这也体现了摩梭话的声调特征。

村名中出现的声母有 28 个，即：p、pʰ、b、m、t、tʰ、d、l、n、ŋ、k、kʰ、g、x、tɕ、tɕʰ、ɕ、dɕʰ、ts、tsʰ、s、dz、ʈʂ、ʈʂʰ、ʂ、dʐ、ʐ、ȵ。

韵母有 17 个：高元音 i（变体有 ɿ、ʅ）、y、ɯ、u，半高元音 e（变体 ɛ）、o（变体 ɔ），中元音 ə，低元音 a（变体 æ），鼻化元音 ã、uã、ĩ、iã，复元音韵母 uo、ua（变体 uæ）、iɑ，卷舌韵母 ər，辅音韵母 v̩。

综上所述，摩梭话村寨名中出现的声调、浊音声母、鼻化元音、辅音韵母，记载并体现了摩梭话的语音特征。

二 摩梭话村寨名的词汇特征

摩梭话自然村名所选用的词汇，主要以反映山水、地理环境、发生的事件等的词语居多。从词汇来源看，除了三个地名［拉吓里 la^{33}ɕia^{31}lɯ^{33}：ɕia^{31}lɯ^{33}（吓里）：普米语“跳下”；岩瓦 ŋə^{31}wɑ^{55}，ŋə^{31}：四川方言“崖子”；挖路坎 wa^{33}lv̩^{55}kʰa^{33}：kʰa^{33}是汉语“关卡”之意］夹杂着普米语和汉语外，其他都是摩梭话命名的。从村名词汇结构来看，主要由词和词组组成。从村名的造词方式来看，有原生和次生之别。

（一）村寨名的用词特征

摩梭话村名，其通名用词有山、水、平地等表示自然地理实体类的及村、街等表示人文地理实体类的。通名有：“山 wo^{33}”“小山坡顶上 ko^{31}”“半山坡 la^{31}bi^{31}”“平坝、比较深的沟、山洞 kʰo^{33}”“湾子、湾的山沟 gɔ^{33}”“山沟 lo^{31}”“悬崖 æ^{33}”“水沟 kʰæ^{55}”“水塘 dʐuã^{33}”“沼泽 tsʰe^{31}”

“海、沼泽 xĩ^{31}”“稍平稍大的地方 di^{31}”“不太平整的地方 bi^{33}”“小平地 kʰv̩^{33}pʰv̩^{33}”“荒地 xo^{55}”“坝子尾巴 mæ^{33}”“村 wɑ^{55}”“村小组（地形像厢房）dzo^{33}”“集市 gv̩^{33}”。其中以山、水、平地等表示自然地理实体类的通名出现频率较高（见表 4-1）：

表 4-1　　摩梭话村寨名通名词汇表

wo^{33}（窝）：山	ko^{31}（角）：小山坡顶上	la^{31} bi^{31}（拉壁/比）：半山坡	kʰo^{33}（科）：平坝；比较深的沟、山洞
gɔ^{33}（括）：湾子；弯的山沟	lo^{31}（罗）：沟	æ^{33}（安）：悬崖	kʰæ^{55}（开）：水沟
dʐuã^{33}（庄）：水塘	tsʰe^{31}（泽）：沼泽地	xĩ^{31}（黑）：海或沼泽地	di^{31}（迪）：地方（稍平的地方）
kʰv̩^{33}pʰv̩^{33}（苦普）：小平地	xo^{55}（豁）：荒地	mæ^{33}（曼）：（坝子）尾巴	wɑ^{55}（瓦）：村
dzo^{33}（佐）：村/小组（地形像厢房）	gv̩^{33}（果）：集市	bi^{33}（比）：不太平整的地方	

另外，摩梭话村寨名的专名用词，从词性来看，以名词、动词、形容词、方位词、数量短语、偏正短语、主谓短语、动宾短语、并列短语等居多。

（二）摩梭话村寨名的造词法特征

造词法属于词汇学研究的重要内容，即“研究用什么材料和方法创造新词”①。与构词法不同的是，“构词法是对地名的语素结构的横向平面的静态分析，是属于语法学的，造词法是对地名的扩充方式的纵向平面的动态的考察，主要是词汇学的研究，也涉及语法的结构”②。一般词语的造词法主要有附加、词形变化、实词虚化、意义引申等方式。地名是语言词汇系统中的专名，有一般造词法的特点，但又有其特殊性。按照地名造词法的一般规律，摩梭话自然村名可以分为原生村名和次生村名两大类。

1. 原生村名

原生村名是村名中最古老的村名，原生村名大多以山水等地理实体为命名依据。原生村名往往只标记着小范围的地域，这与人类早期的活动范

① 任学良：《汉语造词法》，中国社会科学出版社 1981 年版，第 3 页。

② 李如龙：《汉语地名学论稿》，上海教育出版社 1998 年版，第 23 页。

围有限有关。在摩梭话命名的村名中，以山水或地形地貌命名的村名，基本上都是原生村名。

2. 次生村名

次生村名是在原生村名基础上派生出来的。根据其产生方式，一般可分为五种，即派生村名、转类村名、转化村名、移用村名和仿造村名等。摩梭话命名的次生村名的产生方式主要有派生、转化两种类型。

（1）派生类村名

派生类村名，即是在原生村名的基础上附加某些词语成分（如表方位、数字、性质的词）派生出来的村名。摩梭话自然村名的派生方式一般为前附加式，即在前附加方位词。如：格佐 gə^{31} dzo^{33}（gə^{31}：上，dzo^{33}：厢房）、明佐 mu^{31} dzo^{33}（mu^{31}：下方，dzo^{33}：厢房）、格庄 gə^{31} dʐuã^{33}（gə^{31}：上方，dʐuã^{33}：水塘）、明庄 mu^{31} dʐuã^{33}（mu^{31}：下方，dʐuã^{33}：水塘）、比柒 bi^{33}ts^{h}e^{31}（bi^{33}：旁边，ts^{h}e^{31}：沼泽地）等。

后附加式较少，即“忠实 dʐv̩^{33} ʂʅ^{31}（dʐv̩^{33}：土知州，ʂʅ^{31}：新）”。

（2）转化类村名

转化类村名，是指村名是由别的名称转化而来，并未加上一定的通名，即通名省略式。此类村名又主要细分为以下四个小类：

由植物名转化而来，如：“大水 nda^{31} ʂv̩^{33}”（意为“柏树”）、子亩 dzɯ^{33}mu^{33}（dzɯ^{33}：树木，mu^{33}：古老）、加租 dʑa^{33} dzv̩^{31}（dʑa^{33}：好，dzv̩^{31}：草）、肖家湾［曾用摩梭话名 zɯ^{31} bu^{55}（日卜）］（zɯ^{31}：草，bu^{55}：粗大、茂盛）、料别 lø^{33}be^{33}（轮卑）（lø^{33}：柏树，be^{33}：一片）等。

由动物名转化而来，如：高尔米 gæ^{33} ər^{31} mi^{33}（gæ^{33} ər^{31}：老鹰，mi^{33}：大）、油米 ʐy^{31}mi^{33}（ʐy^{31}：绵羊，mi^{33}：大）、茶花 tʂ^{h}æ^{33}kuæ^{33}（查光）（tʂ^{h}æ^{33}：马鹿，kuæ^{33}：走动）、尼赛 ȵi^{33}se^{31}（ȵi^{33}：鱼，se^{31}：走）等。

由出产物名转化而来，如：“白亚 bər^{31}”（意为“庄稼”）、“蚂蟥田 sa^{31}k^{h}o^{33}”（意为“麻秆”）等。

由事件转化而来，如：八七 ba^{33}tɕ^{h}i^{31}（ba^{33}：普米族，tɕ^{h}i^{31}：丢弃，指在这里丢弃普米族人的事件）、比依村 dʑi^{31}i^{13}（吉意）（dʑi^{31}：水，i^{13}：有、出，指土司经过此地，此地有水，在此饮马而得名）、八家村（曾用摩梭话名 la^{33}dv̩^{33}）（la^{33}：老虎，dv̩^{33}：看见，意为“在此看见老虎”）、拉跨 la^{33} k^{h} ua^{33}（la^{33}：老虎，k^{h} ua^{33}：脚印，意为“看见老虎脚印的地方”）等。

由姓氏转化而来，如："树枝 ʂɯ^{31}dɯ^{33}"（指家族名）、"落水 lo^{33}sv̩^{31}"（指姓氏名）等。

总的来看，摩梭话自然村名以原生村名居多，在次生村名中以转化类村名居多。

三　摩梭话村寨名的语法特征

村寨名是词汇系统中的专有名词，和其他词语一样，也有语法关系。可像一般词汇一样，从构词法角度来分析；也可从村名的专名、通名整体结构关系来分析。

（一）摩梭话村寨名体现的摩梭话构词特征

施向东、刘昀（2015）在研究中指出，摩梭话词汇的构词有单纯词和合成词两大类，合成词又包括主谓型（名+动）、动宾型（名+动）、偏正型（名+名、名+形、动+名、名+动、方位名+动）、联合型（名+名、形+形）、补充型（名+量、动+形）及多层复合词（结构中有两个或两个以上的层次），附加式有"前缀式"（前缀 ɑ^{33}），及意义尚未虚化的准后缀（di^{31}、ti^{31}、xĩ^{33}）。可以看出：摩梭话合成词的动宾型（名+动），如"饭要"（即"乞丐"），偏正型（名+形），如"肉瘦"（即"瘦肉"），与汉语构词法语序不同。

季惜（2016）也指出：永宁舍垮村摩梭话构词方式有单纯词和合成词。单纯词有单音节、双音节和多音节词三类，合成词有复合式和附加式两种，其中复合式合成词较多。

在以上研究的基础上，我们根据收集考释的摩梭话村名，对其构词特征进行分析。

1. 由单纯词构成的村寨名

单纯词村寨名是由一个语素构词的村名。这类村名数量较少，共 8 个。除"白亚 bər^{31}"（属拉伯村委会）即"庄稼"为单音节外，其他 7 个为双单节，即"大水 nda^{31} ʂv̩^{33}"（属拉伯乡拉伯村委会）即"柏树"；"树枝 ʂɯ^{31}dɯ^{33}"（属拉伯乡拉伯村委会）即家族名；"开基 kʰæ^{55}dʐʅ^{31}"（属拉伯乡格瓦村委会）即"水沟边"；"落水 lo^{33}sv̩^{31}"（属永宁落水村委会）即姓氏名；"蚂蟥田 sa^{31}kʰo^{33}"（属金棉乡金棉村委会）即"麻秆"；"庄房村 wo^{55}gv̩^{33}"（属紫玛街道红旗社区）即"枕头"；"麻栗坪 tʰu^{13}bi^{33}"（属新营盘乡新营盘村委会）即"那边"。

2. 由复合词构成的村寨名

复合词村名是由两个或两个以上语素构成的村名。摩梭话命名的复合词村名主要有偏正型和联合型。

（1）偏正型复合词村寨名

偏正型复合词村名有 48 个，其中双音节的有 25 个，三音节的有 22 个，四音节的有 1 个。结构上主要是“专名+通名”，也有少数“通名+专名”形式。专名有名词、方位词、形容词、动词，以名词居多。

①“专名+通名”形式的偏正型复合词村寨名

具体有以下四小类：

双音节“专名+通名”，专名为名词的，如：普洛 p^{h}v̩^{33}lo^{31}（p^{h}v̩^{33}：白色，lo^{31}：山沟）、地落 dər^{33}lo^{31}（dər^{33}：翅膀，lo^{31}：山沟）、生生落 se^{33}se^{33}lo^{31}（se^{33}se^{33}：岩羊，lo^{31}：山沟）、托垮 t^{h}o^{33}k^{h}ua^{31}（t^{h}o^{33}：松树，k^{h}ua^{31}：院子）、拖泽 t^{h}o^{33}ts^{h}e^{31}（t^{h}o^{33}：松树，ts^{h}e^{31}：沼泽地）、布落 bu^{55}lo^{31}（bu^{55}：牦牛，lo^{31}：山沟）等。

双音节“专名+通名”，专名为动词的，如：撮比 ts^{h}o^{33}bi^{13}（ts^{h}o^{33}：跳，bi^{13}：斜坡）、竹地 dʐu^{31}di^{31}（dʐu^{31}：迎接，di^{31}：地方）、达瓦 da^{33}wɑ^{55}（da^{33}：到，wɑ^{55}：村）、永宁（摩梭话称为 xĩ^{33}di^{31}）［xĩ^{33}：休息（大雁或野鸭休息），di^{31}：地方］。

三音节“专名+通名”，专名多为普通名词和姓氏的，如：日古鲁 ʐɯ^{31}gv̩^{33}lo^{31}（ʐɯ^{31}gv̩^{33}：猪槽船，lo^{31}：山沟）、腊基地 la^{31}tɕi^{13}di^{31}（la^{31}tɕi^{13}：形体小的老鹰，di^{31}：地方）、日瓦落 ʐɯ^{31}wo^{33}lo^{31}（ʐɯ^{31}：冷杉树，wo^{33}：山，lo^{31}：山沟）、下庄房村（曾用摩梭话名为 da^{33}ba^{31}gɔ^{33}）（da^{33}ba^{31}：达巴，gɔ^{33}：湾子）、高明 ga^{33}sa^{55}wɑ^{55}（ga^{33}sa^{55}：嘎撒家族，wɑ^{55}：村）、依满瓦 i^{33}mæ^{33}wɑ^{55}（i^{33}mæ^{33}：姓氏，wɑ^{55}：村）、阿汝瓦 a^{33}ʐu^{31}wɑ^{55}（a^{33}ʐu^{31}：姓氏，wɑ^{55}：村）、阿古瓦 a^{33}gv̩^{33}wɑ^{55}（a^{33}gv̩^{33}：姓氏，wɑ^{55}：村）、阿拉瓦 a^{33}la^{33}wɑ^{55}（a^{33}la^{33}：姓氏，wɑ^{55}：村）等。

四音节“专名+通名”的，如：“峰子岩”曾用摩梭话名为 ua^{31}sɯ^{31}bv̩^{31}lo^{31}（娃茨铺噜）（ua^{31}sɯ^{31}：猪膘，bv̩^{31}lo^{31}：山沟）。

②“通名+专名”结构的偏正型复合词村寨名

专名为形容词或名词，如：

瓦日 wɑ^{55}ʐɯ^{33}（wɑ^{55}：村庄，ʐɯ^{33}：老）、瓦都 wɑ^{55}du^{33}（wɑ^{55}：村，du^{33}：单独）、干坝子上下村（曾用摩梭话名 di^{31}xo^{33}）（di^{31}：地方，xo^{33}：

宽）、三家村（曾用摩梭话名 di^{31}mæ^{33}）（di^{31}：地方，mæ^{33}：尾巴）、忠实 dʐv̩^{33}ʂʅ^{31}（dʐv̩^{33}：土知州，ʂʅ^{31}：新）、望香落 wɑ^{55}ɕia^{31}lo^{55}（wɑ^{55}：村子，ɕia^{31}lo^{55}：达巴祭祀用的托盘）。

（2）联合型复合词村寨名

一般是由两个小村名合称一个较大的村委会名或乡名，如：

拉伯，取“拉卡西”的“拉”和“白亚”的“白”组合成“拉伯”，为拉伯乡名或拉伯村委会名；加泽村委会的“加泽”是由“加租”和“泽地”各取一字而成；拖甸村委会名是由“拖垮”村和“合尔甸”村（普米语村名，“合尔”：姓郭的普米族；甸：地方。即普米族郭氏居住的地方）各取一字而成。

3. 由附加式合成词构成的村寨名

所谓附加式合成词村寨名，主要是方位词加在通名前构成的。常加的方位词为“上”“下”及“旁边”“中间”等，这类村名共 15 个。主要以“专名+通名”为主，也有少数“通名+专名”形式。如：

格佐 gə^{31}dzo^{33}（gə^{31}：上，dzo^{33}：厢房）、明佐 mu^{31}dzo^{33}（mu^{31}：下方，dzo^{33}：厢房）、格庄 gə^{31}dʐuã^{33}（gə^{31}：上方，dʐuã^{33}：水塘）、明庄 mu^{31}dʐuã^{33}（mu^{31}：下方，dʐuã^{33}：水塘）、比柒 bi^{33}tsʰe^{31}（bi^{33}：旁边，tsʰe^{31}：沼泽地）、农场［曾用摩梭话名为 lv̩^{31}gv̩^{33}（鲁沽）］（lv̩^{31}：土地，gv̩^{33}：中间）等。

4. 由词组构成的村寨名

与复合词、附加式村名不同的是，词组村名的专名或通名都有扩展，多为专名扩展为词组后再与通名组合或者为专名的词组形式。其中，以体词性短语构成的村寨名，“形容词，量词短语修饰名词，位于中心语后”①；谓词性短语构成的村寨名，“修饰语一般在中心语前”②。

以词组形式出现的村名有 83 个，主要分为有通名类和无通名类两类。有通名的词组村名有 39 个，无通名的词组村名有 44 个。这两类又按照专名词组的结构不同而分为不同类别。

（1）有通名的词组村寨名

主要以专名扩展为词组后再与通名组合为主。其中以“专名扩展名+通名”形式较多，也有一部分“专名+通名+通名”及“通名+专名扩展名”形式。

① 施向东、刘昀：《摩梭话概况》，《语言研究》2015 年第 3 期。
② 施向东、刘昀：《摩梭话概况》，《语言研究》2015 年第 3 期。

①“专名扩展名+通名”形式的词组村名

按照专名扩展后结构的不同，有以下七个类别。

A. 专名为主谓短语，如：

拉斯科 la^{33}sɿ^{33}k^{h}o^{33}（la^{33}：老虎，sɿ^{33}：死，k^{h}o^{33}：长草的平地）、平静村（摩梭话原名 ba^{33}ts^{h}o^{33}gv̩^{33}）（ba^{33}：普米族/脚步，ts^{h}o^{33}：跳舞；gv̩^{33}：市场）、拉都河 la^{33}dv̩^{33}gɔ^{33}（la^{33}：老虎，dv̩^{33}：直行，gɔ^{33}：较深的山沟）、猪头坡［曾用摩梭话名 p^{h}v̩^{33}wo^{33}ʐua^{33}di^{31}（铺窝软迪）］（p^{h}v̩^{33}：白色，wo^{33}：山，ʐua^{33}：凹进去，di^{31}：地方）、石格拉［曾用摩梭话名 lu^{31}bo^{33}di^{31}（噜波迪）］（lu^{31}：石头，bo^{33}：多，di^{31}：地方）、炼山［摩梭话名 wo^{33}p^{h}v̩^{33}di^{31}（窝普迪）］（wo^{33}：山，p^{h}v̩^{33}：白，di^{31}：地方）、头道沟［曾用摩梭话名 dʑi^{31}lo^{33}wo^{33}（吉洛窝）］（dʑi^{31}：水，lo^{33}：来，wo^{33}：山）、布子落 bv̩^{31}tsɿ^{31}lo^{31}（bv̩^{31}：布氏族，tsɿ^{31}：集中，lo^{31}：山沟）、新村［曾用摩梭话名 wo^{33}ze^{31}di^{31}（窝惹迪）］（wo^{33}：山，ze^{31}：好看，di^{31}：地方）、大厂［曾用摩梭话名为：sɿ^{33}bu^{55}wo^{33}（斯波窝）］［sɿ^{33}（斯）：树、柴，bu^{55}：粗，wo^{33}：山］等。

B. 专名为动宾短语，摩梭话的结构为“宾+动”，如：

布尔科 bər^{33}ər^{31}k^{h}o^{33}（bər^{33}：牦牛，ər^{31}：放牧，k^{h}o^{33}：长草的平坝）、海玉角：xæ^{33}ʑi^{33}ko^{31}（xæ^{33}：汉族，ʑi^{33}：抓、打，ko^{31}：小山坡顶上）、木底箐［木：mv̩^{33}：天，dɯ^{31}（底）：大/到达，箐：汉语，指树木丛生的山谷］、干河子［曾用摩梭话名 ɕy^{31}dv̩^{55}gɔ^{33}（徐都阔）］（ɕy^{31}：烧的香，一般是柏树等天然香料，dv̩^{55}：看见，gɔ^{33}：较深的山沟）、布忍的 bu^{55}ʑər^{33}di^{31}（bu^{55}：牦牛，ʑər^{33}：打捞，di^{31}：地方）等。

C. 专名为偏正短语，如：

马鹿湾［摩梭话原名 ʈʂ^{h}a^{33}lo^{55}k^{h}v̩^{33}p^{h}v̩^{33}（查罗苦普）］（ʈʂ^{h}a^{33}：马鹿，lo^{55}：脚印，k^{h}v̩^{33}p^{h}v̩^{33}：小块的平坝）等。

D. 专名为中补短语，如：

沙力［曾用摩梭话名 ʂa^{31}ər^{33}xə^{55}li^{55}di^{31}（刹尔海哩迪）］（ʂa^{31}ər^{33}：延绵，xə^{55}li^{55}：很长，di^{31}：地方）。

E. 专名为状中短语，如：

元梭罗［摩梭话名 bi^{55}tɕ^{h}y^{33}di^{31}（逼曲迪）］（bi^{55}：走、去，tɕ^{h}y^{33}：一起，di^{31}：地方）。

F. 专名为并列短语，如：

巴拿瓦 ba^{33}na^{31}wɑ^{55}（ba^{33}：指普米族，na^{31}：摩梭人，wɑ^{55}：村）

G. 专名为连谓短语，如：

吉腊村 i^{31}la^{33}di^{31}（以腊迪）（i^{31}：来；la^{33}：打；di^{31}：地方）

从数量来看，专名结构为主谓结构＞专名为动宾结构＞专名为偏正结构、专名为中补结构、专名为状中结构、并列结构及连谓结构。

②专名+通名+通名

这种类别的两个通名间有限定关系，如：草落果 ts^{h}o^{33}lo^{31}wo^{33}（ts^{h}o^{33}：搓氏族，lo^{31}：沟，wo^{33}：山）、拉罗湾 la^{33}lo^{31}wɑ^{55}（la^{33}：老虎，lo^{31}：山沟，wɑ^{55}：村）、黑瓦落 xĩ^{31}wɑ^{55}lo^{31}（xĩ^{31}：海或沼泽地，wɑ^{55}：村，lo^{31}：山沟）、拉翁落 la^{33}wo^{33}lo^{31}（la^{33}：老虎，wo^{33}：山，lo^{31}：山沟）、巴瓦比 ba^{33}wɑ^{55}bi^{33}（ba^{33}：普米族，wɑ^{55}：村，bi^{33}：不太平整的地方）、牛窝子：汉名，曾用摩梭话名 i^{33}wo^{33}di^{31}（依窝迪）（i^{33}：犏牛，wo^{33}：山，di^{31}：地方）。

③“通名+专名扩展名”形式的词组村寨名

如：新建村［曾用摩梭话名 di^{31}mæ^{33}æ^{33}k^{h}ɯ^{31}（迪曼安客）］［di^{31}：地方（稍平的地方），mæ^{33}：尾巴，æ^{33}：悬崖，k^{h}ɯ^{31}：下边］、药草坪［曾用摩梭话名 wo^{33}tɕ^{h}iə^{33}do^{33}tɕ^{h}iə^{33}（窝切多切）］（wo^{33}：山，tɕ^{h}iə^{33}：大，do^{33}tɕ^{h}iə^{33}：高又尖）等。

（2）无通名的词组村寨名

按照专名结构类型分为以下五类，即：

①主谓结构，如：

新庄［曾用摩梭话名 lo^{33}bv̩^{31}lo^{55}（罗卜落）］（lo^{33}：山谷，bv̩^{31}：套着，lo^{55}：山谷）、茶花 tʂ^{h}æ^{33}kuæ^{33}（查光）（tʂ^{h}æ^{33}：马鹿，kuæ^{33}：走动）、拉丁里 la^{33}dʅ^{33}lɯ^{33}（la^{33}：老虎，dʅ^{33}：蹦蹦跳跳，lɯ^{33}：助词）、尼赛 ȵi^{33}se^{31}（ȵi^{33}：鱼，se^{31}：走）、拉加 la^{33}dʐə^{33}（la^{33}：老虎，dʐə^{33}：扯）、三家村［曾用摩梭话名 dʑi^{31}p^{h}v̩^{33}（吉扑）］（dʑi^{31}：水，p^{h}v̩^{33}：白）、拉巴 la^{33}bo^{33}（la^{33}：老虎，bo^{33}：经过）、沃土地［曾用摩梭话名 wa^{33}sɯ^{33}dv̩^{33}（挖斯堵）］（wa^{33}：左边，sɯ^{33}：柴/树，dv̩^{33}：多）、八租 ba^{33}dʐi^{55}（ba^{33}：脚步，dʐi^{55}：集中）。

②动宾结构（摩梭话中的结构为“宾+动”），如：

拉卡西 la^{33}k^{h}ã^{33}ɕi^{33}lɯ^{33}（拉卡西吕）（la^{33}：老虎，k^{h}ã^{33}：打，ɕi^{33}：死，lɯ^{33}：助词）、八七 ba^{33}tɕ^{h}i^{31}（ba^{33}：普米族，tɕ^{h}i^{31}：丢弃）、胜利村

［曾用摩梭话名 xi^{33}mv̩^{31}dv̩^{31}（黑母堵）］（xi^{33}：人，mv̩^{31}dv̩^{31}：看不见）、比依村 dɕi^{31}i^{13}（吉意）（dɕi^{31}：水，i^{13}：有、出）、八家村（曾用摩梭话名 la^{33}dv̩^{33}）（la^{33}：老虎，dv̩^{33}：看见）等。

③偏正结构（摩梭话中的结构为“名+形”），如：

高尔米 gæ^{33}ər^{31}mi^{33}（gæ^{33}ər^{31}：老鹰，mi^{33}：大）、子亩 dzɯ^{33}mu^{33}（dzɯ^{33}：树木，mu^{33}：古老）、油米 ʑy^{31}mi^{33}（ʑy^{31}：绵羊，mi^{33}：大）、肖家湾［曾用摩梭话名 zɯ^{31}bu^{55}（日卜）］（zɯ^{31}：草，bu^{55}：粗大、茂盛）、料别 lø^{33}be^{33}（轮卑）（lø^{33}：柏树，be^{33}：一片）等。

④并列结构，如：

达坡 dɑ^{31}pʰo^{33}（dɑ^{31}：砍，pʰo^{33}：打开）、库角 kv^{31}dʐʅ^{31}（库直）（kv^{31}：收割，dʐʅ^{31}：有）、下拉垮［曾用摩梭话名 luɛ^{33}kʰi^{33}（略克）］（luɛ^{33}：麻栗树，kʰi^{33}：门）、培德［摩梭话名为 ba^{31}sɿ^{31}guɑ^{33}（巴斯瓜）］（ba^{31}sɿ^{31}：漏勺，guɑ^{33}：凹下去的形状）、上金型、下金型［曾用摩梭话名 dɕi^{33}ɕi^{33}（机奚）］（dɕi^{33}：星宿，ɕi^{33}：人）、抓如 dʐua^{33}ʐu^{33}（dʐua^{33}：心理平静，ʐu^{33}：放心）。

从数量上来看，专名短语结构为主谓结构 > 偏正结构 > 动宾结构和并列结构。

⑤其他形式，如：

扎实 dʐa^{31}ʂʅ^{31}［dʐa^{31}：垃圾（灰尘、烂木头、废柴等），ʂʅ^{31}：冲洗或打扫干净的状态］、者波桥 dze^{33}bo^{33}（dze^{33}：飞，bo^{33}：地势高）、沙俄村 sa^{33}wo^{55}（sa^{33}：最远，wo^{55}：头）、老头村［曾用摩梭话名 ȵi^{33}kʰo^{33}da^{31}（妮柯答）］（ȵi^{33}：太阳，kʰo^{33}：围栏，da^{31}：拦）、碧源［摩梭话名 sa^{55}lu^{33}di^{31}（撒噜迪）］（sa^{55}：麻，lu^{33}：做活，di^{31}：地方）。

（二）摩梭话村寨名的结构类型

从汉语地名史来看，早期的地名是没有通名的；经过漫长的历史演变，形成了“专名+通名”的标准形式；“专名”定位，“通名”定类。从专、通名的结构关系来看，摩梭话命名的自然村名，主要有以下七种类型：

1. 专名型

（1）专名为名词

“白亚 bər^{31}”（意为“庄稼”）、“大水 nda^{31}ʂv̩^{33}”（意为“柏树”）、“树枝 ʂɯ^{31}dɯ^{33}”（指家族名）、“开基（属拉伯乡格瓦村委会）kʰæ^{55}

dʐʅ^{31}”（意为“水沟”）、“落水 lo^{33}sv̩^{31}”（指姓氏名）、“蚂蟥田”（原摩梭话名 sa^{31}kʰo^{33}，意为“麻秆”）、“庄房村（原摩梭话名 wo^{55}gv̩^{33}”，意为“枕头”）、“麻栗坪”（属新营盘乡新营盘村委会，原摩梭话名 tʰu^{13}bi^{33}，意为“那边”）等。

（2）专名为短语

①专名为主谓短语，如：茶花 tʂʰæ^{33}kuæ^{33}（查光）（tʂʰæ^{33}：马鹿，kuæ^{33}：走动）、尼赛 ȵi^{33}se^{31}（ȵi^{33}：鱼，se^{31}：走，骑）、拉加 la^{33}dʐə^{33}（la^{33}：老虎，dʐə^{33}：扯）、三家村［曾用摩梭话名 dʑi^{31}pʰv̩^{33}（吉扑）］（dʑi^{31}：水，pʰv̩^{33}：白）、八租 ba^{33}dʐi^{55}（ba^{33}：脚步，dʐi^{55}：集中）等。

②专名为动宾短语（摩梭话中的结构为“宾+动”），如：八七 ba^{33}tɕʰi^{31}（ba^{33}：普米人，tɕʰi^{31}：丢弃，其意为：丢弃普米人）、胜利村［曾用摩梭话名 xi^{33}mv̩^{31}dv̩^{31}（黑母堵）］（xi^{33}：人，mv^{31}dv̩^{31}：看不见，其意为：看不见人）、比依村 dʑi^{31}i^{13}（吉意）（dʑi^{31}：水，i^{13}：有，出，其意为：有水）、八家村（曾用摩梭话名 la^{33}dv̩^{33}）（la^{33}：老虎，dv̩^{33}：看见，其意为：看见老虎）等。

③专名为偏正短语（摩梭话中的结构为“名+形”），如：高尔米 gæ^{33}ər^{31}mi^{33}（gæ^{33}ər^{31}：老鹰，mi^{33}：大）、子亩 dzɯ^{33}mu^{33}（dzɯ^{33}：树木，mu^{33}：古老）、油米 ʑy^{31}mi^{33}（ʑy^{31}：绵羊，mi^{33}：大）、料别 lø^{33}be^{33}（轮卑）（lø^{33}：柏树，be^{33}：一片）等。

④专名为并列短语，如：达坡 dɑ^{31}pʰo^{33}（dɑ^{31}：砍，pʰo^{33}：打开）、库角 kv^{31}dʐʅ^{31}（库直）（kv^{31}：收割，dʐʅ^{31}：有）、抓如 dʐua^{33}ʐu^{33}（dʐua^{33}：心理平静，ʐu^{33}：放心）等。

2.“专名+通名”型

这是汉语地名的标准类型。这种结构在摩梭话村名中数量也较多。如：

（1）专名为名词的，如：普洛 pʰv̩^{33}lo^{31}（pʰv̩^{33}：白色，lo^{31}：山沟）、地落 dər^{33}lo^{31}（dər^{33}：翅膀，lo^{31}：山沟）、生生落 se^{33}se^{33}lo^{31}（se^{33}se^{33}：岩羊，lo^{31}：山沟）、拖泽 tʰo^{33}tsʰe^{31}（tʰo^{33}：松树，tsʰe^{31}：沼泽地）等。

（2）专名为动词的，如：撮比 tsʰo^{33}bi^{13}（tsʰo^{33}：跳，bi^{13}：斜坡）、竹地 dʐu^{31}di^{31}（dʐu^{31}：迎接，di^{31}：地方）、达瓦村 da^{33}wɑ^{55}（da^{33}：到，wɑ^{55}：村）、永宁［摩梭话称 xĩ^{33}di^{31}，xĩ^{33}：休息（大雁或野鸭休息），

di^{31}：地方］。

（3）专名为姓氏的，如：高明 ga^{33} sa^{55} wɑ^{55}（ga^{33} sa^{55}：嘎撒家族，wɑ^{55}：村）、依满瓦 i^{33}mæ^{33}wɑ^{55}（i^{33}mæ^{33}：姓氏，wɑ^{55}：村）、阿汝瓦 a^{33}ʐu^{31}wɑ^{55}（a^{33}ʐu^{31}：姓氏，wɑ^{55}：村）、阿古瓦 a^{33} gv̩^{33} wɑ^{55}（a^{33}gv̩^{33}：姓氏，wɑ^{55}：村）、阿拉瓦 a^{33}la^{33}wɑ^{55}（a^{33}la^{33}：姓氏，wɑ^{55}：村）等。

3. “专名+专名+通名”型

这种类型中“专名+专名”作为了一个整体。这种结构在摩梭话命名的村寨名中数量也较多。如：

（1）“专名+专名”为主谓短语，如：拉斯科 la^{33}sɿ^{33}kʰo^{33}（la^{33}：老虎，sɿ^{33}：死，kʰo^{33}：长草的平地）、拉都河 la^{33}dv^{33} gɔ^{33}（la^{33}：老虎，dv̩^{33}：直行，gɔ^{33}：较深的山沟）、头道沟［曾用摩梭话名 dʑi^{31}lo^{33}wo^{33}（吉洛窝）］（dʑi^{31}：水，lo^{33}：来，wo^{33}：山）、布子落 bv̩^{31} tsɿ^{31} lo^{31}（bv̩^{31}：布氏族，tsɿ^{31}：集中，lo^{31}：山沟）等。

（2）“专名+专名”为动宾短语（摩梭话结构为“宾+动”），如：海玉角 xæ^{33}ʑi^{33}ko^{31}（xæ^{33}：汉族，ʑi^{33}：抓、打，ko^{31}：小山坡顶上）、干河子［曾用摩梭话名 ɕy^{31}dv̩^{55} gɔ^{33}（徐都阔）］（ɕy^{31}：烧的香，一般是柏树等天然香料，dv̩^{55}：看见，gɔ^{33}：较深的山沟）、布忍的 bu^{55} ʑər^{33} di^{31}（bu^{55}：牦牛，ʑər^{33}：打捞，di^{31}：地方）等。

（3）“专名+专名”为偏正短语：马鹿湾［摩梭话原名 tʂʰa^{33}lo^{55}kʰv̩^{33}pʰv̩^{33}（查罗苦普）］（tʂʰa^{33}：马鹿，lo^{55}：脚印，kʰv̩^{33}pʰv̩^{33}：小块的平坝）等。

（4）“专名+专名”为中补短语，如：沙力［曾用摩梭话名 ʂa^{31}ər^{33}xə^{55}li^{55}di^{31}（刹尔海哩迪）］（ʂa^{31}ər^{33}：延绵，xə^{55}li^{55}：很长，di^{31}：地方）。

（5）“专名+专名”为状中短语，如：元梭罗［摩梭话名 bi^{55}tɕʰy^{33}di^{31}（逼曲迪）］（bi^{55}：走、去，tɕʰy^{33}：一起，di^{31}：地方）。

（6）“专名+专名”为并列短语，如：巴拿瓦 ba^{33}na^{31}wɑ^{55}（ba^{33}：指普米族，na^{31}：摩梭人，wɑ^{55}：村）。

（7）“专名+专名”为连谓短语，如：吉腊村 i^{31}la^{33}di^{31}（以腊迪）（i^{31}：来；la^{33}：打；di^{31}：地方）。

4. “专名+通名+通名”型

这种结构中，两个通名间有着限定关系。如：草落果 tsʰo^{33}lo^{31}wo^{33}（tsʰo^{33}：搓氏族，lo^{31}：沟，wo^{33}：山）、拉罗湾 la^{33}lo^{31}wɑ^{55}（la^{33}：老虎，lo^{31}：

山沟，wɑ^{55}：村）、黑瓦落 xĩ^{31}wɑ^{55}lo^{31}（xĩ^{31}：海或沼泽地，wɑ^{55}：村，lo^{31}：山沟）、拉翁落 la^{33}wo^{33}lo^{31}（la^{33}：老虎，wo^{33}：山，lo^{31}：山沟）等。

5. “专名+通名+专名+通名”型

此类型的有两个村名，即：

宁利［曾用摩梭话名 li^{33}dʑɯ^{33}xe^{31}kv̩^{55}wo^{33}（荔枝咳姑窝）］（li^{33}：獐子，dʑɯ^{33}：地方，xe^{31}kv̩^{55}：撵山狗，wo^{33}：山，其意为：撵山狗撵獐子的地方）。

猪头坡［曾用摩梭话名 p^{h}v̩^{33}wo^{33}ʐua^{33}di^{31}（铺窝软迪）］（p^{h}v̩^{33}：白色，wo^{33}：山，ʐua^{33}：凹进去，di^{31}：地方），其意为：白色山凹进去的地方。

6. “通名+专名”型

如：瓦日 wɑ^{55}ʐɯ^{33}（wɑ^{55}：村庄，ʐɯ^{33}：老）、瓦都 wɑ^{55}du^{33}（wɑ^{55}：村，du^{33}：单独）、忠实 dʐv̩^{33}ʂʅ^{31}（dʐv̩^{33}：土知州，ʂʅ^{31}：新）、望香落 wɑ^{55}ɕia^{31}lo^{55}（wɑ^{55}：村子，ɕia^{31}lo^{55}：达巴祭祀用的托盘）、新建村［曾用摩梭话名 di^{31}mæ^{33}æ^{33}k^{h}ɯ^{31}（迪曼安客）］［di^{31}：地方（稍平的地方），mæ^{33}：尾巴，æ^{33}：悬崖，k^{h}ɯ^{31}：下边，其意为：悬崖下边的地方］等。

7. “通名+通名”型

此类较典型的有两个，即：拉比落 la^{31}bi^{31}lo^{31}（la^{31}bi^{31}：半坡，lo^{31}：山沟）、瓦拉壁 wɑ^{55}la^{31}bi^{31}（wɑ^{55}：村，la^{31}bi^{31}：半坡）。另外，还有“通名+助词/动词+通名”，如：安科 æ^{33}ər^{31}k^{h}o^{33}（æ^{33}：悬崖，ər^{31}：助词，k^{h}o^{33}：长草的小平地）、新庄［摩梭话名为 lo^{33}bv̩^{31}lo^{55}（罗卜落）］（lo^{33}：山谷，bv̩^{31}：套着；lo^{55}：山谷）、炼山［摩梭话名为 wo^{33}p^{h}v̩^{33}di^{31}（窝普迪）］（wo^{33}：山，p^{h}v̩^{33}：白，di^{31}：地方）。

由上可以看出：从构词法的角度来看，摩梭话村名以复合词村名和词组村名居多；从专、通结构类型来看，有“专+通”完整型和专名型，以“专+通”完整型的村名居多。

综上可见，宁蒗摩梭话自然村名在一定程度上反映了摩梭话的语音特征，即有 31、33、55、13 四种声调，有浊音声母、鼻化元音、辅音韵母。在词汇特征方面，其通名用词有“山 wo^{33}”“水沟 k^{h}æ^{55}”“平地 di^{31}”等表示自然地理实体类的及“村 wɑ^{55}”“集市 ɡv̩^{33}”等人文地理实体类的通名，尤以表示自然地理实体类的通名出现频率较高。从造词法的角度来看，摩梭话自然村名可以分为原生村名和次生村名两大类，次生村名主要有派生、转化两种类型。从构词法角度来看，摩梭话自然村名有由单纯词构成的、由复合词构成的、由附加式合成词构成的和由词组构成的四类，其中以复合词村名和词组村名居多。一些词组村名还反映出摩梭话的一些语法特征，如：在体词性短语中，形容词或数量短语放在名词后，如“高尔米 gæ^{33}ər^{31}mi^{33}（gæ^{33}ər^{31}：老鹰，mi^{33}：大）”“加租 dʑa^{33}dzv̩^{31}（dʑa^{33}：好，dzv̩^{31}：草）”等；在谓词性短语的“动宾结构”中，一般为“宾 + 谓”的结构，如“八七 ba^{33}tɕʰi^{31}（ba^{33}：普米人，tɕʰi^{31}：丢弃，指在这里丢弃普米人）”“布尔科 bər^{33} ər^{31}kʰo^{33}（bər^{33}：牦牛，ər^{31}：放牧，kʰo^{33}：长草的平坝）”等。可见，摩梭话自然村名保留了摩梭话语音、词汇及语法的一些特征，是了解摩梭话及摩梭文化的一个窗口。

四　摩梭话村寨名的修辞特征

地名是人类“用语言为地理实体所作的代号”①，选用哪些词语来命名，是人们的一种修辞选择过程，这个过程体现了人们对自然界的认知方式及其思维方式。摩梭先民在地名命名时通过联想、想象思维，以比喻、比拟、摹状及借代等辞格，形象地展现了村寨的自然特征或人文特征。

（一）以比喻建构的摩梭话村寨名

比喻是“根据联想，抓住本质不同事物之间的相似点，用一事物来描写所要表现的另一事物的修辞方式”②。事物之间的相似点和联想是比喻的基础。当人们面对新的事物时，就会在相似性的启发下，联想到自己熟悉的事物。在宁蒗摩梭话村寨名中，有一些村寨名是以比喻的修辞方式来命名的。

其中，以引喻，即“有本体，有喻体，但省略喻词”③ 的形式命名的村寨名居多。如：“东山坝 to^{31} ʂã^{33}nbɛ^{13}”（“to^{31}”意为“山坡”，“ʂã^{33}”意为“长”，“nbɛ^{13}”意为“绳子”），其意为“像绳子一样长的山坡”。“望香落 wɑ^{55}ɕia^{31}lo^{55}”（wɑ^{55}：村子，ɕia^{31}lo^{55}：达巴祭祀用的托盘），其意为“形状像达巴祭祀用的托盘的山”。“日古鲁 ʐɯ^{31}gv̩^{33}lo^{31}”（ʐɯ^{31}gv̩^{33}：

① 宋久成主编：《地名文化研究——概念、少数民族语地名及其他》，法律出版社 2013 年版，第 6 页。

② 骆小所：《现代修辞学》，云南人民出版社 2000 年版，第 121 页。

③ 吴礼权：《现代汉语修辞学》，复旦大学出版社 2006 年版，第 67 页。

猪槽船，lo^{31}：山沟），其意为“像猪槽船一样的山沟”。

另外，还有以借喻，即只出现喻体的形式命名的村寨名，如：“培德”（摩梭话名 $ba^{31}sɿ^{31}guɑ^{33}$“巴斯瓜”），$ba^{31}sɿ^{31}$即“漏勺”，$guɑ^{33}$即“凹下去的形状”，其意为“形状像漏勺那样凹进去的地方”。“拉丁古 $la^{33}dʅ^{33}gv̩^{33}$”（“拉”即“老虎”，“丁”即“起来”，“古”即“里面”），以前这里只有一家人，是普米族，是永宁土司弟弟家的头人，帮拖支当地的土司管理拖支。这家人住在比拖支平坝高一个小平台的小山头里面，可以俯瞰整个拖支坝子；以此来比喻这家人像只站起来的老虎，站立在拖支平坝边上。“庄房村”，摩梭话名为“窝沽 $wo^{55}gv̩^{33}$”，即“枕头”，其意为“山像枕头的地方”。“山垮 $ʂə^{33}k^{h}uæ^{33}$”（$ʂə^{33}$：铁，$k^{h}uæ^{33}$：围栏），此村在四川与云南交界处，这个村的人很厉害、很团结，像围栏一样，别村的人不可以随便在这里走来走去。

（二）以比拟建构的摩梭话村寨名

比拟是“基于想象，化物为人，或化人为物，或化此物为彼物的修辞方式”①。比拟的运用可以增加表达的形象性。宁蒗摩梭话村寨名也常用指人或动物的词来命名。

如以动物尾巴来比拟地形特点的：“新建”，摩梭话名为“$di^{31}mæ^{33}æ^{33}k^{h}ɯ^{31}$”［$di^{31}$（迪）：地方（稍平的地方）；$mæ^{33}$（曼）：尾巴；$æ^{33}$（安）：悬崖；$k^{h}ɯ^{31}$（客）：下边］，其意为“悬崖下边稍平的地方”，用描写动物的“$mæ^{33}$”（即“尾巴”）来指此地的位置。“麻栗坪”，摩梭话名为“$bæ^{33}mæ^{33}$”，其意为“野鸭子休息的地方”，这个地方在宁蒗（即现今的大兴街道和紫玛街道，以前归蒗蕖土司管辖）坝子的尾部；“沈家村、梅家村”，摩梭话名“$di^{31}mæ^{33}$”，其意为“黄腊老这个地方尾部的村”。这些也是用描写动物的“$mæ^{33}$”来指此地的位置。

以人或动物“头部”来比拟地形特点的：“沙俄村 $sa^{33}wo^{55}$”（sa^{33}：路程长，最远，wo^{55}：头），其意为“最上头、最远的村子”；是木底箐这一片最远、最上头的那个村。用描写人或动物的“wo^{55}”（即“头”）来指这个村的位置。

（三）以摹状命名的摩梭话村寨名

摹状是“把人或事物的声音、颜色、情状如实地摹写出来的修辞方

① 骆小所：《现代修辞学》，云南人民出版社 2000 年版，第 135 页。

式”①。在村寨名命名中，为了将地形、地貌的情状形象地呈现出来，也往往会采用摹状的修辞方式。如：

“新庄”，摩梭话名为“lo^{33}bv̩^{31}lo^{55}（罗卜落）”，lo^{33}（罗）：山谷；bv̩^{31}（卜）：套着；lo^{55}（落）：山谷。lo^{33}bv̩^{31}lo^{55}意为“山谷套着山谷”。

“药草坪”，曾用摩梭话名“wo^{33}tɕ^{h}iə^{33}do^{33}tɕ^{h}iə^{33}（窝切多切）”：wo^{33}（窝）：山；tɕ^{h}iə^{33}（切）：大；do^{33}tɕ^{h}iə^{33}（多切）：高又尖。wo^{33}tɕ^{h}iə^{33}do^{33}tɕ^{h}iə^{33}意为“山又高又大的地方”。

“普洛 p^{h}v̩^{33}lo^{31}”，p^{h}v̩^{33}（普）：白色；lo^{31}（洛）：山沟。p^{h}v̩^{33}lo^{31}指“水白、水大的山沟”。

“炼山”，摩梭话名为“wo^{33}p^{h}v̩^{33}di^{31}（窝普迪）”：wo^{33}（窝）：山；p^{h}v̩^{33}（普）：白；di^{31}（迪）：地方。wo^{33}p^{h}v̩^{33}di^{31}意为“白色的山”（与山上的植物，特别是白杨柳树有关。一大片白杨柳树从远处看是白色的）。

（四）以借代建构的摩梭话村寨名

借代是“所说事物纵然同其他事物没有类似点，假使中间还有不可分离的关系时，作者也可借那关系事物的名称，来代替所说的事物”②。借代的两个重要特征：一是相关性；二是借体直接取代本体。

宁蒗摩梭话村寨名中很多是借当地事物、地形、居住者及当地发生的事件来命名的。用借代方式命名的村寨名，常见的有以下四种类型：

1. 借地理实体中的出产物来命名，如：

“白亚 bər^{31}”：bər^{31}（白尔）：庄稼。bər^{31}指“庄稼好的地方”。

“蚂蟥田，摩梭话名为 sa^{31}k^{h}o^{33}”：sa^{31}k^{h}o^{33}即“麻秆”。指有麻秆的地方。

“次瓦 ts^{h}ɯ^{31}wɑ^{55}”：ts^{h}ɯ^{31}：青稞；wɑ^{55}：村庄。其意为“种植青稞较好的村”。

“库角 kv̩^{31} dʐʅ^{31}”：k v̩^{31}：收割；dʐʅ^{31}：有。其意为“收割庄稼的地方”。

2. 借地理实体中出现的动植物来命名，如：

“子亩 dzɯ^{33}mu^{33}”：dzɯ^{33}（子）：树木；mu^{33}（亩）：古老。其意为“有参天古树的地方”。

“大水，摩梭话名为 nda^{31} ʂv̩^{33}”：nda^{31} ʂv̩^{33}即“柏树”。其意为“生长

---

① 骆小所：《现代修辞学》，云南人民出版社 2000 年版，第 256 页。

② 陈望道：《修辞学发凡》，上海教育出版社 2006 年版，第 76 页。

柏树的村”。

“腊基地 $la^{31}tɕi^{13}di^{31}$” 指一种形体较小的鹰；“腊基地”指“鹰居住的地方”。

“高尔米 $gæ^{33}ər^{31}mi^{33}$”：$gæ^{33}ər^{31}$：老鹰；mi^{33}：大。其意为“大老鹰出现的地方”。

“尼赛 $ȵi^{33}se^{31}$”：$ȵi^{33}$：鱼；se^{31}：走。其意为“很多鱼走来走去的地方”。

“油米 $ʑy^{31}mi^{33}$”：$ʑy^{31}$：绵羊；mi^{33}：大。其意为“绵羊品种好，长得大的地方”。

“拉巴河上村、拉巴河下村 $la^{33}bo^{33}$”：la^{33}：老虎；bo^{33}：经过。其意为“老虎经过的这条河”。

3. 借姓氏命名，如：

“树枝 $ʂɯ^{31}dɯ^{33}$”：$ʂɯ^{31}dɯ^{33}$：家族名，以此家族命名。“落水 $lo^{33}sv̩^{31}$”，古时摩梭家族的一个姓，以此命名。

4. 借地理实体中发生的事件命名

这种类型的摩梭话村寨名也较多，如：

“拉卡西 $la^{33}k^{h}ã^{33}ɕi^{33}lɯ^{33}$（后为‘新建村’）”：$la^{33}$：虎；$k^{h}ã^{33}$：打；$ɕi^{33}$：死。$lɯ^{33}$：单独无意义，附在地点名词后指称某个方位或地方。其意为“打死老虎的地方”。

“八七 $ba^{33}tɕ^{h}i^{31}$”：ba^{33}：普米族；$tɕ^{h}i^{31}$：丢弃。其意为“丢弃普米人的地方”。

“拉加 $la^{33}dʐə^{33}$”：la^{33}：老虎；$dʐə^{33}$：扯。其意为“被老虎咬、扯的地方”。

摩梭话村名中运用比喻、比拟、摹状及借代辞格来命名，形象、具体地反映了村寨的地形地势、地理环境，记载了该地所发生的历史事件。由此也能略窥摩梭先民在村名命名时的具象思维特征。

第三节　摩梭话村寨名的命名类型

地名的命名法分类即是地名的命名理据分类。一般来说，可分为“描述性地名、记叙性地名和寓托性地名”① 三类。从收集到的宁蒗摩梭

① 李如龙：《汉语地名学论稿》，上海教育出版社 1998 年版，第 8 页。

话自然村名来看，其命名主要有：描述性村名和记叙性村名这两类。其中，摩梭话村寨名命名理据，从一个侧面反映了摩梭人的历史生活状况。

一 描述性村名

即“叙述或描述地理实体的地理特征的”① 村名。主要有以下四类：

（一）以地形、地貌命名

1. 直接以“山”［wo^{33}（窝）］、“半山坡”［la^{31}bi^{31}（拉壁/比）］、“山沟”［gɔ^{33}（括）］命名

此类村寨名有22个，包括以比喻方式命名和直接描述山、山沟特征这两类。其中，以比喻的方式形象地再现山形山貌特征的有8个，如：望香落（拉伯乡村委会）“wɑ^{55}ɕia^{31}lo^{55}”［wɑ^{55}（望）：村子，ɕia^{31}lo^{55}（香落）：达巴祭祀用的托盘］，即指“形状像达巴祭祀用的托盘的山”；地落（属拉伯乡格瓦村委会）“dər^{33}lo^{31}”［dər^{33}（地）：翅膀，lo^{31}（落）：山沟］，即指“像翅膀一样没有肉的、贫瘠的山沟”；东山坝（属翠玉乡宜底村委会）“to^{31}ʂã^{33}nbɛ^{13}”［to^{31}（朵）：“山坡”，ʂã^{33}（沙）：“长”，nbɛ^{13}（贝）为“绳子”］，意为“像绳子一样长的山坡”。

另外，直接描述山、山沟特征的有14个，如新村（属大兴街道大兴社区）“wo^{33}ze^{31}di^{31}（窝惹迪）”即“山好看”；药草坪（属新营盘乡药草坪村委会）“wo^{33}tɕ^{h}iə^{33}do^{33}tɕ^{h}iə^{33}（窝切多切）”即“山又高又大”；拉比落（属永宁镇落水村委会）“la^{31}bi^{31}lo^{31}”［“la^{31}bi^{31}”：斜坡，“lo^{31}（落）”：山沟］其意为“地形上像斜坡的山沟”。

2. 直接以“悬崖”［æ^{33}（安）］、“稍平的地方”［di^{31}（迪）］地形命名

此类村寨名有3个，即：

安科（拉伯乡格瓦村委会）“æ^{33}ər^{31}k^{h}o^{33}”：æ^{33}（安）即“崖子/悬崖”，ər^{31}（尔）为助词，k^{h}o^{33}（科）即“长草的平地”；“æ^{33}ər^{31}k^{h}o^{33}”意为“崖子下面的平地”；

白岩子（红桥镇庄房村委会），曾用摩梭话名“lu^{33}di^{31}”：lu^{33}（鲁）即“地”，di^{31}（地）即“坝子”；“lu^{33}di^{31}”意为“平地，土地好的地方”；

① 李如龙：《汉语地名学论稿》，上海教育出版社1998年版，第83页。

干坝子上、下村（属紫玛街道红旗社区），汉名，曾用摩梭话名“di^{31}xo^{33}”［di^{31}（迪）：地方，xo^{33}（伙）：宽］，指“比较宽的地方”。蒗蕖是个狭长的坝子，这个地方相对来说比较宽。

另外，也有以“小平地”［k^{h}v̩^{33}p^{h}v̩^{33}（苦普）］、“荒地”［xo^{55}（豁）］等地形命名的，因村寨名命名中还涉及居住者或出现的动物等，因此统计时归入居住者、居住地出现的动物等类别的统计中。如：

巴加河（拉伯乡格瓦村委会）“bɑ^{33}tɕɑ^{31}xo^{55}”：bɑ^{33}（巴）指“普米族”，tɕɑ^{31}（加），无实义，助词；xo^{55}（河）指“荒地”；“bɑ^{33}tɕɑ^{31}xo^{55}”意为“普米族住的荒地”；

马鹿湾（西布河村委会）“ʈʂ^{h}a^{33}lo^{55}k^{h}v̩^{33}p^{hv}v̩^{33}”：ʈʂ^{h}a^{33}（查）指“鹿（较大的、长角的鹿）”，lo^{55}（罗）指“脚印”，k^{h}v̩^{33}p^{h}v̩^{33}（苦普）指“小块的平坝”，k^{h}v̩^{33}指“长草的小块平地”，p^{h}v̩^{33}即“白色”；“ʈʂ^{h}a^{33}lo^{55}k^{h}v̩^{33}p^{hv}v̩^{33}”意为“有鹿脚印的、长白色茅草的小平坝”。

3. 以水文命名

主要以“沟”［lo^{31}（罗）］、“水/江水”［dʐʅ^{31}（枝）］、“沼泽地”［ts^{h}e^{31}（泽）］等命名，直接以水文命名的村寨名有8个（还有一些与水文有关，但归入植物或地貌类，在此就不重复计算）。

如：开基（属拉伯乡格瓦村委会）“k^{h}æ^{55}dʐʅ^{31}”［k^{h}æ^{55}（开）：沟，dʐʅ^{31}（摩梭话为：枝）：词缀］，指“水沟边的村庄”；树枝（属拉伯乡加泽村委会）“ʂɯ^{31} dʐʅ^{31}”［ʂɯ^{31}（树）：波浪，dʐʅ^{31}（枝）：水］，指该村位于江水起波浪的地方；黑瓦落（属永宁镇永宁村委会）“xĩ^{31}wa^{55}lo^{31}”：xĩ^{31}（黑）即“海或沼泽地”，wa^{55}（瓦）即“村”，“lo^{31}”即“沟”，“xĩ^{31}wa^{55}lo^{31}”指“沼泽地旁边的山沟（村子在这个山沟里）”。

此类村名再现了宁蒗群山环绕、山峰林立、深谷小坝的地貌特征。

（二）以地理位置命名

以地理位置命名的有26个。其中，以“上”［ɡə^{31}（格）］“下”［mu^{31}（母）］命名的村寨名有11个；另外，以“左”［wa^{33}（挖）］“中间”［ɡv̩^{33}（沽）］、“对面”［t^{h}u^{13}（土）］、“那边”［t^{h}u^{31}（涂）］“前面/头”［wo^{55}（俄）］、“尾巴”［mæ^{33}（曼）］、“最远”［sa^{33}（沙）］、“单独的”［du^{33}（都）］、“周围”［k^{h}ɯ^{33}（科）］等方位命名的有15个。这反映了摩梭先民的空间意识。

1. 以“‘上/下’+通名”来命名的

属拉伯村委会的“格佐”gə^{31}dzo^{33}［gə^{31}（格）：上方；dzo^{33}（佐）：指村或小组，其地形形状像厢房］，其意为“上村”；“明佐”mu^{31}dzo^{33}，即指“下村”；“格佐”“明佐”一般是同一个村的上下村。新营盘乡毛菇坪村委会的“中村”，曾用摩梭话名为gə^{31}kʰv̩^{33}wo^{33}［gə^{31}kʰv̩^{33}（格姑）：上面，wo^{33}（窝）：山脚］，指“山脚上面的一个村”。

2. 以“‘左边/那边/中间’等方位+通名”来命名的，如：

沃土地（属金棉村委会）“wa^{33}sɯ^{33}dv̩^{33}”（挖斯堵）：wa^{33}即“左边”，sɯ^{33}即“柴/树”，dv̩^{33}即“多”；wa^{33}sɯ^{33}dv̩^{33}意为“左边树多的地方”。

土库（宁利乡玉鹿村委会）“tʰu^{31}kʰu^{55}di^{31}”：tʰu^{31}（涂）即“那边”，kʰu^{55}（古）即“山坡”，di^{31}（迪）即“地方”；tʰu^{31}kʰu^{55}di^{31}意为“山坡那边”。

麻栗坪（新营盘村委会），曾用摩梭话名为“tʰu^{13}bi^{33}”：tʰu^{13}（土）即“对面/那里”，bi^{33}（比）放在地名后，表示“边”的意思；tʰu^{13}bi^{33}意为“那边”。

农场（红桥乡黄腊老村委会），曾用摩梭话名为“lv̩^{31}gv̩^{33}”：lv̩^{31}（鲁）即“土地”，gv̩^{33}（沽）即“中间”；lv̩^{31}gv̩^{33}意为“土地中间的小坝子”。

沙俄村（永宁镇木底箐村委会）“sa^{33}wo^{55}”：sa^{33}（沙）即“路程长”，wo^{55}（窝）即“头”；sa^{33}wo^{55}意为“最上头、最远的村子”，是木底箐这一片最远、最上头的那个村。

三家村（永宁镇木底箐村委会），曾用摩梭话名为“di^{31}mæ^{33}”：di^{31}（地）即“土地”，mæ^{33}（曼）即“尾巴”；di^{31}mæ^{33}意为“土地尾巴”，即指这片区域最下方的一村。以前最早只有三户人家，故汉名为“三家村”。

（三）以地理环境来命名

多以地理实体中的动植物或土质状况等来命名，包括以下三类。

1. 以地理实体中的动物来命名

（1）与“虎”有关的村寨名

在以动物命名的村名中，以“虎”的活动来命名的有11个，如：

拉丁里（属拉伯村委会）“la^{33}dʅ^{33}lɯ^{33}”：la^{33}（拉）即“老虎”，

dʅ^{33}（丁）即“蹦蹦跳跳”，lɯ^{33}（吕）为助词，单独无意义，附在地点名词后指称某个方位或地方；“la^{33}dʅ^{33}lɯ^{33}”其意为“老虎跳跃的地方”。

拉罗湾（属永宁村委会）“la^{33}lo^{31}wɑ^{55}”：la^{33}（拉）即“老虎”，lo^{31}（罗）即“山沟”，wɑ^{55}（湾）即“村”；“la^{33}lo^{31}wɑ^{55}”其意为“老虎出没的山沟”。

浪放（属永宁镇落水村委会）“la^{33}xõ^{31}（拉火）”：la^{33}（拉）即“老虎”，xõ^{31}（火）即“窝，睡觉的地方”；“la^{33}xõ^{31}（拉火）”其意为“老虎睡觉的地方”。

（2）与“鹰”有关的村寨名

与“鹰”有关的村寨名有3个，即：

格瓦村委会的“高尔米”（gæ^{33}ər^{31}mi^{33}）和永宁镇木底箐村委会的“高那米”（ɡa^{33}na^{31}mi^{33}）：gæ^{33} ər^{31}/ɡa^{33}na^{31}即“老鹰”，mi^{33}即“大”；“gæ^{33}ər^{31}mi^{33}”意为“大老鹰出现的地方”。

永宁镇拖支村委会的“腊基地”（la^{31}tɕi^{13}di^{31}）：la^{31}tɕi^{13}（腊基）即“形体较小的鹰”，di^{31}（地）即“地方”；“la^{31}tɕi^{13}di^{31}”其意为“鹰居住的地方，这里山特别高，原始森林很茂密”。

（3）与“羊”“马鹿”“牦牛”“犏牛”“鱼”“绵羊”等其他动物有关的村名

此类村寨名有9个，如：

生生落（属拉伯乡加泽村委会）“se^{33}se^{33}lo^{31}”：“se^{33}se^{33}（生生）”即“岩羊”，lo^{31}（落）即“沟”；“se^{33}se^{33}lo^{31}”其意为“岩羊经常走的山沟”。

茶花（属拉伯村委会）“tʂ^{h}æ^{33}kuæ^{33}”：tʂhæ^{33}（查）即“马鹿（一种体形较大、长角的鹿）”，kuæ^{33}（光）即“走动”；“tʂ^{h}æ^{33}kuæ^{33}”其意为“马鹿经常出现的地方”。

尼赛（属永宁镇落水村委会）“ȵi^{33}se^{31}”：ȵi^{33}（尼）即“鱼”，se^{31}（赛）即“走”；“ȵi^{33}se^{31}”其意为“很多鱼走来走去的地方”（摩梭话里没有“游”这个词）。

2. 以地理实体中的植物来命名

此类村名中，以“大树”“柏树”“松树”及“草场”等命名的较为常见，有17个。如：

子亩（属拉伯乡田坝村委会）“dzɯ^{33}mu^{33}”：dzɯ^{33}（子）即“树

木”，mu^{33}（亩）即“古老”；dzɯ^{33}mu^{33}意为“有参天古树的地方”。

大水（属拉伯村委会）“nda^{31}ʂv̩^{33}”：即“柏树”；其意为“生长柏树的村”。

托垮（属拉伯乡拖甸村委会）“t^{h}o^{33}k^{h}ua^{31}”：t^{h}o^{33}（拖）即“松树”，k^{h}ua^{31}（垮）即“院子”；“t^{h}o^{33}k^{h}ua^{31}”意为“松树茂密而形成的院子”。

日瓦落（属永宁镇木底箐村委会）“ʐɯ^{31}wo^{33}lo^{31}”：ʐɯ^{31}（日）即“冷杉树”，wo^{33}（瓦）即“山”，lo^{31}（落）即“沟”；“ʐɯ^{31}wo^{33}lo^{31}”意为“有冷杉树的山沟”。

加租（属拉伯乡加泽村委会）“dʑa^{33}dzv̩^{31}”：dʑa^{33}（加）即“好”，dzv̩^{31}（租）即“草”；“dʑa^{33}dzv̩^{31}”意为“草好，草茂盛的地方”。

3. 以土质状况、周围环境来命名

此类村寨名有7个，如：

扎实（属永宁村委会）“dʐa^{31}ʂʅ^{31}”［dʐa^{31}（扎）：垃圾（灰尘、烂木头、废柴等），ʂʅ^{31}（实）：冲洗或打扫干净的状态］，指“冲柴火的地方”。下雨时山里经常发洪水，把山里的柴火、废木头、灰尘、石头冲下来，冲下来的废柴等堆积的地方叫“扎实”；石格拉（西布河乡石格拉村委会），曾用摩梭话名“lu^{31}bo^{33}di^{31}”［lu^{31}（噜）：石头，bo^{33}（波）：多，di^{31}（迪）：地方］意为“石头多的地方”；瓦日（拉伯乡加泽村委会）“wɑ^{55}ʐɯ^{33}”［wɑ^{55}（瓦）：村庄，ʐɯ^{33}（日）］，即指“时间较长的村庄”。

（四）以自然资源或出产物命名

主要以出产的“庄稼”［bər^{31}（白亚）］、“苦荞”［iɑ^{33}k^{h}o^{33}（雅阔）］、“麻”［sa^{55}（撒）］、“青稞”［ts^{h}ɯ^{31}（次）］、“盐”［ts^{h}e^{33}（泽）］及“淘金”（xæ^{31}k^{h}ə^{33}）命名。此类村名有9个。如：

白亚（属拉伯村委会）“bər^{31}（白尔）”即庄稼，bər^{31}即“庄稼好的地方”；次瓦（属拉伯乡加泽村委会）“ts^{h}ɯ^{31}wɑ^{55}”［ts^{h}ɯ^{31}（次）即“青稞”，wɑ^{55}（瓦）即“村庄”］，指“种青稞较好的地方”；泽地（属拉伯乡加泽村委会）“ts^{h}e^{33}di^{31}”［ts^{h}e^{33}（泽）即“盐”，di^{31}（地）即“土地”］，指“产盐的地方”。

二　记叙性村名

即“反映人文地理特征的”① 村名，共有42个。主要有以下两类。

（一）*以历史事件命名*

包括以土司活动、民族交往及生活事件命名三类，有24个。

1. 以土司活动命名的村寨名

此类村寨名记载了土司府搬迁、土司派遣事务、总管收租及土司饮马等事件。此类村寨名有5个，即：

比依村（属红桥镇黄腊老村委会）“dʑi^{31}i^{13}”：dʑi^{31}（吉）即“水”，i^{13}（意）即“有/出”；“dʑi^{31}i^{13}”意为“有水的地方”。永宁土司经过这个地方时，在这里饮马，总管因此命名此地为“吉意”。

黄腊村（属红桥镇黄腊老村委会）“xã^{31}la^{33}lo^{31}”：xã^{31}la^{33}（黄腊）即“睡觉”，lo^{31}（落）即“沟”；“xã^{31}la^{33}lo^{31}”意为“沟里休息的地方”，永宁总管曾在这里休息、睡觉，故以此命名。

宜底（属翠玉乡宜底村委会）“ȵi^{33}di^{31}”：ȵi^{33}即“二”，di^{31}即“地方”；“ȵi^{33}di^{31}”意为“两个地方”。据说有一次永宁土司派人来到其管辖的领地内收粮食，收完后进行数量对比，发现“宜底”这个地方收上来的粮食相当其他地方的两倍，于是土司说“宜底”这个地方，一个相当其他两个地方，从此就称为“宜底”，并一直沿用至今。

元梭罗（属西布河乡碧源村委会），原名“bi^{55}tɕ^{h}y^{33}di^{31}”：bi^{55}（逼）即“走/去”，tɕ^{h}y^{33}（曲）即“一起”；“bi^{55}tɕ^{h}y^{33}di^{31}”意为“一起来到这个地方”，土司派何把式（何家四兄弟）来管理这个地方。

挖路坎（属西布河乡碧源村委会）“wa^{33}lv̩^{55}k^{h}a^{33}”：wa^{33}（瓦）即“左边”，lv̩^{55}（噜）即“来”，k^{h}a^{33}（卡）即汉语“关卡”；wa^{33}lv̩^{55}k^{h}a^{33}（瓦噜卡）意为“路左边设置关卡的地方”。清朝至民国时期，这里经常有土匪抢劫，土司在这里设置关卡。

2. 以民族交往事件命名

记载了摩梭人与汉、普米、蒙古等民族交往的历史事件。此类村名有3个，即：

海玉角（属永宁村委会）“xæ^{33}ʐi^{33}ko^{31}”：xæ^{33}（海）即“汉族”，

① 李如龙：《汉语地名学论稿》，上海教育出版社1998年版，第85页。

ʐi^{33}（玉）即“抓、打”，ko^{31}（角）即“山坡顶上（不是很高的小山坡）”；“xæ^{33}ʐi^{33}ko^{31}”意为“抓住汉族人的地方”。摩梭人和汉人发生纷争，在这个地方抓住了汉人，打败了汉人。

八七（属永宁村委会）“ba^{33}tɕ^{h}i^{31}”：ba^{33}（八）即“普米族”，tɕ^{h}i^{31}（七）即“丢弃”；“ba^{33}tɕ^{h}i^{31}”意为“丢弃普米人的地方”。历史上普米人聚集在“八组村”，来到皮匠村举行一种跳舞仪式后发兵到丽江，当时有一些普米人被丢弃在这个地方。

纳哈瓦村（属永宁村委会）“na^{31}xa^{33}wɑ^{55}”：na^{31}（纳）指摩梭人；xa^{33}（哈）即“第一次到达的地方”，wɑ^{55}（瓦）即“村”；“na^{31}xa^{33}wɑ^{55}”意为“到的第一个摩梭村”。据说是蒙古军到永宁时到的第一个摩梭村。

3. 以生活中的事件命名

以“赛马”“打捞牦牛”“打死老虎”“被老虎咬”“跳舞”“集市交易”等生活事件命名。此类村寨名有16个，如：

二村（属跑马坪乡二村村委会），曾用摩梭话名“wo^{33} ər ^{33}di^{31}”：wo^{33}（窝）即“山”，ər ^{33}(尔）即“马”，di^{31}（迪）即“地方”；“wo^{33} ər ^{33}di^{31}”意为“山上骑马的地方”。

布忍的（属金棉乡龙通村委会）“bu^{55}ʐər^{33}di^{31}”：bu^{55}（布）：牦牛；ʐər^{33}（仁）：打捞，di^{31}（的）：地方。bu^{55}ʐər^{33}di^{31}意为“打捞到牦牛的地方”。

拉卡西（属拉伯乡拉伯村委会）：摩梭话音译，摩梭话名为：la^{33}k^{h}ã^{33}ɕi^{33}lɯ^{33}（拉卡西吕）：la^{33}（拉）：虎；k^{h}ã^{33}（卡）：打；ɕi^{33}（西）：死；lɯ^{33}：助词，单独无意义，附在地点名词后指称某个方位或地方。la^{33}k^{h}ã^{33}ɕi^{33}lɯ^{33}意为“打死老虎的地方”。

平静（属永宁镇永宁村委会）：汉语“皮匠”的音译。摩梭话原名为：ba^{33}ts^{h}o^{33}gv̩^{33}：ba^{33}（巴）：普米/脚步；ts^{h}o^{33}（搓）：跳舞；gv̩^{33}（果）：市场，街；做生意的地方。ba^{33}ts^{h}o^{33}gv̩^{33}：一说为普米人跳舞的地方；一说为摩梭人的含蓄表达，即做跳舞穿的鞋子的人（即皮匠）所在的地方。

新营盘，曾用摩梭话名为“bu^{55}gv̩^{33}”：bu^{55}（布）即“牦牛”，gv̩^{33}（沽）即“集市”；“bu^{55}gv̩^{33}”意为“交易牦牛的地方”。

（二）以居住氏族、家族名或居住人特点命名

1. 以家族、氏族命名

以家族、氏族命名的有9个，即：

草落果（属拉伯村委会）“$ts^{h}o^{33}lo^{31}wo^{33}$”：$ts^{h}o^{33}$（草）即“搓氏族”，$lo^{31}$（落）即“沟”，$wo^{33}$（窝）即“山”；“$ts^{h}o^{33}lo^{31}wo^{33}$”意为“搓氏族居住的山沟（最后形成了村子）”。

树枝（属于拉伯村委会）“$ʂɯ^{31}dɯ^{33}$”：这个家族名为 $ʂɯ^{31}dɯ^{33}$，是以此家族命名。

布子落（属拉伯乡田坝村委会）“$bv̩^{31}tsɿ^{31}lo^{31}$”：$bv̩^{31}$（布）即“布氏族”，$tsɿ^{31}$（子）即“集中”，lo^{31}（落）即“山沟”；“$bv̩^{31}tsɿ^{31}lo^{31}$”意为“布氏族集中居住的山沟”。

高明（属永宁村委会），曾用摩梭话名“$ɡa^{33}sa^{55}wa^{55}$（嘎撒瓦）”：即嘎撒氏族居住的村。

落水（属永宁镇落水村委会）“$lo^{33}sv̩^{31}$（落树）”：古时摩梭家族的一个姓；以此命名。

另外，永宁温泉村委会的“依满瓦（$i^{33}mæ^{33}wɑ^{55}$）”“阿汝瓦（$a^{33}ʐu^{31}wɑ^{55}$）”“阿古瓦（$a^{33}gv̩^{33}wɑ^{55}$）”及永宁镇拖支村委会的“阿拉瓦（$a^{33}la^{33}wɑ^{55}$）”都是以家族名命名。

2. 以居住者的相关特征来命名的

此类村寨名有 9 个，如：

巴拿瓦（属拉伯乡拖甸村委会）“$ba^{33}na^{31}wɑ^{55}$”：ba^{33}（巴）即“普米族”，na^{31}（拿）指“摩梭人”，$wɑ^{55}$（瓦）即“村”；“$ba^{33}na^{31}wɑ^{55}$”意为“普米族、摩梭人混居的地方”。

山垮（属永宁镇落水村委会）“$ʂə^{33}k^{h}uæ^{33}$”：$ʂə^{33}$（山）即“铁”，$k^{h}uæ^{33}$（垮）即“围栏”；“$ʂə^{33}k^{h}uæ^{33}$”意为“铁围栏”。此村在四川与云南交界处，这个村的人很厉害、很团结，像铁围栏一样，别村的人不可以随便在这里走来走去。

下庄房村（紫玛街道红旗社区）“$da^{33}ba^{31}gɔ^{33}$”：$da^{33}ba^{31}$即“达巴”，$gɔ^{33}$即“湾子”；村里有个达巴很有名，以此命名。

通过以上地名分类法的分类可以看出：宁蒗摩梭话自然村名的命名，描述性村名占多数，有 115 个，占总收集村名数的 73.25%。其中，以地形地貌命名的有 33 个，占总数的 21.02%；以地理位置命名的有 26 个，占总数的 16.56%；以地理环境命名的有 47 个，占总数的 29.94%；以出产物命名的有 9 个，占总数的 5.73%。在 42 个记叙性村寨名中，记叙历史事件的有 24 个，占总数的 15.29%；以姓氏及居住人来命名的有 18 个，占总数的 11.46%。

第四节 摩梭话村寨名承载的文化内容

以上摩梭话自然村名命名理据的分类，记载和折射了宁蒗的地域文化及摩梭文化。因此，依据摩梭话自然村名命名法的类别，我们从自然生态环境、自然观、农牧结合的生产文化、土司制度及民族交往这五个方面，探析摩梭话村寨名所体现的云南摩梭人的社会文化生活。

一 承载的自然生态文化

在 115 个描述性村名中，除 26 个以“方位类”命名的村寨名及 9 个以出产物命名的村寨名外，其他 80 个，即占总数 50.96%的村名命名都源于当地的自然环境，即地形地貌（36 个）、地理环境（44 个）。

其中直接描述或以比喻方式呈现“wo^{33}（山）” “la^{31}bi^{31}（半山坡）” “æ^{33}（悬崖）” “lo^{31}（山沟）” 等特点的村寨名有 25 个；与“dʐʅ^{31}/dɕi^{31}（水）” “tsʰe^{31}（沼泽）” “kʰæ^{55}（水沟）” 相关的村名有 11 个；出现“lø^{33}/nda^{31} ʂv̩^{33}（柏树）” “tʰo^{33}（松树）” “ʐɯ^{31}（冷杉树）” “luɛ^{33}（麻栗树）” “bv̩^{31}dzu^{33}（棠梨树）” 及描述树粗大、草茂盛的村寨名 17 个；与“la^{33}（老虎）” 有关的村寨名 9 个，与“gæ^{33} ər^{31} 或 ga^{33}na^{31}（体型大的鹰）/la^{31}tɕi^{13}（体型小的鹰）” 有关的村名 3 个，与“li^{33}（獐子）” 有关的 1 个。

从这些村名可以看出摩梭先民生活的生态环境：山峰林立、群山环抱、峡谷幽深，森林覆盖率高，生态环境较好，常有禽兽（如“虎”“鹰”等）出没。

另外，一些自然村名中还保留了以前的地貌。如永宁的“黑瓦落（xĩ^{31} wɑ^{55} lo^{31}）”，指“沼泽地旁边的山沟”；又如“者波桥（dze^{33} bo^{33}）”，指“地势高，大雁在此休息的地方”（以前冬天大雁迁徙到这里，旁边是湿地，大雁在这里飞来飞去、休息）；再如，“永宁（xĩ^{33} di^{31}）”，指“大雁或野鸭休息的地方”。

这些村名都保留了永宁古老的地貌：永宁以前是当地较大的一个湖泊，水退后变成沼泽地，因而此地常有大雁或野鸭；农业学大寨时把沼泽地填成了耕种的田地。

二　承载摩梭人的自然观

自然观是“人类对自然的总体性理解、一般性解释、整体性的把握”[①]。自然观的形成，与人们生活的自然环境密切相关。

宁蒗地处滇西北高原，境内环绕的群山、丰富的植被、交错的河道、溪流，为摩梭先民提供了生活来源，也让摩梭先民对自然界产生了敬畏和崇拜。

摩梭人对自然的崇拜，在其原始宗教——达巴教中有着突出的体现。达巴经中有较多祭山神（“日戛拉”）、水神（“几戛拉”或称“日母古戛拉”）、天神（“木戛拉”）、风神（“汗戛拉”）、土地神（“底戛拉”）、火塘神或灶神（“刮戛拉”）等众神的内容。这些自然神都与摩梭人的生活息息相关。

天神崇拜，源于对天神威力的构想。在摩梭人的原始宗教——达巴教的经文《日增劝》中就有记载：“远古的时候，天还在摇摆，地也不牢固，岩石在滚动，树木会走路。人神不分家，为物不和睦，为物起纷争，抢夺天和地，争分兽与禽。”[②] 即是说，神和人最早是一家，后来因为争夺物、禽、兽才产生了矛盾和争斗。后来天神来调节，并规定，“山中野物归山神，猎人可以狩猎。狩猎得到的野物归猎人，狩猎狩不到的归山神”[③]。从经文中可以看出，属于人类的自然资源是很有限的；人类大量的生存资源，需要靠自然神的赐予。因此，摩梭人对自然神是崇敬的、感恩的。同样，达巴祭祀歌《邀天地五方神》也表达了对天神的崇敬。

山神崇拜，是因摩梭人生活于环绕的大山之中。宁蒗属高原地带，摩梭先民生活在群山环绕的山脚或山腰之中，山为摩梭先民提供了丰富的生活资源：房屋（木楞房）的修建、家畜的牧养、药材及一些食材的获得，都依赖于周围的大山。因此，摩梭人认为山神赐予人类猎物，保佑人畜兴旺、庄稼丰收。达巴祭祀歌《祭山神》《松干》（又名《祭山神古歌》）等，都表达了对山神的崇敬。在摩梭人居住的村寨，会在其村周围的山中确定一座神山，每年摩梭新年（农历十一月十二，拉伯乡个别地方是农历十一月三十）、春节及转山节，各村都要去各自的神山祭山

① 孙美堂主编：《哲学新论》，北京理工大学出版社2004年版，第95页。

② 拉木·嘎吐萨主编：《摩梭达巴文化》，云南民族出版社1999年版，前言第379页。

③ 拉木·嘎吐萨主编：《摩梭达巴文化》，云南民族出版社1999年版，前言第383页。

神。在每年的祭山活动中，以农历七月二十五日（转山节），对“格姆女神”的祭拜尤为隆重。

祭水神，也与水在摩梭人生活中的重要性有关。宁蒗高原地貌形成了交错的河道；摩梭人主要聚居地之一的拉伯乡位于金沙江边，另一聚居地——永宁镇有着云南省海拔最高的淡水湖泊——泸沽湖。水是人们的生命之源，因而摩梭人亦有祭水神的“转海节”。转海节时，有的会往湖水里投熟食、果品等祭品，以此祈求湖神庇佑；有的在礁石上焚香、贴咒符，镇压湖神不要作祟于人畜。没有湖泊的村寨，山间的泉水或山谷的溪水便是摩梭人生存的重要资源；因此每年的祭水神节，都会在该村寨周围有泉眼的地方（出水处）祭水神。

摩梭人以对自然神的赞颂和祭拜，祈求获得自然神的庇护，实现人与自然的和谐相处。摩梭先民崇拜自然神的祭祀仪式，现在仍有较好的保留。因对自然的崇敬、感恩，摩梭人在为地名、村名命名时，便较多地关注到当地的山、水、树，并以这些作为地名、村名命名的参照。

此外，摩梭话村寨名的命名还折射着摩梭人的图腾崇拜，如对虎的崇拜。在摩梭人心中，“虎是一种特殊的神，讲究根骨的摩梭人，以虎象征土司，虎骨头大，虎骨重，也是最高贵的”①。摩梭人以虎年、虎日为贵，以虎作门神，以虎为始祖神、家支名，达巴法棍“日汝穆”上刻虎头纹饰；对虎的崇敬和祭拜的达巴经文和民间歌谣也较多，散布在达巴经文和民间歌谣的众多章节中。在宁蒗摩梭话村寨名中，与“虎”有关的村寨名有 12 个（9 个直接以老虎活动命名，3 个是与虎有关的历史事件），这既与当地自然环境有关，也折射出摩梭人对虎的关注。

同时，鹰也是摩梭人崇拜的动物。达巴经史诗《创世界》中记载：洪灾过后，蛇堵住了泉眼，大地干裂如火燎烤；山神告诉人类找鹰救助；神勇的鹰除掉了恶蛇，清泉流出，大地重现生机；为感激鹰王，人类烧香祭拜，也留下古谚语“天上的鹰为大，地上的舅为大”。在达巴《驱鬼篇》中也称颂了鹰的神力，“有翅膀的鹰为大，鹰翎插在达巴头上，驱邪撵鬼就灵验”。在民间故事《神鹰汁池嘎尔》中，描述了神鹰与凶神龙王争斗的故事。“在摩梭人家里都供奉着汁池嘎尔，祈求它消灾免祸……遇到旱灾时，也要带神鹰像到河源或泉边去祭拜，希望他回来惩治龙王，求

---

① 李达珠：《达巴文化——摩梭人的生命哲学》，四川民族出版社 2015 年版，第 76—77 页。

得庄稼丰收。”[①] 鹰的凶猛、敏锐让摩梭先民敬畏，进而对鹰神化。在宁蒗摩梭话命名的村名中，有 3 个以鹰命名；这既与对鹰的崇拜有关，也与现实生活中鹰的出没有关。在群山环绕、森林覆盖率较高，禽兽常出没的环境中，摩梭先民对凶猛的禽兽（虎、鹰）等所具有的超过人类的力量感到畏惧，进而产生崇拜。

可见，客观自然环境是摩梭人自然观形成的重要因素。大自然既是先民畏惧的对象，又是其生活资源的主要来源。因此，摩梭先民在想象中创造了自然神，并通过对自然神的崇拜和祭祀实现人与神的和谐相处。

三　承载的农牧文化

摩梭人是以游牧为主的古羌族的一支，是以游牧为主的族群。南迁至四川木里、盐源及宁蒗与当地土著民族融合后，为适应当地自然环境，开始从事农业生产，形成了以农业为主、畜牧业为辅的生产生活方式。

农作物中有稗子、麦子、燕麦（青稞）、玉米、洋芋、蔓菁（圆根）等。在摩梭史诗《创世纪》及摩梭神话《在人间》中，都记载了农作物的来源：是天神女儿下嫁人间时偷偷带来的。史诗中的记载说明摩梭先民较早就已种植这些农作物。在这些农作物中，“燕麦和荞麦是最古老的作物，燕麦是交纳给封建土司的实物地租不可缺少的；而荞麦是宗教祭祀中不可缺少的祭品”[②]。在祭祀天神、谷神及驱鬼仪式中，荞麦都必不可少；这与荞麦最早种植及在人们饮食中的重要性有关。而燕麦，因晒干脱壳后有细毛飘散，会致皮肤瘙痒，因此祭祀不用。此外，麻是摩梭人又一重要的农作物，麻对于摩梭人的重要性，恰如“苗族的牛、布依族的竹、布朗族的茶、瑶族的猪、傣族和壮族的水、侗族和朝鲜族的稻，以及游牧民族的草”[③]。摩梭先民很早就已种植麻、纺织麻布。麻很早就已成为摩梭人的生活必备品，正如摩梭谚语所说：“吃的是圆根，穿的是麻。”摩梭歌谣《达巴经创始人母鲁阿巴都神》和《织麻布歌》中都有对种植麻的描述。“摩梭民众在遵循麻的自然性的前提下，对麻进行种植和加

---

① 云南省民间文学集成办公室编：《云南摩梭人民间文学集成》，中国民间文艺出版社 1990 年版，第 347 页。

② 陈烈、秦振新：《最后的母系家园：泸沽湖摩梭文化》，云南人民出版社 1999 年版，第 28 页。

③ 张廷刚：《人生礼仪中的麻与摩梭社会结构——基于云南瓦村的调查》，《北方民族大学学报》（哲学社会科学版）2019 年第 6 期。

工，并利用加工过的麻制品在世俗与神圣空间进行多层次互动，不仅满足了自身在物质方面的需求，而且根据自身发展需要构建出一套涵盖生计模式、婚育标准、行为规范、生态知识、内外关系、世俗生活、人生礼仪、宗教祭祀等方面内容的社会机制。”① 在孩子满月、成丁礼及丧葬仪式中都缺少不了麻，特别是人去世时一定要为死者穿上麻布衣服；摩梭人认为麻布衣服才是摩梭人的衣服，其他材质的衣服无法替代。葬礼中，为逝者穿麻布服饰后，用“麻索捆尸、麻袋装尸，再到拴麻线、挂麻布印制的动物和神灵画像，而后在棺木上系长幅细麻布……到达火化场时，要在死者归祖居地的方位摆上织麻工具，火化过程中要撒麻籽、泼麻油、烧麻秆，火化完毕，用麻袋装尸骨，直至最后做法事仍要燃麻油灯、撒麻籽”②。因现在麻的种植越来越少，在孩子满月礼及成人礼中，麻的使用相对减少；但在葬礼中对麻的使用及重视度仍旧保持。因而，现在的摩梭人家，特别是家里有老人的摩梭人家，都会从种麻的偏远山区买麻，作丧葬备用。

除农业外，畜牧业和运输业也是摩梭人传统经济收入的重要来源。摩梭家庭大多会牧养牛、骡马、羊、猪、鸡和牦牛等；特别是骡马，不仅是重要的运输工具，也是重要的致富工具。摩梭马帮曾活跃在南方丝绸之路上。据《云南公路史》记载：“秦汉以来，蜀身毒道或称‘南方丝绸之路’已开通，在川滇分东西两条主干道，西干道自川西成都、西昌、盐源经永宁、蒗蕖、永胜入洱海地区，或西昌会理、弄栋（姚安）、云南驿、大理，然后进入缅甸、印度，故永宁为西干道之一段或支线。”③ 元明清时期，随着喇嘛教传入永宁，进藏学佛经人数渐增，“滇川康藏边境茶马贸易日益频繁，永宁为茶马古道之一段。由永宁进藏有驿道两条：一条为永宁至木里、稻城、乡城、芒康、帮达、布达、洛隆、阿兰多、墨卡、朗戛、江达、工布、金达、工卡进入拉萨；另一条从永宁经拉伯渡江、中甸、德钦、盐井、芒康进拉萨”④。永宁成为拉伯、蒗蕖摩梭马帮的中转地。外出赶马经商，成为摩梭人一大经济来源；因而摩梭谚语云

① 张廷刚：《人生礼仪中的麻与摩梭社会结构——基于云南瓦村的调查》，《北方民族大学学报》（哲学社会科学版）2019年第6期。

② 张廷刚：《人生礼仪中的麻与摩梭社会结构——基于云南瓦村的调查》，《北方民族大学学报》（哲学社会科学版）2019年第6期。

③ 夫巴主编：《丽江与茶马古道》，云南大学出版社2004年版，第88页。

④ 夫巴主编：《丽江与茶马古道》，云南大学出版社2004年版，第88页。

“摩梭人发财靠赶马，汉人发财靠土地”。

农牧业与人们的生活息息相关，当人们为其活动及居住区域命名时，其区域内农作物名、家畜名就成为明显的标记符号，成为地名、村名。

四　保留的土司制度文化

摩梭人是宁蒗最古老的民族（人）之一。在元代时，“永宁和蒗蕖两地的摩梭阿氏土官受职领衔”①；到明代，形成了摩梭阿氏土司世袭统治下的封建经济形态。土司制度延续至 1956 年民主改革时废除。在摩梭话命名的村名中，保留了土司统治的一些片段。如：红桥镇黄腊老村委会的“比依村（dʑi^{31} i^{13}）”“xã^{31} la^{33} lo^{31}（黄腊落）”，翠玉乡宜底村委会的“宜底（ȵi^{33}di^{31}）”，西布河乡碧源村委会的“元梭罗［bi^{55}tɕhy^{33}di^{31}（逼曲迪）］”，记载了土司到当地收租、休息及派人管理当地等事件。这些村名是记载土司制度的活化石。

五　体现的民族交往情况

在“记叙性”类别的摩梭话村名中，一些村名记载了民族间的交往和民族居住情况。

有 1 个村名记载了当年蒙古军路经此地的历史。据史料记载，公元 1206 年，成吉思汗统一了蒙古草原各部落，并随即展开了向蒙古草原以外的其他地区的征服活动。至 1234 年蒙古灭金之后，对南宋采取了“斡腹之举”的包抄方略：先征服“西南诸蕃”，从西南各民族中汲取人力、财力，之后再与自北方南下的蒙古军两面夹攻南宋。由此，蒙古军在征服南宋之前，便派兵征服大理。元宪宗三年（1253）蒙哥汗派忽必烈率一支蒙古军自北方南下，兵分三路征大理。忽必烈率军过大渡河，渡金沙江后，路经现今宁蒗摩梭人的居住地，泥月乌之三十一代孙和字内附。“至元十四年（1277 年），永宁设答兰管民官。至元十六年（1279 年）改置永宁州，寓永远安宁之意。从此永宁一名沿用至今。”② 而属永宁村委会的“纳哈瓦村（na^{31}xa^{33}wa^{55}）”其意为“到的第一个摩梭村”（据说是蒙古军到永宁时

① 陈烈、秦振新：《最后的母系家园——泸沽湖摩梭文化》，云南人民出版社 1999 年版，第 1 页。

② 云南省宁蒗彝族自治县志编纂委员会编：《宁蒗彝族自治县志》，云南民族出版社 1993 年版，第 46 页。

到的第一个摩梭村)，保留了蒙古军经过此地的历史痕迹。

另外，与普米族有关的 6 个村寨名，记载了宁蒗历史上普米族的居住区域。

普米族也是宁蒗较古老的民族。在摩梭土司统治期间，普米族享有比其他民族更高的地位。周汝诚《永宁见闻录》中记载，普米族祖先曾有功于永宁土知府，因此，历届土司承袭时，普米族会率队披戴牛皮甲，执枪刀剑戟，进土司衙门，质询老土司死因，新土司及眷属齐跪于普米人部队前，哭诉情由，请求饶恕，所以普米族与土司有一种特殊的关系，享有特殊的尊荣。因此，在土司封建领主政权中，普米人一般担任“总伙头”“伙头”等基层统治职务，有参政、议政权，在所辖区域代土司催收钱粮、调解辖区内的纷争①。在摩梭话命名的自然村中，以“ba^{33}（巴）”命名的，如“巴加河（属拉伯乡格瓦村委会）ba^{33}tɕɑ^{31}xo^{55}即‘普米住的荒地’”“巴拿瓦（属拉伯乡拖甸村委会）ba^{33}na^{31}wɑ^{55}即‘普米族、摩梭人杂居的地方’”永宁镇永宁村委会的“八七村 ba^{33}tɕʰi^{31}即‘丢弃普米人的地方’”等，都与普米族有关。

此外，还有 1 个村名记载了摩梭人与汉人交往的片段。“汉族，大部分是在清嘉庆、道光年间从内地来宁蒗开采东升银矿的矿工，也有部分系慕名而来的工匠和商人，还有因战乱逃难而来的。”② 在银矿停办后，大部分汉人向土司租种土地，后发展为收租的二地主。在永宁地区，土司对汉人迁入限制较严；而在蒗蕖地区相对宽松。属永宁村委会的“海玉角（xæ^{33}ʐi^{33}ko^{31}）”即“抓住汉族人的地方”。据说摩梭人和汉人在此发生纷争，摩梭人在这个地方抓住并打败了汉人。

这些村名记载了摩梭人与蒙古族、普米族、汉族等民族的交往片段，也记载了普米族的一些历史事件、主要居住或活动的区域（主要在永宁镇及拉伯乡）。这些村寨名为我们了解民族历史文化提供了参考。

可见，摩梭话村寨名的命名与自然环境、发生的历史事件等密切相关；摩梭话村寨名承载了摩梭人的生活环境、自然观、生产生活方式、土司制度及与其他民族的交往等内容，是了解宁蒗地理、历史文化和摩梭文

---

① 云南省宁蒗彝族自治县志编纂委员会编：《宁蒗彝族自治县志》，云南民族出版社 1993 年版，第 222—223 页。

② 云南省宁蒗彝族自治县志编纂委员会编：《宁蒗彝族自治县志》，云南民族出版社 1993 年版，第 259 页。

化的一个窗口。

第五节　摩梭话村名体现的语言生活变迁

一　承载的历史语言生活

摩梭话村寨名体现着历史上摩梭人的活动空间和语言文化生活。摩梭人是宁蒗最古老的民族（人）之一，且自明代至1956年民主改革期间，宁蒗一直处于摩梭阿氏土司的统治之下。作为统治阶层的摩梭人的语言，是重要的交际工具，在摩梭人生活区域的命名中保留了下来。

宁蒗彝族自治县现今辖2个街道和14个乡镇。以摩梭话命名的157个村寨分布在除战河镇、永宁坪乡、蝉战河乡、烂泥箐乡这4个乡镇外的2个街道和10个乡镇，分布区域较广，主要集中在宁蒗县的北部、中部及西北区域。在摩梭话村寨名分布的这2个街道和10个乡镇，摩梭话不仅是重要的交际工具，同时也发挥着重要的记载、传递信息的功能，如记载了当时生活区域的地形地貌、农牧文化、民族交往以及土司活动等丰富的社会文化。这些村寨名被记入文献，这说明摩梭话在当时具有很强的生命力；且这157个中有104个保留了下来，这也说明在现今摩梭人生活的区域，摩梭话还有较强的生命力。

二　体现的语言生活变化

在收集的历史上的157个摩梭话村寨名中，有53个已更改为汉名。摩梭话村寨名的变更体现了摩梭话语言功能的减弱。

摩梭话村名变更为汉语村名的原因，除与地理环境变化、村落变动及某些历史事件等有关外，还与摩梭人口密集度降低、外来文化的影响等因素有关。据史料记载，永宁土司管理的区域，如拉伯乡、永宁镇、红桥镇、翠玉乡等，土司力量强大，相对保守，摩梭人也较集中，受外来影响小，因此，摩梭话村名保留和沿用情况较好；而蒗蕖土司管辖区域（今大兴街道和紫玛街道、宁利乡、金棉乡、新营盘乡、西布河乡、西川乡），“自清代中叶就允许外省籍、外县汉民、回族迁入境内”①，特别是

① 杨建国：《藏着的摩梭史——母系家园最后的蒗蕖玫瑰》，云南人民出版社2009年版，第7页。

白牛银厂的开发，大量汉族迁入蒗蕖。后随着蒗蕖土司的衰弱，汉族影响的增大，汉化程度增高，摩梭话村名改为汉语村名的也逐渐增多。

摩梭话村寨名的保留与变更情况，从一个侧面体现出摩梭话语用功能的变化；这与第二章“云南摩梭人语言生活现状”中摩梭话保留和使用较好的区域，可互相印证。历史上以摩梭话命名的 2 个街道和 10 个乡镇中，现今有 2 个街道和 7 个乡镇，即拉伯乡、永宁镇、大兴街道和紫玛街道、金棉乡、翠玉乡、红桥镇、金棉乡、西布河乡为摩梭人聚居或杂居区域。这 2 个街道和 7 个乡镇，也是 2 个街道和 10 个乡镇中，摩梭话村寨名数量居于前的乡镇；而摩梭话村寨名数量较少的 3 个乡镇，除宁利有几户摩梭人外，西川乡和跑马坪乡已无摩梭人居住；现今摩梭人居住区域较历史上摩梭话命名的区域范围有所缩小。

同时，在第二章所调查的 2 个街道和 7 个乡镇的 20 个自然村的摩梭话使用类型，即“全民掌握并熟练使用摩梭话”型、“绝大部分人掌握并使用摩梭话”型、“多数人掌握并使用摩梭话”型、“普遍出现母语转用”型中，“全民掌握并熟练使用摩梭话”型的村寨为拉伯乡的 3 个村（拉开西里村、布落村、格庄村）及翠玉乡 2 个村（宜底大村、路跨村）；“绝大部分人掌握并使用摩梭话”型的村寨为永宁镇的 3 个村（瓦拉壁村、拉罗湾村、里格村），拉伯乡的 1 个村（三江口村），红桥镇的 1 个村（吉意村），金棉乡的 1 个村（达瓦村）以及新营盘乡的 2 个村（拉巴河上村和衙门村）；“多数人掌握并使用摩梭话”型为永宁镇的 1 个村（大落水村），大兴街道的新桥村和紫玛街道的新民村；这三种类型中摩梭话使用率较高，摩梭话仍保持其活力；而“普遍出现母语转用”型的村寨为大兴街道东红村、红桥镇的白岩子二村、西布河乡的庆河村、湾子村这 4 个村。从总体数量来看，现今摩梭话使用和保留较好的区域为拉伯乡、永宁镇，其次是翠玉乡、红桥镇、金棉乡、新营盘乡及大兴街道和紫玛街道的部分村寨；而摩梭话功能衰退的区域为大兴街道和紫玛街道、西布河乡及红桥镇的部分村寨。

摩梭话生命力旺盛及保留的区域，主要集中在拉伯乡和永宁镇，这与历史上摩梭村寨名较多的区域一致；而摩梭话活力衰退的区域集中在大兴街道和紫玛街道、西布河乡，这与摩梭话村寨名更改为汉名的区域一致：大兴街道和紫玛街道是摩梭话村寨名更改数最多的，有 12 个已改为汉名；而西布河乡的庆河村、湾子村这两个摩梭杂居村，村名命名时就已使用汉语。此外，在摩梭话生命力较旺盛的“全民掌握并熟练使用摩梭话”“绝大部分人掌握并使用摩梭话”两种类型涉及的区域，除“新营盘乡衙门村”是汉语名外，其他都还保留着摩梭话村名；而“多数人掌握并使用摩梭话”“普遍出现母语转用”两种类型中，除永宁镇大落水村外，都已使用汉语村名。

可见，摩梭话村名的命名体现了历史上摩梭人语言使用的痕迹；而摩梭话村名的沿用、更改，则从一个侧面反映了摩梭话的生命力状况、摩梭人母语使用的现状及语言生活的变迁。

综上所述，本章从摩梭话村寨名的数量及地域分布、语义分布，摩梭话村寨名体现的摩梭话语音、词汇及语法特征，摩梭话村寨名的命名理据等方面进行了分析；在以上分析的基础上，探究了摩梭话村寨名承载的历史上摩梭人丰富的社会文化生活；同时结合其分布及摩梭话村寨名的变更，探讨了摩梭话所具有的文化功能及其交际功能的衰退，这可为从历时视角探究摩梭人的语言生活提供参考。

第五章

构建云南摩梭人和谐的语言生活

摩梭话与国家通用语及其他民族语言构成了摩梭人语言生活的多语场，各语言在这个多语场中发挥着不同的作用。摩梭话用于摩梭人的语言交际和文化传承，如摩梭人日常交际、交流，传统节日、习俗的传承等。摩梭人居住区域的多民族语的使用，对于民族间的交往、交流，促进民族关系和谐有着积极意义。国家通用语则对促进摩梭人社会经济文化的发展，有着重要的推动和促进作用，对摩梭文化的传承也有积极意义。摩梭话、国家通用语及其他民族语多语并存、功能互补。

构建摩梭话、国家通用语及其他民族语的和谐语言生活，需注重“主体多元”的语言特征，即“在全面推广和提升国家通用语言文字，充分发挥其功能和价值的同时，尊重、保护汉语方言和民族语言等资源，构建良性互动的语言关系，从而保持语言生态和谐”①。因此，国家通用语的普及、摩梭人母语的保留及其他民族语的兼用，共同建构了云南摩梭人和谐的语言生活。

第一节　普及国家通用语

使用国家通用语是摩梭人融入主流社会和实现跨越式发展的重要手段，是各族人民共同走向现代化的客观要求。国家通用语言文字的推广、普及、提高，对提高民族地区的教育水平、提高村民的信息获取能力、扩大村民的活动空间、增加创业就业机会，进而促进经济文化发展、铸牢中华民族共同体意识都有重要意义。

① 郭玉梅、杜敏：《乡村振兴背景下农村和谐语言生活的建构》，《北方民族大学学报》2023年第4期。

一　普及现状

在摩梭人语言生活现状调查和访谈中发现，摩梭人对习得、使用汉语有着积极的态度，把学习和使用汉语当作文明进步的表现，在“第二章第三节摩梭人语言生活成因”分析中，语言影响力和作用的调查数据显示，认为普通话“非常有用”“影响力很大”的比例占调查总人数的100%。但总体来看，云南摩梭人掌握国家通用语言文字能力有待提高。

在调查的20个自然村中，普遍都能兼用汉语进行日常交流，但还有3个村寨的摩梭人国家通用语的掌握程度仍然偏低；部分摩梭村民还不能熟练地使用汉语进行日常交流。如拉伯乡拉开西里村所调查的89位摩梭村民中，能熟练使用汉语的比例仅为76.40%；汉语“略懂”的比例为19.10%，汉语“不懂”的比例为4.50%；其中40—59岁年龄段，汉语不熟练的人数占该段总人数的36.36%；60岁以上的摩梭老人汉语熟练程度不高，汉语“略懂”和“不懂”的比例分别都为该段总人数的36.36%。拉伯乡格庄村所调查的58位摩梭村民中有10位，即占调查总数17.24%的摩梭人汉语不太熟练，其中，除1位学龄儿童和2位60岁以上的老人外，其余8人为40—50岁的中壮年。永宁镇瓦拉壁村20—39岁阶段汉语不熟练的比例占该阶段调查总人数的10.53%，40—59岁汉语不熟练的比例占该阶段调查人数的11.11%，而60岁以上的摩梭老人汉语不熟练的比例占该阶段调查人数的100%。此外，拉伯乡布落村、永宁镇里格和拉罗湾村，60岁以上的摩梭老人汉语熟练度都不高，特别是布落村所调查的6位老人中，有4位老人汉语几乎不懂，不能用汉语进行日常交流。

此外，在调查和访谈中发现，即使是能熟练用汉语进行日常交流，但除上学的青少年和城镇及泸沽湖周边的村寨外，其他村寨的摩梭人都较少使用普通话，普遍使用当地的汉语方言；汉字认读、书写方面也较困难。总体来看，云南摩梭人国家通用语高质量普及度不高。

二　普及的必要性

国家通用语言及当地汉语方言是各民族交流的重要工具。国家通用语言文字，是居民掌握国家经济、科技、文化等信息，拓展创业和就业渠道，适应网络科技发展时代智能生活的重要媒介，“承担着重要的国家社会生活的语言交际和信息传播功能。如果没有掌握普通话，各族居民将无法平等和充分地参与国家社会生活”[①]。

（一）兼用国家通用语言文字，促进村寨信息技术革新

在科技迅速发展的今天，国家通用语是“建立农产品的优良销售渠道，并不断引进新技术、新投资以扩大内生经济实力”[②] 的重要沟通渠道；国家语言文字掌握程度不高，将影响村民通过网络平台掌握新技术及了解多方面的销售渠道。在我们调查的 20 个摩梭村寨中，紫玛街道安乐社区的新民村和大兴街道河滨社区的东红村因土地被征收，经济收入主要靠务工为主；永宁镇大落水村以种植业、旅游业为主要经济来源；此外其他 17 个村寨的村收入主要以种植业、畜牧业和农闲时间外出务工为主。经济作物因地理条件及气候影响而有所不同。在大兴街道和紫玛街道区域以种植玉米、水稻、土豆为主；永宁地区主要种植荞麦、玉米、洋芋、小麦、稻米；拉伯地区主要经济作物有花椒、玉米、小麦、核桃、黄果等；红桥地区主要种植玉米、土豆、水稻、豆类；新营盘乡主要种植核桃、苹果、花椒；翠玉乡、金棉乡以烤烟为主要经济作物；西布河地区的经济作物以水稻、玉米、烤烟、花椒、核桃及部分药草为主。虽然一些村寨已实现机械化种植，但大部分村寨种植技术革新较少，仍以传统耕种方法为主；经济作物的销售渠道也较单一，多依赖外来商人收购，销售价格不稳定；网络信息、技术等在种植业、畜牧业中发挥的作用较有限，这些都直接影响着摩梭村民的经济收入。

在旅游业发达的大落水村，国家通用语言文字掌握和运用能力也影响旅游业的收入。如摩梭协会原会长曹女士在访谈中谈道：“随着游客数量的增多，需求增加，加上家里老人需要照顾，识字及文化层次高的摩梭人较少，加之摩梭人数量本来就少，因此，在管理、经营方面就有局限性，无暇顾及时，就把酒店租给外地人经营。要改变这种状况，只能提高摩梭人自身素质，提高汉语和汉字掌握的程度，跟上社会节奏，才能把酒店经营好。”可见，国家通用语言文字普及度的提高，对摩梭村寨经济发展有重要意义。

---

① 马静、刘金林：《语言治理融入各民族相互嵌入式社区建设的必要性及路径研究——语言与国家治理系列研究之六》，《民族学刊》2021 年第 11 期。

② 韩江华：《民族地区乡村国家通用语能力建设与乡村振兴：共生互助与实现路径》，《西北民族大学学报》（哲学社会科学版）2022 年第 6 期。

（二）兼用国家通用语言文字，推进民族地区现代化进程

国家通用语言文字的使用，“有利于打破民族地区相对封闭的状态，使得居民享有信息资源、掌握信息技术，打通网络就业和创业的渠道”①，消除村民与外界沟通的障碍、拓宽就业渠道，提升村民的脱贫能力，增加经济收入。

在调查的20个摩梭村寨中，除永宁镇大落水村村民外出务工人数较少外，其他村寨的摩梭村民特别是年轻人农闲时间大多在外务工。在访谈中我们了解到，能说流利的普通话、能识字，找工作的机会就更多，工资也更高。在外务工的体验，让村民意识到孩子受教育及掌握国家通用语的重要性，如金棉乡达瓦村村长在访谈中谈道：“汉话说得不好，就不能出去打工、工作，影响收入和对外面世界的了解。”拉伯乡格瓦村村长在访谈中谈道：“村里人对孩子上学都很支持。以前村民文化低，现在村民都很重视学习文化，重视孩子教育，读书识字，懂更多道理，知道的东西多，以后生活就会更好。”拉伯乡拉开西里村村长在访谈中也谈道：“我们这一代，几乎都是文盲和半文盲，普通话说得不标准，好多人不识字，很多东西就不懂；应该让孩子学汉话、普通话，这是社会发展的趋势，他们以后才会生活得更好。”

此外，在网络科技迅速发展的今天，若国家通用语言文字能力掌握程度低，则将“无法适应新的智能化生活方式，如使用手机预约并支付出行费用、就医费用，难以进行无纸币日常消费、在手机上办理银行业务。因语言及技术上的障碍，他们无法充分享受现代化、智能化的服务”②。因此，熟练兼用国家通用语言文字，对摩梭村民日常生活的便利有重要意义。

（三）兼用国家通用语言文字，促进民族文化传播

国家通用语言文字的使用，对村寨文化传承、经济发展有推动作用，“有利于吸引企业投资，将少数民族文化资源转化为具有民族特色的服装

① 黄少安、王麓淙：《民族地区语言扶贫的经济理论基础和实证分析》，《语言文字应用》2020年第4期。

② 姚欣、杜敏：《乡村振兴视域下农村的语言能力建设》，《西北农林科技大学学报》（社会科学版）2021年第6期。

及手工艺品，使得当地居民在家实现就业增收”①。如云南省首批公布的民族传统文化保护区的永宁镇瓦拉壁村，比较完整地保留了摩梭人的各项物质及非物质文化遗产。这些文化遗产的对外宣传及推广，需要普通话的助力和推动，如该村摩梭传统手工纺织业传承人鲁汝打史玛和阿七独支玛于 2003 年开办了手工纺织厂，2006 年该厂在宁蒗县工商局正式办理了登记手续。该厂组织全村妇女运用摩梭传统手工纺织技术，纺织坎肩、围巾、衣裙。在摩梭手工纺织的销售及推广过程中，以国家通用语言文字为载体，通过宣传片拍摄、书籍出版、夏令营体验参观等形式，推广摩梭传统手工纺织文化、销售纺织品。目前，该厂已招收了九百多名学徒，带动了周边十几个村寨的少数民族妇女参与，该厂的产品远销丽江、昆明、上海等地；该手工纺织厂解决了山区妇女就业问题，增加了她们的经济收入。此外，该村的其他物质及非物质文化遗产，如传统建筑、苏理玛酒的酿造工艺、缝制猪膘肉工艺、传统医药等的传承和对外传播，都离不开国家通用语言文字这个重要的传播载体。

同时，国家通用语言文字也是摩梭文化传播的重要载体。如用国家通用语言文字记载、研究摩梭语言文化的著述有摩梭学者杨建国撰写的《藏着的摩梭史——母系家园最后的蒗蕖玫瑰》，直巴·尔车、许瑞娟的《摩梭语常用词句荟萃》、李达珠的《达巴文化——摩梭人的生命哲学》等；目前，摩梭文化研究协会的摩梭青年正在录制《摩梭文化口述史》，以录像及用汉字转写形式记载、传承摩梭文化。此外，还有不少学者从语言、母系制度、语言文化心理、生态文化等多个角度对摩梭语言文化进行了研究。

可见，国家通用语言文字是摩梭文化传承及传播的重要媒介。如摩梭协会原会长曹女士在访谈中谈道，传承摩梭文化“最重要的是要提高摩梭人的文化素质；识字及文化层次高的人较少，对摩梭语言文化的传承很不利。只有人的素质提高了，才能有很强的民族自尊心、民族责任感，他们才能自觉地意识到摩梭话的重要性，也才能自觉地让孩子学摩梭话”。

三 普及的相关措施

云南摩梭人国家通用语言文字掌握程度及运用能力的提高，需要政府

① 黄少安、王麓淙：《民族地区语言扶贫的经济理论基础和实证分析》，《语言文字应用》2020 年第 4 期。

部门依据村寨的具体情况制定相应的推普措施，完善推普内容及形式，营造良好的国家通用语言文字学习环境，提高摩梭村民国家通用语言文字学习的主动性和积极性。

在推普内容方面，普及内容既要注重口语，也要重视书面语。在口语方面提升听和理解普通话的能力，提高表达的可懂度和发音标准度；在书面方面，“要认识一定数量的常用汉字，逐步获得阅读和写作能力，实现中文脱盲”[①]，提高信息的获取能力和交换能力。在具体的培训内容方面，将国家通用语言文字推广普及与摩梭村民的日常生活需求结合，优先解决村民生活中遇到的表达和理解困难。如在访谈中我们了解到，看病就医、乘坐交通工具、网络购物等相关的汉语表达，对部分摩梭人来说，是迫切需要学习掌握的。

在推普形式上，在举办普通话培训班的同时，丰富学习载体和学习形式，加大新媒体技术的运用和推广，“利用现代信息技术和手机 APP，建立能满足当地村寨居民学习国家通用语言文字的个性化软件平台”[②]，引导村民自主学习，是国家通用语言文字高质量推广普及的一个重要渠道。

此外，国家通用语言文字的推广普及，需聚焦重点人群，将学前儿童和在校学生、中小幼教师、青壮年劳动力和基层干部作为推广普及的重点群体；以重点人群国家通用语言文字学习积极性及运用能力的提高，带动群体的习得、提高。

第二节　保留母语

摩梭话是摩梭人日常交际及文化传承的重要工具。摩梭话的保留能丰富中华民族语言文化内容，对语言和谐、民族和谐都有积极意义。摩梭话的保留与传承，可体现在日常交际、民俗文化、语言景观中的保留等方面。

一　摩梭话的语言文化功能

从第二章“云南摩梭人语言生活现状”的调查数据可以看出，摩梭

① 李宇明：《论普通话的推广方略》，《中国语文》2022 年第 4 期。

② 韩江华：《民族地区乡村国家通用语能力建设与乡村振兴：共生互助与实现路径》，《西北民族大学学报》（哲学社会科学版）2022 年第 6 期。

话是云南纳西族摩梭人主要的语言交际工具。在调查的 20 个自然村中，除 4 个摩梭杂居村已部分或全部转用汉语或其他民族语外，其他的 16 个自然村中，摩梭话都是摩梭人之间或摩梭人与附近其他民族村民交流的重要工具；其中在拉伯乡布落村、拉开西里村，永宁镇瓦拉壁村、拉罗湾村，翠玉乡宜底村、路跨村，红桥镇吉意村、新营盘乡拉巴河上村、金棉乡达瓦村，这 9 个摩梭聚居村，摩梭话是不同民族间共同的交际工具；在拉伯乡三江口村、格庄村，永宁镇大落水、里格村，紫玛街道新民村，大兴街道新桥村，新营盘乡衙门村这 7 个村中，摩梭话是主要的交际工具，其他民族语的交际功能也同时存在。

摩梭人对摩梭话有强烈的情感认同。在“第二章第三节摩梭人语言生活成因”分析的调查中，在“最能代表自己身份的语言”中，摩梭人对摩梭话的认可度为 96.32%，即使已经转用汉语或其他民族语的摩梭人，其认可度都高达 70%以上；在“子女未来使用语言期望”的调查中，选择摩梭话的比例占调查总数的 87.54%；在语言亲切度调查中，认为摩梭话“非常好听”的比例为 93.16%，“非常亲切”的比例为 97.02%。

可见，摩梭话的保留对摩梭人及周边使用摩梭话进行交际的其他民族的生产生活、民族交流交往都有着重要意义。

二 保留的相关措施

摩梭话的保留、传承，可体现在日常习俗文化传承、村小学教育中的适当融入及语言景观维护等方面。

（一）习俗文化中的摩梭话传承

摩梭话是摩梭文化的载体，是摩梭人日常生活礼仪、习俗的组成部分。因摩梭话没有系统的文字记载，因此，习俗文化中摩梭话的使用，对摩梭话的保留有积极意义。

摩梭话不仅是摩梭人日常交际的重要语言工具，在习俗文化中也是不可或缺的，特别是承载着摩梭人的世界观、道德观、价值观的口诵的达巴经，是摩梭人精神生活的重要组成部分，已融入摩梭人的日常生活中。日常祭锅庄、传统节日（如十一月杀猪敬祖先、过摩梭年、转山节等）、各种祭祀（如祭风神、祭水神、驱鬼祈福等）、红白喜事都要念诵相应的达巴经，特别是丧葬场合，若没有达巴念经，在摩梭人的观念中，死者的灵魂是无法回到祖先居住地的。

在所调查的20个自然村中，有17个自然村都较好地保留着节庆习俗中请达巴念诵达巴经的传统，包括已经转用汉语和彝语的红桥镇白岩子二村；而另外的已经转用汉语或其他民族语的大兴街道河滨社区东红村、西布河乡碧源村委会的庆河村、湾子村，虽然还保留着部分摩梭习俗，如敬锅庄、婚丧仪式等，但已没有念诵达巴经。在东红村及庆河村、湾子村的访谈中我们了解到，当地摩梭人普遍对没使用摩梭话念诵达巴经感到很遗憾，认为目前所保留的摩梭习俗，虽然有仪式形式，但因没诵达巴经而缺少了重要的内容部分。

摩梭话在摩梭习俗保留及传承中起着重要作用，同时也随着摩梭习俗文化的保留、传承而得以保留，在摩梭人的精神世界里有着重要的作用。

（二）乡村完小教育中摩梭话的适量融入

在前面的调查中，我们发现：有完小（小学1—6年级）的自然村，对摩梭话的传承有积极的促进作用。乡村完小为母语延续使用提供了语境和地理条件，但因摩梭人数较少，且摩梭话没有记录其语言的文字系统，因而没有开设普通话和摩梭话的双语课程。若能在教学中适当融入摩梭语言文化的内容，对摩梭儿童摩梭话的使用及摩梭文化的了解都有积极意义。

在访谈中我们了解到，在调查的20个自然村中，有7个自然村有乡村完小。在完小教学中，课间一般孩子们都会说摩梭话，会播放摩梭歌曲，课间操会跳摩梭锅庄舞。另外还有一些村小会在文化教学中融入摩梭文化内容，如永宁镇温泉村委会瓦拉壁村小学，会请村里摩梭文化传承人给孩子们讲授一些摩梭文化，如请壁画传承人公布次里给孩子们讲摩梭壁画的绘画工艺、颜料选取，与绘画内容如火神、山神、水神等有关的摩梭民间故事；拉伯乡拉开西里村、翠玉乡宜底村的村小教学中，也会在教学中适当讲一些摩梭传统文化知识。访谈中摩梭协会原会长曹女士也谈道：“我们正在计划、尝试在永宁片区的完小，教一些摩梭歌谣、舞蹈。”

村小中摩梭语言文化的适当融入，有利于摩梭儿童了解、传承本民族（人）的语言文化，如摩梭壁画传承人公布次里所说，“如果小时候给孩子们讲讲，让他们有记忆，小时的记忆会对他们有很深的影响，对摩梭文化和摩梭话的传承都很有帮助”。

（三）摩梭话语言景观的维护

语言景观是Landry和Bourhis（1997）最先提出的概念，其界定为：

“出现在公共路牌、广告牌、街名、地名、商铺招牌以及政府楼宇的公共标牌之上的语言共同构成某个属地、地区或城市群的语言景观。”语言景观主要研究公共空间或场所的语言文字使用情况，“语言景观研究是了解一个地区语言生态的有效途径”①。

我们考证收集的157个摩梭话自然村名，记载了摩梭人的农牧文化、土司制度文化、摩梭祖先生存的自然环境以及历史上摩梭人与其他民族的交流交往情况。这既是了解摩梭文化的一个窗口，也是研究云南宁蒗地形地貌变化、民族交往的重要参考。但在考证研究中发现，这157个摩梭话村名中，现在仍沿用的摩梭话村名共104个，有53个已更改为汉名。因摩梭话无系统的文字，因而，摩梭村名的含义只能靠人们口耳相传；一些年龄大的村民才知道村名的来历、含义，年轻人了解得较少；但随着村里老人的去世，知晓村名来历、含义的人也就越来越少了，摩梭话村名文化的保留和传承就非常困难。

同时，因无文字系统，摩梭话自然村名都采用音近的汉字来译写。这就出现了所用汉字与摩梭语音差异较大的问题，如永宁镇落水村委会的“大落水”“小落水”，摩梭话读音和意义是有较大差别的：“lo^{33}sv̩^{31}（落树）”指“古时摩梭家族的一个姓”。而“lo^{33}sv̩^{33}（落索）”，“lo^{33}（落）”意为“劳动”，“sv̩^{33}（索）”意为“悠闲，清闲”；“lo^{33}sv̩^{33}”意为“农活清闲的地方”。仅用音近的汉字记载，不利于记录村名的读音，也影响到摩梭人对该村名含义的理解。

地名是词汇系统中专名的一种，是地域及民族文化的载体和组成部分。摩梭话村名的规范、维护，不仅能让当地居民、游客及相关研究者了解摩梭话语言景观所承载的语言文化生活，同时对摩梭话的保留、传承也有着积极作用。

第三节 兼用其他少数民族语

一 兼用其他民族语的现状

摩梭人普遍为多语人，在兼用汉语的同时还兼用一种或多种民族语；

---

① 尚国文、赵守辉：《语言景观的分析维度与理论构建》，《外国语》（上海外国语大学学报）2014年第6期。

有些村寨已转用汉语或其他少数民族语；其中，普米语、彝语、纳西语、傈僳语、藏语是摩梭人兼用或转用最多的少数民族语。在调查的20个村寨中，普遍兼用普米语的村寨有16个自然村，其中普遍熟练兼用普米语的有永宁镇的瓦拉壁村、拉罗湾村、大落水村，翠玉乡的宜底村、路跨村，拉伯乡的三江口村，大兴街道的东红村7个自然村；兼用彝语的有13个自然村，其中普遍熟练兼用彝语的为永宁镇的拉罗湾村、里格村，新营盘乡的拉巴河上村，金棉乡的达瓦村，大兴街道的东红村，新营盘乡的衙门村，紫玛街道的新民村，红桥镇的白岩子二村，西布河乡的庆河村、湾子村10个自然村；普遍兼用纳西语的有11个自然村，其中普遍熟练兼用纳西语的为翠玉乡的宜底村、路跨村，拉伯乡的格庄村、三江口村，永宁镇的拉罗湾村、里格村，金棉乡的达瓦村7个自然村；普遍熟练兼用傈僳语的有4个自然村，即翠玉乡的宜底村、路跨村，西布河乡的庆河村、湾子村；部分兼用藏语的有1个自然村，即永宁镇的瓦拉壁村。

二　其他民族语的互补功能

宁蒗是云南纳西族摩梭人主要聚居地，但因摩梭人人口数量较少，除永宁镇、拉伯乡外，摩梭人在翠玉乡、红桥镇、新营盘乡、大兴街道和紫玛街道、金棉乡及西布河乡都呈小聚居、大杂居分布。其他民族语与国家通用语、摩梭话的功能互补情况，因摩梭人居住区域不同而有差异。

在摩梭人数较少的西布河乡、大兴街道和紫玛街道周边村寨及红桥镇白岩子二村，在家庭内部、村寨内、公共场合，都已转用汉语和村寨内、村寨周边人口数量占优势的民族的语言。

在摩梭人的主要聚居区域——永宁镇、拉伯乡的摩梭聚居村，如拉伯乡的布落村、拉开西里村，永宁镇瓦拉壁村、拉罗湾村以及摩梭聚居的翠玉乡宜底村、路跨村，红桥镇吉意村，新营盘乡拉巴河上村，金棉乡达瓦村等，在家庭内部及村寨内，摩梭话都是摩梭人之间、摩梭人和其他民族间交流的主要工具；在开会等公共场合，摩梭话和汉语方言共同发挥着交际功能。

除此之外，在红桥镇、新营盘乡这2个乡镇，以及大兴街道和紫玛街道这2个街道的摩梭聚居村，家庭内部多使用摩梭话；在村寨的日常交流中，各民族都熟练使用自己的母语，同时兼用汉语及人口数量占优势的其他民族的民族语；在公共场合，使用摩梭话、汉语和其他民族语。在这2

个乡镇和 2 个街道的摩梭杂居村，家庭内部的语言使用中，族内婚姻使用摩梭话；族际婚姻使用母语和兼用的其他民族语；在公共场合，摩梭话、汉语及其他民族语共同发挥着交际作用，而在摩梭人口数量较少的杂居村，公共场合普遍说其他民族语和汉语方言。

国家通用语的交际功能，则主要体现在学校教学中。在城镇的中小学，课堂和课间多说普通话和汉语方言；在村寨的完小，课堂教学用普通话，课间多说汉语方言、母语或其他民族语。

因地缘接近、通婚、人口优势等因素，其他少数民族语已融入摩梭人日常的生产生活中，和摩梭话、国家通用语一起，在摩梭人的生活中发挥着交际作用。不论是在田间劳作、日常寒暄还是节庆宴请等场合，在调查中我们常会看到摩梭人与其他民族的村民多语切换、其乐融融的交谈场面。

综上可见，国家通用语言文字、摩梭话及其他少数民族语言，在云南纳西族摩梭人的生活中发挥着不同的作用。国家通用语言文字、摩梭话及其他少数民族语言的多语和谐，对云南摩梭人的文化传承、经济发展及民族和谐，有着积极的推动作用。

结　语

摩梭人是川滇交界处人口数量较少的族群，在四川属于蒙古族，云南属于纳西族。有关摩梭人的研究以宗教、婚姻、服饰、饮食、建筑、神话、歌谣及生活习俗、礼仪等文化习俗的研究居多，对其语言生活方面，尚未有系统性的研究论著。本书以云南纳西族摩梭人的语言文化生活为研究对象，运用文献研究法、田野调查访谈法、深度访谈法、问卷调查法、核心词汇测试法及多学科结合等研究方法，在科学选点和科学设计调查问卷的基础上，对云南纳西族摩梭人聚居的宁蒗县的 5 个乡、2 个镇、2 个街道的 12 个村委会、2 个社区的 20 个自然村的 40 位摩梭村民和宁蒗政府相关部门 3 人及摩梭协会成员 2 人，共 45 人，进行了深度访谈；对 1149 位摩梭村民进行了母语使用情况的调查，并从这 1149 人的四个年龄段中，采用便利抽样调查法，抽样抽取了 347 人进行了摩梭话词汇量测试，570 人进行了母语态度和不同场合语言使用情况的调查。

调查发现，摩梭话是云南纳西族摩梭人主要的语言交际工具，母语熟练度整体较高，母语词汇掌握程度整体良好。云南摩梭人语言生活呈现出四种类型，即："全民掌握并熟练使用摩梭话"型、"绝大部分掌握并熟练使用摩梭话"型、"多数人掌握并熟练使用摩梭话"型、"普遍出现母语转用"型。整体而言，在摩梭人聚居的永宁镇、拉伯乡及翠玉乡的宜底村、路跨村，摩梭话整体呈现出较强的生命力，摩梭话是不同民族间共同的交际工具；在新营盘乡、大兴街道和紫玛街道、金棉乡、红桥镇的摩梭人聚居村，摩梭话交际功能减弱，摩梭话和其他民族语、汉语方言共同发挥着交际作用；在大兴街道和紫玛街道、红桥镇及西布河乡的摩梭人杂居村，摩梭话的交际功能已被其他民族语和汉语方言取代。摩梭话使用的现状，与民族认同、居住方式、居住环境、社会经济的发展、达巴文化的衰弱等因素都密切相关。

调查结果还显示，云南纳西族摩梭人普遍是多语人，在普遍兼用汉语的同时，还兼用一种或多种民族语；其中普米语、彝语、纳西语、傈僳语、藏语，是云南摩梭人兼用较多的民族语；同时在永宁镇、拉伯乡等摩梭人聚居区，摩梭话也是村寨里其他民族兼用的语言（话）。摩梭话、国家通用语及其他民族语，在云南纳西族摩梭人的语言生活中发挥着不同的作用，功能互补。

此外，本书还从历时角度，探究了云南纳西族摩梭人语言生活的印迹及变化。对云南纳西族摩梭人主要聚居的宁蒗县的摩梭话村寨名进行了调查、考证、分析。研究发现，历史上摩梭人活动的区域主要集中在拉伯乡、永宁镇、大兴街道和紫玛街道、金棉乡、新营盘乡、翠玉乡、红桥镇、西布河乡、宁利乡、西川乡、跑马坪乡等宁蒗的北部、中部及西北区域；但现在沿用摩梭话村寨名较多的为拉伯乡和永宁镇，而翠玉乡、红桥镇、金棉乡、新营盘乡、西布河乡、大兴街道和紫玛街道只保留了少数的摩梭话村寨名。现在的摩梭话村寨名沿用区域，与现今摩梭人的分布区域具有一致性。同时，摩梭话村寨名还体现了摩梭话语音、词汇、语法方面的特征；其命名类型、命名理据及命名特征，折射了历史上摩梭人的语言文化生活。

最后，在对云南纳西族摩梭人共时及历时语言生活研究的基础上，从国家通用语的使用促进摩梭村寨社会经济发展，摩梭话的使用满足日常交际、利于摩梭文化传承，其他民族语的兼用利于民族交往交流三个方面，探讨了构建摩梭话与国家通用语及其他少数民族语言多语和谐的必要性及具体措施。

本书是首次从共时与历时的角度，对摩梭人的语言生活进行了较为全面、系统的调查研究，探究了云南摩梭人语言生活的现状类型、总体特征及成因。同时，对承载其语言文化内容的摩梭话村寨名，首次进行了较全面的考察，在对其分布区域、体现的摩梭话特征、命名理据、承载的文化内容等分析的基础上，探究了摩梭话村寨名体现的摩梭人语言生活的历时变迁。在以上研究基础上，从语言功能互补的视角，探讨了摩梭话与国家通用语及其他民族语的多语和谐。

本书是对云南宁蒗纳西族摩梭人的抽样调查，对其不同类型的语言生活变迁的研究还需深入。另外，摩梭人分布在云南省和四川省，本书的研究只涉及云南摩梭人语言生活的调查，对四川归属蒙古族的摩梭人的语言生活还尚未涉及，这是有待研究的内容。

附　录

附录（一）云南摩梭人语言生活现状的访谈问题及调查表

一　当地情况及语言使用情况的访谈问题

人物访谈的内容应依据访谈对象身份的不同而不同。领导人物、普通村民、知识分子、企业家各有不同的提问内容。但一般都应包括以下几个方面：1. 经济文化情况、当地人工作情况及交通情况；2. 询问访谈对象的工作经历；家庭情况；3. 村寨的历史变迁；4. 当地的民族关系和语言关系；5. 该村语言使用情况（母语、国家通用语、汉语方言及其他少数民族语的使用情况）；6. 本人对母语和兼用语的态度；7. 母语使用特点及其成因，兼用语特点及其成因；8. 当地的教育情况；9. 电子信息技术发展情况；10. 宗教情况。

（一）当地情况的访谈

1. 当地的地理位置、经济水平、交通、民族分布、民族关系、人口（摩梭人有多少；与周边民族往来的情况；村里人外出打工情况及对村民生活的影响；村里的风俗习惯等发生的变化）。

2. 当地民族情况：有哪些世居民族？各民族语言使用情况及原因（有没有出现语言转用？语言是否和谐）？不同民族间用什么语言交流？母语保留情况如何？以及民族节日、民族服饰、民族娱乐活动的保留情况等。

（二）选点问题

选哪些村调查比较有代表性？

（三）民族教育问题/双语问题

1. 民族教育情况、民族文化传承情况（传承人、传承方式、传承内容）、民族习俗情况（节日、服饰、宗教、礼节、风俗、建筑、饮食、婚丧、忌讳、通婚情况……）。

2. 政府对各少数民族有怎样的扶持政策？政府在维护民族关系稳定方面做了哪些努力？有没有针对摩梭人的民族保护措施？

3. 当地有没有村小学？学校学生民族语使用情况如何？双语教育情况如何？有没有体现民族文化的教材或内容？学校各民族学生相处情况怎样？孩子们在学校使用什么语言交流？

4. 您认为民族语重要吗？您如何看待家庭的民族语言教育？

（四）民族文化了解情况及原因

1. 您从什么时候开始有民族观念的？周围其他民族是否有比较强烈的民族意识？

2. 您对自己或者别的民族的民族文化了解多少（了解哪些民族文化）？您知道哪些摩梭民间/传说故事、歌曲、谚语、俗语？您喜欢自己的民族、母语和民族文化吗？为什么？

3. 请您谈谈对传承摩梭人语言文化传统的设想。是否有传承的意愿？该怎样传承？

（五）摩梭话使用情况、态度及原因

1. 请介绍一下自己、亲人及朋友的语言使用情况。村里不同年龄段人母语使用情况及原因。

2. 开会、公开场合说哪种民族语言？在家和寨子里都说什么话？您会说哪些话？您孩子说什么话？

3. 您担心摩梭后代不会说摩梭话吗？您对自己的母语传承感到担忧吗？为什么？现在好多年轻人都不会说民族语了，您对此有什么看法？

4. 您打算如何教自己的下一代说摩梭话或者传承摩梭文化？

5. 现在村里的小孩子讲的摩梭话和他们的父辈、祖辈讲的摩梭话有差别吗？

6. 当地人汉语水平怎样？您担心汉语水平提高会影响摩梭话水平吗？您觉得孩子们学习普通话与民族语言文化的保留有冲突吗？

（六）村民语言兼用/转用情况及其原因

1. 村里摩梭人汉语水平怎样？通过什么方式习得汉语？

2. 使用汉语的态度怎样？汉语使用给村民生活带来了哪些便利？

3. 村民兼用其他民族语的情况及成因。

二　母语态度问卷表

您好：

首先感谢您能抽出宝贵的时间来协助我们完成这份调查问卷。此问卷的调查目的是了解摩梭人对母语的认同态度。请您在自己认可的选项上打“√”或填写相应的答案。

我们向您郑重承诺：本次调查仅用于学术研究，绝不涉及您的个人隐私。

访问者的基本情况：

访问员：访问时间：访问地点：

被访问者的基本情况：

姓名：性别：年龄：民族：

文化程度：职业：现居住地：

1. 您觉得哪种语言是最能代表自己的语言？

A 摩梭话　B 宁蒗汉语方言　C 普通话　D 其他（请填写____）

2. 如果摩梭人不会说摩梭话，您的态度是什么？

A 无所谓　B 可以接受，但很可惜　C 不能接受

3. 您担心摩梭话未来会消亡吗？

A 担心　B 无所谓　C 有信心，不会消亡

4. 您希望子女（或未来的子女）会说什么话？（可多选）

A 摩梭话　B 宁蒗汉语方言　C 普通话　D 其他（请填写____）

5. 您希望本地广播站、电视台使用什么语言播音？（可多选）

A 母语　B 宁蒗汉语方言　C 普通话　D 其他（请填写____）

6. 请在下列表格的选择项处打“√”。

表附 1-1　语言态度调查表

态度		摩梭话	普通话	宁蒗汉语方言	当地少数民族语言
好听与否	非常				
	一般				
	不好听				

续表

态度		摩梭话	普通话	宁蒗汉语方言	当地少数民族语言
亲切度	很亲切				
	一般				
	不亲切				
作用	非常大				
	一般				
	没作用				
社会影响力	影响力很大				
	一般				
	没影响力				

三 家庭内部语言使用情况调查表

（请在调查对象所选用语言的相应位置打“√”）

表附 1-2 家庭内部语言使用情况调查表

交际双方		调查对象所选用语言					
		摩梭话	彝语	普米语	汉语	其他	备注
长辈对晚辈	父母对子女						
	祖辈对孙辈						
	公婆对儿媳						
晚辈对长辈	子女对父母						
	孙辈对祖辈						
	儿媳对公婆						
同辈之间	祖辈之间						
	父母亲之间						
	夫妻之间						
	兄弟姐妹之间						

四　不同场合语言使用情况调查表

（请在所选用语言的相应位置打“√”）

表附 1-3　不同场合语言使用情况调查表

<table>
<tr><td colspan="2" rowspan="2">对象
交际场合</td><td colspan="5">本族人</td><td colspan="5">非本族人</td></tr>
<tr><td>摩梭话</td><td>彝语</td><td>普米语</td><td>汉语</td><td>其他</td><td>摩梭话</td><td>彝语</td><td>普米语</td><td>汉语</td><td>其他</td></tr>
<tr><td colspan="2">见面打招呼</td><td></td><td></td><td></td><td></td><td></td><td></td><td></td><td></td><td></td><td></td></tr>
<tr><td colspan="2">聊天</td><td></td><td></td><td></td><td></td><td></td><td></td><td></td><td></td><td></td><td></td></tr>
<tr><td colspan="2">生产劳动</td><td></td><td></td><td></td><td></td><td></td><td></td><td></td><td></td><td></td><td></td></tr>
<tr><td colspan="2">买卖</td><td></td><td></td><td></td><td></td><td></td><td></td><td></td><td></td><td></td><td></td></tr>
<tr><td colspan="2">看病</td><td></td><td></td><td></td><td></td><td></td><td></td><td></td><td></td><td></td><td></td></tr>
<tr><td rowspan="3">开会（村委会）</td><td>开场白</td><td></td><td></td><td></td><td></td><td></td><td></td><td></td><td></td><td></td><td></td></tr>
<tr><td>传达上级指示</td><td></td><td></td><td></td><td></td><td></td><td></td><td></td><td></td><td></td><td></td></tr>
<tr><td>讨论、发言</td><td></td><td></td><td></td><td></td><td></td><td></td><td></td><td></td><td></td><td></td></tr>
<tr><td colspan="2">公务用语（政府部门）</td><td></td><td></td><td></td><td></td><td></td><td></td><td></td><td></td><td></td><td></td></tr>
<tr><td colspan="2">宗教场所</td><td></td><td></td><td></td><td></td><td></td><td></td><td></td><td></td><td></td><td></td></tr>
<tr><td colspan="2">广播用语</td><td></td><td></td><td></td><td></td><td></td><td></td><td></td><td></td><td></td><td></td></tr>
<tr><td colspan="2">网络通信（微信）</td><td></td><td></td><td></td><td></td><td></td><td></td><td></td><td></td><td></td><td></td></tr>
<tr><td rowspan="2">学校</td><td>课堂用语</td><td></td><td></td><td></td><td></td><td></td><td></td><td></td><td></td><td></td><td></td></tr>
<tr><td>课外用语</td><td></td><td></td><td></td><td></td><td></td><td></td><td></td><td></td><td></td><td></td></tr>
<tr><td colspan="2">节日、集会</td><td></td><td></td><td></td><td></td><td></td><td></td><td></td><td></td><td></td><td></td></tr>
<tr><td colspan="2">婚嫁</td><td></td><td></td><td></td><td></td><td></td><td></td><td></td><td></td><td></td><td></td></tr>
<tr><td colspan="2">丧葬</td><td></td><td></td><td></td><td></td><td></td><td></td><td></td><td></td><td></td><td></td></tr>
</table>

附录（二）云南宁蒗摩梭话自然村名考释

一　拉伯乡

拉伯，取于“拉卡西”的拉和“白亚”的白组合成“拉伯”。

用摩梭话命名的自然村有：

（一）拉伯村委会

1. 金江：摩梭话意译，摩梭话为：xæ^{31}k^{h}ə^{33}lɯ^{33}（韩柯吕）

xæ^{31}：金；k^{h}ə^{33}：淘；lɯ^{33}：lɯ^{33}：助词，单独无意义，附在地点名词后指称某个方位或地方。xæ^{31}k^{h}ə^{33}lɯ^{33}意为：淘金的地方。

自村落形成之后，沿用至今。

2. 拉卡西：摩梭话音译，摩梭话为：la^{33}k^{h}ã^{33}ɕi^{33}lɯ^{33}（拉卡西吕）

la^{33}（拉）：虎；k^{h}ã^{33}（卡）：打；ɕi^{33}（西）：死。lɯ^{33}：助词，单独无意义，附在地点名词后指称某个方位或地方。la^{33}k^{h}ã^{33}ɕi^{33}lɯ^{33}意为：打死老虎的地方。

因阿海电站蓄水山体滑坡，故此村村民一部分移民到永宁，另一部分移民到新建村；后改名为“新建村”。

3. 草落果：摩梭话音译，摩梭话为：ts^{h}o^{33}lo^{31}wo^{33}

ts^{h}o^{33}（草）：搓氏族；lo^{31}（落）：沟；wo^{33}（窝）：山。搓氏族居住的山沟（最后形成了村子）。

自村落形成后沿用至今。

4. 新建：di^{31}mæ^{33}æ^{33}k^{h}ɯ^{31}（迪曼安客）

20世纪70年代新建的村。后来山体滑坡，又集体迁至现在的“拉开西”，该村位于现在的“拉开西”地界边上。

没建村之前，这里是一片荒地，摩梭话名为：di^{31}mæ^{33}æ^{33}k^{h}ɯ^{31}。di^{31}（迪）地方（稍平的地方）；mæ^{33}（曼）：尾巴；æ^{33}（安）：悬崖；k^{h}ɯ^{31}（客）：下边。di^{31}mæ^{33}æ^{33}k^{h}ɯ^{31}意为：悬崖下边稍平的地方。

5. 望香落（望香落123村）：摩梭话音译，摩梭话为：wɑ^{55}ɕia^{31}lo^{55}

wɑ^{55}（望）：村子；ɕia^{31}lo^{55}（香落）：达巴祭祀用的托盘。wɑ^{55}ɕia^{31}lo^{55}意为：形状像达巴祭祀用的托盘的山；从地势低的地方看上去有个沟，这个村在山沟里。

自村落形成后沿用至今。

6. 白亚：摩梭话音译，摩梭话为：bər^{31}

bər^{31}（白尔）：庄稼。bər^{31}指“庄稼好的地方”。

自村落形成后沿用至今。

7. 布尔科：bər^{33}ər^{31}k^{h}o^{33}

以前叫tɕĩ^{33}bv̩^{33}k^{h}v̩^{33}（金布谷），是个垭口，意为“土坡上”；是现今布尔科的一部分。

后改为“布尔科”。或许后来放养牦牛了，所以以此来命名。在“白亚”上方。

布尔科：摩梭话音译。$bər^{33}$（布）：牦牛；$ər^{31}$（尔）：放牧；$k^{h}o^{33}$（科）：草坪（长草的平坝）。$bər^{33}ər^{31}k^{h}o^{33}$意为：放牦牛的地方。

自得名以来沿用至今。

8. 格佐：摩梭话音译，摩梭话为：$gə^{31}dzo^{33}$

$gə^{31}$（格）：上方；dzo^{33}（佐）：指村或小组，地形上像厢房的地方。$gə^{31}dzo^{33}$意为：上村。自村落形成后沿用至今。

9. 明佐：摩梭话音译，摩梭话为：$mu^{31}dzo^{33}$

mu^{31}（母）：下方；$mu^{31}dzo^{33}$（明佐）：下村。

“格佐”“明佐”一般是同一个村的上下村。

自村落形成后沿用至今。

10. 格庄：摩梭话音译，摩梭话为：$gə^{31}dʐuã^{33}$

$gə^{31}$（格）：上；$dʐuã^{33}$摩梭话读“端”，意为“水塘”。$gə^{31}dʐuã^{33}$意为：水塘上村。

大集体运动时，从大水村及其他村来的人混杂在一起，集中到草落果村居住；“文化大革命”结束后，这些村民搬到了现在的村庄。

11. 明庄：摩梭话音译，摩梭话为：$mu^{31}dʐuã^{33}$

mu^{31}（母）：下；$dʐuã^{33}$摩梭话读“端”，意为“水塘”。$mu^{31}dʐuã^{33}$意为：水塘下村。

“文化大革命”结束后形成村庄。

12. 新庄：摩梭话为：$lo^{33}bv̩^{31}lo^{55}$（罗卜落）

lo^{33}（罗）：山谷；$bv̩^{31}$（卜）：套着；lo^{55}（落）：山谷。$lo^{33}bv̩^{31}lo^{55}$意为：山谷套着山谷。这个地方地形上是山谷套着山谷。

农村合作社时期，几个村分出来新建的村；比“新建村”早十多年，是从大水村迁过来的。

13. 大水：摩梭话音译，摩梭话为：$nda^{31}ʂv̩^{33}$

$nda^{31}ʂv̩^{33}$：柏树。其意为：生长柏树的村。因江边生长柏树的地方较少，因此此地很有特点，故以此命名。

居民有一部分是从翠玉江边搬过来的摩梭人，另一部分是从丽江宝山搬来的纳西族。自得名以来沿用至今。

14. 茶花：摩梭话音译，摩梭话为：$tʂ^{h}æ^{33}kuæ^{33}$（查光）

$tʂ^{h}æ^{33}$（查）：马鹿（比较大的、长角的鹿）。$kuæ^{33}$（光）：走动。$tʂ^{h}æ^{33}kuæ^{33}$意为：马鹿经常出现的地方。

自得名以来沿用至今。

15. 拉丁里：摩梭话音译，摩梭话为：la^{33} $dʅ^{33}lɯ^{33}$（拉丁吕）

la^{33}（拉）：老虎；$dʅ^{33}$（丁）：蹦蹦跳跳；$lɯ^{33}$（吕）：助词，单独无意义，附在地点名词后指称某个方位或地方。la^{33} $dʅ^{33}lɯ^{33}$意为：老虎跳跃的地方。

自得名以来沿用至今。

16. 树枝：摩梭话音译，摩梭话为：$ʂɯ^{31}dɯ^{33}$

据说村民是合作社时期从草落果搬下来的，搬下来的这个家族名为$ʂɯ^{31}dɯ^{33}$，故以此家族命名。

自得名以来沿用至今。

（二）格瓦（摩梭话音译 $gə^{31}wa^{55}$）村委会

$gə^{31}$（格）：上；wa^{55}（瓦）：村。

1. 巴加河：摩梭话音译，摩梭话为：$bɑ^{33}tɕɑ^{31}xo^{55}$

$bɑ^{33}$（巴）：摩梭话中指普米族。$tɕɑ^{31}$（加）：无实义，助词；xo^{55}（河）：荒地，开垦的荒地。

$bɑ^{33}tɕɑ^{31}xo^{55}$：意为普米人居住的荒地。

自村落形成后沿用至今。

2. 地落：摩梭话音译，摩梭话为：$dər^{33}lo^{31}$

$dər^{33}$（地）：翅膀；lo^{31}（落）：山沟。$dər^{33}lo^{31}$意为：像翅膀一样没有肉的、贫瘠的山沟。

自得名以来沿用至今。

3. 拉吓里：摩梭话和普米语的混合。读为：$la^{33}ɕia^{31}lɯ^{33}$

la^{33}（拉）：摩梭话，指“虎”；$ɕia^{31}lɯ^{33}$（吓里）：普米语，“跳下”的意思。$la^{33}ɕia^{31}lɯ^{33}$意为：以前摩梭人打伤老虎后，老虎跳下去的地方。

自村落形成后沿用至今。

4. 安科：摩梭话音译，摩梭话为：$æ^{33}ər^{31}k^{h}o^{33}$

$æ^{33}$（安）：崖子/悬崖；$ər^{31}$（尔）：助词；$k^{h}o^{33}$（科）：长草的平地。$æ^{33}ɚ^{31}k^{h}o^{33}$意为：崖子下面的平地。

自村落形成后沿用至今。

5. 开基：摩梭话音译，摩梭话为：k^{h}æ^{55}dʐʅ^{31}

k^{h}æ^{55}（开）：沟；dʐʅ^{31}（摩梭话为：枝）：词缀，这里表示“水沟”的意思。k^{h}æ^{55}dʐʅ^{31}意为：水沟，即水沟边的村庄。

自村落形成后沿用至今。

6. 瓦依：摩梭话音译，摩梭话为：wɑ^{55}i^{33}

wɑ^{55}（瓦）：村；i^{33}（依）：过路人稍微休息（小憩）的地方。wɑ^{55}i^{33}即：赶路人路过这里小憩的地方。

自村落形成后沿用至今。

7. 拉斯科：摩梭话音译，摩梭话为：la^{33}sʅ^{33}k^{h}o^{33}

la^{33}（拉）：老虎；sʅ^{33}（斯）：死；k^{h}o^{33}（科）：长草的平地。la^{33}sʅ^{33}k^{h}o^{33}意为：老虎死的地方（这个地方是块长草的平地）。

自村落形成后沿用至今。

8. 格瓦：摩梭话音译，摩梭话为：gə^{31}wɑ^{55}

gə^{31}（格）：上；wɑ^{55}（瓦）：村。gə^{31}wɑ^{55}意为：上面的村。

自村落形成后沿用至今。

9. 岩瓦：汉语和摩梭话混合，读为：ŋə^{31}wɑ^{55}

岩：汉语，四川方言，崖子；wɑ^{55}（瓦）：摩梭话，村。ŋə^{31}wɑ^{55}其意为：山崖边的村子。

自村落形成后沿用至今。

10. 高尔米：摩梭话音译，摩梭话为：gæ^{33}ər^{31}mi^{33}

gæ^{33} ər^{31}（高尔）：老鹰；mi^{33}（米）：大。gæ^{33} ər^{31}mi^{33}意为：大老鹰出现的地方。

中华人民共和国成立前就有此名，自得名以来沿用至今。

（三）田坝村委会

此地地势平坦，并产水稻，因而得名田坝，后分成两村（田坝一组，田坝二组）。以摩梭话命名的村名有：

1. 布子落：摩梭话音译，摩梭话为：bv̩^{31}tsʅ^{31}lo^{31}

bv̩^{31}（布）：布：布氏族；tsʅ^{31}（子）：集中；lo^{31}（落）：山沟。b v̩^{31}tsʅ^{31}lo^{31}意为：布氏族集中居住的山沟。

自村落形成后沿用至今。

2. 子亩：摩梭话音译，摩梭话为：dzɯ^{33}mu^{33}

dzɯ^{33}（子）：树木；mu^{33}（亩）：古老。“子亩”意为：有参天古树的地方。

自得名以来沿用至今。

（四）加泽村委会

“加租”和“泽地”各取一字，取名“加泽”。

以摩梭话命名的村名有：

1. 泽地（一、二组）：摩梭话和汉语混合，读为：tsʰe^{33}di^{31}

tsʰe^{33}（泽）：盐；di^{31}（地）：土地。“泽地”意为：产盐的地方。

自村落形成后沿用至今。

2. 上落科：lo^{31}kʰər^{31}汉语、摩梭话混合。

lo^{31}（落）：沟；kʰər^{31}（科儿）：边。“上落科”意为：沟边上方的村庄。

自村落形成后沿用至今。

3. 下落科：lo^{31}kʰər^{31}汉语、摩梭话混合。

lo^{31}（落）：沟；kʰər^{31}（科儿）：边。“下落科”意为：沟边下方的村庄。

自村落形成后沿用至今。

4. 瓦日：摩梭话音译，摩梭话为：wɑ^{55}ʐɯ^{33}

wɑ^{55}（瓦）：村庄；ʐɯ^{33}（日）：老。wɑ^{55}ʐɯ^{33}即：时间较长的村庄。

自村落形成后沿用至今。

5. 库土：摩梭话音译，摩梭话为：kʰv̩^{31}tʰv̩^{33}

kʰv̩^{31}（库）：狗；tʰv̩^{33}（土）：这块土地。kʰv̩^{31}tʰv̩^{33}意为：属狗的那天发现的这块地方。

自村落形成后沿用至今。

6. 生生落：摩梭话音译，摩梭话为：se^{33}se^{33}lo^{31}

se^{33}se^{33}（生生）岩羊；lo^{31}（落）：沟。se^{33}se^{33}lo^{31}意为：岩羊经常路过的山沟。

自得名以来沿用至今。

7. 次瓦：摩梭话音译，摩梭话为：tsʰɯ^{31}wɑ^{55}

tsʰɯ^{31}（次）：青稞；wɑ^{55}（瓦）：村庄。tsʰɯ^{31}wɑ^{55}：指种植青稞较好的地方。

自村落形成后沿用至今。

8. 树枝：摩梭话音译，摩梭话为：ʂɯ^{31} dʐʅ^{31}

ʂɯ^{31}（树）：波浪；dʐʅ^{31}（枝）：水。该村位于江水起波浪的地方。

自得名以来沿用至今。

9. 油米：摩梭话音译，摩梭话为：ʑy^{31}mi^{33}

ʑy^{31}（油）：绵羊；mi^{33}（米）：大。ʑy^{31}mi^{33}意为：绵羊品种好，长得很大的地方。

自村落形成后沿用至今。

10. 加租：摩梭话音译，摩梭话为：dʑa^{33}dzv̩^{31}

dʑa^{33}（加）：好；dzv̩^{31}（租）：草。即草好。dʑa^{33} dzv̩^{31}意为：草好，草茂盛的地方。

自村落形成后沿用至今。

（五）拖甸村委会

“拖垮”村和“合尔甸”村（普米语村名，“合尔”：姓郭的普米族。甸：地方。即普米族郭氏居住的地方）各取一字，取名“拖甸”。

用摩梭话命名的村名有：

1. 拖垮：摩梭话音译，摩梭话为：t^{h}o^{33}k^{h}ua^{31}

t^{h}o^{33}（拖）：松树；k^{h}ua^{31}（垮）：院子。t^{h}o^{33}k^{h}ua^{31}即：松树茂密而自然形成的院子。

自村落形成后沿用至今。

2. 巴拿瓦：摩梭话音译，摩梭话为：ba^{33}na^{31}wɑ^{55}

ba^{33}（巴）：指普米族；na^{31}：（拿）摩梭人；wɑ^{55}（瓦）：村。ba^{33}na^{31}wɑ^{55}即：普米族、摩梭人杂居的地方。

自村落形成后沿用至今。

3. 格落：摩梭话音译，摩梭话为：gə^{31}lo^{31}

gə^{31}（格）：指上头；lo^{31}（落）：山沟。gə^{31}lo^{31}即：山沟上头的村子。

自村落形成后沿用至今。

4. 布落：摩梭话音译，摩梭话为：bu^{55}lo^{31}

bu^{55}（布）：指牦牛；lo^{31}（落）：山沟。bu^{55}lo^{31}即：放养牦牛的山沟。

自村落形成后沿用至今。

二　永宁镇

永宁，摩梭话称为：xĩ^{33} di^{31}；xĩ^{33}：休息（大雁或野鸭休息）；di^{31}：地方（稍平的地方）。指大雁或野鸭休息的地方。以前永宁是当地较大的一个湖泊，水退后变成沼泽地。因而此地常有大雁或野鸭飞来休息。

“元宪宗三年（1253 年），忽必烈征大理，驻跸于此。至元十四年（1277 年），永宁设答兰管民官。至元十六年（1279 年）改置永宁州，寓永远安宁之意。从此永宁一名沿用至今。”①

（一）永宁村委会

用摩梭话命名的自然村名有：

1. 达坡（上中下三个村）：摩梭话音译，摩梭话为：dɑ^{31}p^{h}o^{33}

dɑ^{31}（达）：砍；p^{h}o^{33}（坡）：打开。这个村里的山中间有条河，后来河水变大冲成了一个山沟，看上去像山被河砍成了两部分。所以以此地形来命名。

自村落形成后沿用至今。

2. 思落：摩梭话音译，摩梭话为：sɿ^{33}lo^{31}

sɿ^{33}（思）：一说为“柴火”、“树木”；一说为“一种叫古思思的植物。” lo^{31}（落）：山沟；sɿ^{33}lo^{31}：一说为“拾柴火的地方”；一说为“因长有古思思而命名的地方”。

自得名以来沿用至今。

3. 扎实：摩梭话音译，摩梭话为：dʐa^{31} ʂʅ^{31}

dʐa^{31}（扎）：垃圾（灰尘、烂木头、废柴等）；ʂʅ^{31}（实）：冲洗或打扫干净的状态。dʐa^{31} ʂʅ^{31}意为：冲柴火的地方。下雨时山里经常发洪水，把山里的柴火、废木头、灰尘、石头冲下来，冲下来的废柴等堆积的地方叫“扎实”。

自村落形成后沿用至今。

4. 陈家湾：汉语。以前包括在“忠实村”，分成独立村有 20 多年了。

5. 忠实：汉语、摩梭话的混合。读为：dʐv̩^{33} ʂʅ^{31}

以前叫“忠科”dʐv̩^{33}k^{h}ɯ^{33}。“忠”：以前土司叫土知州，省略掉“土知”，剩下“州”音变为 dʐv̩^{33}（忠）；k^{h}ɯ^{33}（科）：脚边，即周围的意思。dʐv̩^{33}k^{h}ɯ^{33}即：土知州府周围。

土知府最早在忽必烈驻军驯马场（日月和）附近，后来搬到开基村，最后又搬到“忠实”。dʐv̩^{33}（忠）：州；ʂʅ^{31}（实）：新。dʐv̩^{33} ʂʅ^{31}即：

① 云南省宁蒗彝族自治县志编纂委员会编：《宁蒗彝族自治县志》，云南民族出版社 1993 年版，第 46 页。

新搬到的地方。

中华人民共和国成立后改为“忠实”，并沿用至今。

6. 海玉角：摩梭话音译，摩梭话为：xæ^{33}ʐi^{33}ko^{31}

xæ^{33}（海）：汉族；ʐi^{33}（玉）：抓、打；ko^{31}（角）：山坡顶上（不是很高的小山坡顶上）。xæ^{33}ʐi^{33}ko^{31}意为：抓住汉族人的地方。摩梭人和汉人发生纷争，摩梭人在这个地方抓住了汉人，打败了汉人。

自村落形成后沿用至今。

7. 八七：摩梭话音译，摩梭话为：ba^{33}tɕʰi^{31}

ba^{33}（八）：普米族；tɕʰi^{31}（七）：丢弃。ba^{33}tɕʰi^{31}意为：丢弃普米人的地方。历史上普米人在“八组村”聚集后，来到皮匠村举行一种跳舞仪式后发兵到丽江。当时有一些普米人被丢弃在这个地方。后来去丽江的普米人全都战死在今白沙（束河古镇）。“白沙”纳西语意为“普米人死的地方”。

中华人民共和国成立后改为“八七”，并沿用至今。

8. 上开基：汉语、摩梭的混合。

上：汉语，上方。“开基”是摩梭语kʰæ^{55}tɕʰi^{33}音变后的读音。

kʰæ^{55}（开）：沟；tɕʰi^{33}（基）：词缀，这里表示“旁边”的意思。指沟旁边。

“上开基”为沟旁边这个村的上村。

自得名以来沿用至今。

9. 下开基：汉语、摩梭话的混合。

下：汉语，下方；“开基”是摩梭话kʰæ^{55}tɕʰi^{33}音变后的读音。

kʰæ^{55}（开）：沟；tɕʰi^{33}（基）：词缀，这里表示“旁边”的意思。指沟旁边。“下开基”为沟旁边这个村的下村。

自得名以来沿用至今。

10. 纳哈瓦村：摩梭话音译，摩梭话为：na^{31}xa^{33}wɑ^{55}

na^{31}（纳）：指摩梭人；xa^{33}（哈）：第一次到达的地方；wɑ^{55}（瓦）：村。na^{31}xa^{33}wɑ^{55}意为：到的第一个摩梭村。据说是蒙古军到永宁时到达的第一个摩梭村。

自村落形成后沿用至今。

11. 嘎拉：摩梭话音译，摩梭话为：ga^{33}la^{31}疑为gə^{31}lo^{31}的音变

gə^{31}（嘎）：上边；lo^{31}（拉）（“罗”的音变）：山沟（山和山之间的

缺口）。gə^{31}lo^{31}意为：上边山沟的那个村。在开基和扎美寺中间形成了一个狭口，这个村子在永宁坝子的正上方，村子在山沟里，也即永宁坝子上边的村子。

自村落形成后沿用至今。

12. 平静：汉语“皮匠”的音译。

摩梭话原名为：ba^{33}tsʰo^{33}gv̩^{33}

ba^{33}（巴）：普米族/脚步；tsʰo^{33}（搓）：跳舞；gv̩^{33}（果）：市场，街；做生意的地方。ba^{33}tsʰo^{33}gv̩^{33}：一说为普米人跳舞的地方；一说为摩梭人的含蓄表达，即做跳舞穿的鞋子的人（即皮匠）所在的地方。

自得名以来沿用至今。

13. 拉罗湾：摩梭话音译，摩梭话为：la^{33}lo^{31}wɑ^{55}

la^{33}（拉）：老虎；lo^{31}（罗）：山沟（典型的山沟：两边是山，中间是小沟，沟两边是土地）；wɑ^{55}（瓦）：村。la^{33}lo^{31}wɑ^{55}意为：老虎出没的山沟。

自村落形成后沿用至今。

14. 黑瓦落：摩梭话音译，摩梭话为：xĩ^{31}wɑ^{55}lo^{31}

xĩ^{31}（黑）：海或沼泽地；wɑ^{55}（瓦）：村；lo^{31}（落）：山沟。xĩ^{31}wɑ^{55}lo^{31}意为：沼泽地旁边的山沟，村子在这个山沟里。

永宁坝子以前是个湖泊，后来水退去后变成了沼泽地，农业学大寨时把沼泽地填成耕种的土地。这个地名保留了永宁较古老的地貌特点，也说明了这个村落形成较早。

自村落形成后沿用至今。

15. 杨柳湾：汉名，曾用摩梭话名 gə^{31}lo^{31}。

gə^{31}（格）：上边；lo^{31}（落）：山沟。gə^{31}lo^{31}意为：上边的小山沟。

以前为山沟，中华人民共和国成立后形成的村子，有杨柳树，故名。

16. 高明：汉名，曾用摩梭话名 ga^{33}sa^{55}wɑ^{55}（嘎撒瓦）

ga^{33}sa^{55}（嘎撒）：氏族名；wɑ^{55}（瓦）：村。此村以氏族名命名。

“文化大革命”时改为“高明”。

（二）泥鳅沟 dze^{33}bo^{33}村委会

泥鳅沟，摩梭话原名“者波”，阿少云总管居住在这里。因此地是沼泽地，泥鳅多，1958 年改名“泥鳅沟”。

1. 八租：摩梭话音译，摩梭话为：ba^{33}dʐi^{55}

ba^{33}（巴）：脚步；dʐi^{55}（支）：集中。ba^{33}dʐi^{55}意为：脚步聚集的地

方。从地理位置来看，以前没有公路时，外来人要经过这个地方才能到达永宁。后来有普米人搬来此居住，因此，“ba^{33}”就变为指普米人；“$dʐi^{55}$”就指“居住”。$ba^{33}dʐi^{55}$意为“普米人居住的地方”。

自村落形成后沿用至今。

2. 拖坝：摩梭话音译，摩梭话为：$t^{h}o^{33}ba^{31}$

$t^{h}o^{33}$（拖）：松树（云南松）；ba^{31}（坝）：松树树枝。此地地形像松树树枝，也可能此地松树茂盛，故得名。

自得名以来沿用至今。

3. 者波桥：摩梭话音译，摩梭话为：$dze^{33}bo^{33}$

dze^{33}（者）：飞；bo^{33}（波）：地势高。$dze^{33}bo^{33}$意为：大雁休息的地方。

该村是永宁地区最古老的村，现在永宁地区很多村都是从这个村拓展出去的。以前永宁周围都是沼泽地，后来才填沼泽发展为村。以前冬天大雁迁徙到这里，旁边是湿地，大雁在这里飞来飞去、休息。

自得名以来沿用至今。

（三）温泉村委会

曾用摩梭话名：$i^{33}mæ^{33}wɑ^{55}$。后因此村有温泉，故名温泉村。

1. 依满瓦：摩梭话音译，摩梭话为：$i^{33}mæ^{33}wɑ^{55}$

一说，$i^{33}mæ^{33}$：姓氏；$wɑ^{55}$：村。最早来此的有两家，依满家和依布家，后来取大哥依满的名为此村名。

一说，i^{33}（依）：摩梭话为“牛”；$mæ^{33}$（满）：捡到；$wɑ^{55}$：村。$i^{33}mæ^{33}wɑ^{55}$即：捡到牛的地方。

自村落形成后沿用至今。

2. 阿汝瓦：摩梭话音译，摩梭话为：$a^{33}ʐu^{31}wɑ^{55}$

$a^{33}ʐu^{31}$：姓氏；$wɑ^{55}$：村。阿汝家最早住在这里，以此家族名命名。

自村落形成后沿用至今。

3. 阿古瓦：摩梭话音译，摩梭话为：$a^{33}gv̩^{33}wɑ^{55}$

$a^{33}gv̩^{33}$：姓氏；$wɑ^{55}$：村。以前有个叫阿古的人最早住在这里，以此人名命名。

自村落形成后沿用至今。

4. 瓦拉壁：$wɑ^{55}la^{31}bi^{31}$

$la^{31}bi^{31}$（拉壁）：山的半坡；$wɑ^{55}$：村。$wɑ^{55}la^{31}bi^{31}$即为：山的半坡，

这个村在半山上。据地形命名。

自村落形成后沿用至今。

5. 瓦都：摩梭话音译，摩梭话为：wɑ^{55}du^{33}

包括上瓦都、中瓦都、下瓦都。

wɑ^{55}（瓦）：村；du^{33}（都）：孤独，单独。wɑ^{55}du^{33}意为：单独的一个村。村前有很大的一块坝子，靠近山脚，旁边没有其他村庄。彝族搬来这里只有十多年，其他村离这里都很远。

自村落形成后沿用至今。

6. 拖泽：摩梭话音译，摩梭话为：t^{h}o^{33}ts^{h}e^{31}

t^{h}o^{33}（拖）：松树；ts^{h}e^{31}（泽）：沼泽地。这个村在松树林里，前边有一大片沼泽地。

自得名以来沿用至今。

7. 比柒：摩梭话音译，摩梭话为：bi^{33}ts^{h}e^{31}

bi^{33}（比）：旁边；ts^{h}e^{31}（柒）：沼泽地。bi^{33}ts^{h}e^{31}即为：沼泽地旁边。这个村在沼泽地旁边。

自得名以来沿用至今。

8. 农场：

汉名。曾用摩梭话名：t^{h}o^{33}ts^{h}e^{31}gv̩^{31}mi^{33}wɑ^{55}

t^{h}o^{33}ts^{h}e^{31}即“拖泽”；gv̩^{31}：里面；mi^{33}：大；wɑ^{55}：村。此村原属于“拖泽”，这里有一块很大的草坪，故以此命名。

自得名以来沿用至今。

9. 拉翁落：摩梭话音译，摩梭话为：la^{33}wo^{33}lo^{31}

la^{33}（拉）：老虎；wo^{33}（窝）：山；lo^{31}（罗）：山沟。la^{33}wo^{33}lo^{31}意为：老虎出没的山沟。

原来没人居住，合作社时期命名，并沿用至今。

10. 巴瓦比：摩梭话音译，摩梭话为：ba^{33}wɑ^{55}bi^{33}

ba^{33}（巴）：普米族；wɑ^{55}（瓦）：村；bi^{33}（比）：不太平整的地方。ba^{33}wɑ^{55}bi^{33}意为：普米人居住的地方，这个地方不太平整。

自村落形成后沿用至今。

（四）拖支（摩梭话名：t^{h}o^{33}tʂɯ^{31}）村委会

1. 阿拉瓦：摩梭话音译，摩梭话为：a^{33}la^{33}wɑ^{55}

a^{33}la^{33}：家族名；wɑ^{55}：村。

居住在此的是一支较大、较有影响力的家族，家族名为“阿拉”，以此命名。

自村落形成后沿用至今。

2. 拖支（上、下村）：$t^{h}o^{33}tʂɯ^{31}$

“土知府”的谐音音变，“土知府”—“拖支”，第一任土知府所在地。

第一任土知府的老屋基名叫“土知”（拖支），即在忽必烈驻军的驯马场草坪那个位置（日月和附近）。第二任搬到现在的上开基村，因当时在那里吊死过一个人，摩梭土司认为不祥，故搬迁到现在的“忠实”（忠：即“州”的谐音；“实”：摩梭话义为“新”）。后来为了便于管理，土司后代分管三个地方，这三个地方的土司分别叫大老爷、二老爷、三老爷。其中三老爷所在的地方沿用了“拖支”这个地名。

自得名以来沿用至今。

3. 拉丁古：摩梭话音译，摩梭话为：$la^{33}dʅ^{33}gv̩^{33}$

la^{33}（拉）：老虎；$dʅ^{33}$（丁）：起来；$gv̩^{33}$（古）：里面。$la^{33}dʅ^{33}gv̩^{33}$意为：老虎站在里面。

以前这里只有一户人家，是普米族，是永宁土司弟弟家的头人，帮拖支当地的土司管理拖支。这家人住在比拖支平坝高一个小平台的小山头里面，可以俯瞰整个拖支坝子。以此来比喻这家人像只站起来的老虎，站立在拖支平坝边上。

自村落形成后沿用至今。

4. 拉加：摩梭话音译，摩梭话为：$la^{33}dʐə^{33}$

la^{33}（拉）：老虎；$dʐə^{33}$（加）：扯。$la^{33}dʐə^{33}$意为：被老虎咬、扯的地方。

自得名以来沿用至今。

5. 日古鲁：摩梭话音译，摩梭话为：$ʐɯ^{31}gv̩^{33}lo^{31}$

$ʐɯ^{31}gv̩^{33}$（日古）：猪槽船，lo^{31}（落）：山沟。$ʐɯ^{31}gv̩^{33}lo^{31}$意为：像猪槽船一样的山沟。

自得名以来沿用至今。

6. 各左：摩梭话音译，摩梭话为：$gə^{31}dzo^{31}$

$gə^{31}$（格）：上方；dzo^{31}（佐）：村或小组，地形像厢房。$gə^{31}dzo^{31}$意为：上村。

自得名以来沿用至今。

7. 腊基地：摩梭话音译，摩梭话为：$la^{31}tɕi^{13}di^{31}$

$la^{31}tɕi^{13}$（腊基）：摩梭话名，指一种形体较小的鹰；di^{31}（地）：地方。

$la^{31}tɕi^{13}di^{31}$意为：鹰居住的地方。这里山特别高，原始森林很茂密。

自得名以来沿用至今。

（五）木底箐村委会

木底箐（原来户籍在落水村、高那米，后来这两个村委会村民划分在一起后，重新成立了“木底箐大队。”）

木底箐：汉语、摩梭话的混合。（木）$mv̩^{33}$：天；$dɯ^{31}$（底）：大/到达；箐：汉语，指树木丛生的山谷。“木底箐”指：到达天的山谷。这里山很高，就像快靠近天了，以此喻指离天很近。

以摩梭话命名的自然村有：

1. 撮比：摩梭话音译，摩梭话为：$ts^{h}o^{33}bi^{13}$

$ts^{h}o^{33}$（撮）：跳；bi^{13}（比）：斜坡。$ts^{h}o^{33}bi^{13}$意为：跳舞的斜坡。

自得名以来沿用至今。

2. 日瓦落：摩梭话音译，摩梭话为：$ʐɯ^{31}wo^{33}lo^{31}$

$ʐɯ^{31}$（日）：冷杉树；wo^{33}（窝）：山；lo^{31}（落）：沟。意为：有冷杉树的山沟。

自得名以来沿用至今。

3. 高那米：摩梭话音译，摩梭话为：$ga^{33}na^{31}mi^{33}$

$ga^{33}na^{31}$（嘎那）：老鹰；mi^{33}（米）：大。$ga^{33}na^{31}mi^{33}$意为：大老鹰飞的地方。

木底箐所有的彝族都是从这里搬出去的。

自得名以来沿用至今。

4. 三家村：汉名

曾用摩梭话名：$di^{31}mæ^{33}$

di^{31}（地）：土地；$mæ^{33}$（曼）：尾巴。$di^{31}mæ^{33}$意为：土地尾巴，即指这片区域最下方的一个村。以前最早只有三户人家，故汉名为“三家村”。

自得名以来沿用至今。

5. 沙俄村：摩梭话音译，摩梭话为：$sa^{33}wo^{55}$

sa^{33}（沙）：路程长，最长；wo^{55}（窝）：头。$sa^{33}wo^{55}$意为：最上头、最远的村子。是木底箐这一片最远、最上头的那个村。

自村落形成后沿用至今。

（六）落水（摩梭话名：$lo^{33}sv_{ɩ}^{31}$）村委会

1. 浪放：摩梭话音译，摩梭话为：$la^{33}xõ^{31}$（拉火）

la^{33}（拉）：老虎；$xõ^{31}$（火）：窝，睡觉的地方。$la^{33}xõ^{31}$意为：老虎睡觉的地方。以前这一带植被很好，有很多大树，老虎常出没。

自得名以来沿用至今。

2. 三家村：汉名。曾用摩梭话名：$dʑi^{31}p^{h}v_{ɩ}^{33}$（吉扑）。

$dʑi^{31}$（吉）：水；$p^{h}v_{ɩ}^{33}$（扑）：白。

这个村后面有个山洞，山洞出水很大，很干净，看上去有白浪，故名。

晚清时搬来三户汉人居住于此，他们给土司交租，租种土司土地，后来居住于此，故名“三家村”。

3. 落水：摩梭话音译，摩梭话为：$lo^{33}sv_{ɩ}^{31}$（落树）

$lo^{33}sv_{ɩ}^{31}$（落树）：古时摩梭家族的一个姓。以此姓命名。

自村落形成后沿用至今。

4. 肖家湾：汉名，曾用摩梭话名：$zɯ^{31}bu^{55}$（日卜）

$zɯ^{31}$（日）：草；bu^{55}（卜）：粗大、茂盛。$zɯ^{31}bu^{55}$意为：水草茂盛之地。曾经，土司请来一家汉族人打铁。汉族人觉得这里很好，请求土司让他们居住于此，这家人姓肖。故名。（现在附属于“落水村”）

自得名以来沿用至今。

5. 山垮：摩梭话音译，摩梭话为：$ʂə^{33}k^{h}uæ^{33}$

$ʂə^{33}$（山）：铁；$k^{h}uæ^{33}$（垮）：围栏。$ʂə^{33}k^{h}uæ^{33}$意为：铁围栏。此村在四川与云南交界处，这个村的人很厉害，很团结，像铁围栏一样，别村的人不可以随便在这里走来走去。

自村落形成后沿用至今。

6. 里格：摩梭话音译，摩梭话为：$xĩ^{33}gi^{33}$

$xĩ^{33}$（里）：计量单位。$xĩ^{33}gi^{33}$（里格）：距离。两手侧平举伸开后，左手指尖到右手指尖的距离，指里格半岛到岸边的距离（一米多，不到两米的距离），即指离岸边很近的岛。按地形地貌来取名。

自村落形成后沿用至今。

7. 竹地：摩梭话音译，摩梭话为：$dʐu^{31}di^{31}$

$dʐu^{31}$（竹）：迎接；di^{31}（地）：地方。$dʐu^{31}di^{31}$意为：迎来送往的地方。这个地方刚好在几条路的交会处，也是迎接外来人的必经之地。

自村落形成后沿用至今。

8. 尼赛：摩梭话音译，摩梭话为：$ȵi^{33}se^{31}$

$ȵi^{33}$（尼）：鱼；se^{31}（赛）：走。（摩梭话里没有“游”这个词）$ȵi^{33}se^{31}$意为：鱼很多的地方。

自村落形成后沿用至今。

9. 小落水：摩梭话音译，摩梭话为：$lo^{33}sv̩^{33}$（落索）

lo^{33}（落）：劳动，$sv̩^{33}$（索）：悠闲，清闲。$lo^{33}sv̩^{33}$意为：农活清闲的地方。为跟“落水”区别，故取名“小落水”。

自村落形成后沿用至今。

10. 拉比落：摩梭话音译，摩梭话为：$la^{31}bi^{31}lo^{31}$

$la^{31}bi^{31}$（拉比）：斜坡；lo^{31}（落）：山沟。$la^{31}bi^{31}lo^{31}$意为：地形像斜坡的山沟。

是格姆神山山脚下的一个大沟，早期就叫这个名，没有人居住，合作社时期彝族从山上搬迁下来，形成了现在的彝族村。（原属于“竹地村”）

11. 普洛：摩梭话音译，摩梭话为：$p^hv̩^{33}lo^{31}$

$p^hv̩^{33}$（普）：白色；lo^{31}（洛）：山沟。$p^hv̩^{33}lo^{31}$意为：水白（水清、水大）的山沟。

清末时形成，汉族人最早来此住。现在居住的都是汉族人。

三　原大兴镇

清道光十一年（1831），因白牛厂银矿的扩大和兴旺，逐步形成集市，取名为“大村街”。1917年，设宁蒗县佐（又称分县），县佐衙门设大村街（今大兴街道）。1936年，成立宁蒗设治局，局署仍设于此。1950年属兴化区。1956年更名为大兴镇。2021年3月18日，撤销大兴镇，设立大兴街道和紫玛街道。

（一）安乐社区（现属紫玛街道）

中华人民共和国成立后人民安居乐业，故该村得名“安乐”。自1949年后沿用至今。

曾用摩梭话命名的村名有：

1. 新民村：汉名，曾用摩梭话名：$iɑ^{33}k^{h}o^{33}wo^{33}$

$iɑ^{33}k^{h}o^{33}$（雅阔）：苦荞；wo^{33}（窝）：山。$iɑ^{33}k^{h}o^{33}wo^{33}$意为：种苦荞的山。“文化大革命”时才改名。

以前和堰口坝共用一个名。

2. 堰口坝村：汉名，曾用摩梭话名：$iɑ^{33}k^{h}o^{33}wo^{33}$

$iɑ^{33}k^{h}o^{33}$（雅阔）：苦荞；wo^{33}（窝）：山。$iɑ^{33}k^{h}o^{33}wo^{33}$意为：种苦荞的山。

以前和新民村共用一个名。

1988 年将刘家河坝、红卫两个村合并后，单独成立了一个村；因该村位于两条堰沟的混合处，故名堰口坝。

（二）红旗社区（现属紫玛街道）

红旗，汉语，此名来源于 1958 年“大跃进”时期争红白旗，该公社争到一面红旗，故而得名。1953 年前称包都街（“包都”：普米语，看望大官的地方）；1956 年称四区；1958 年改称红旗公社；1984—1987 年称红旗区（1981 年称官地坝乡大队，1982 年与官地坝分村，取名红旗行政村，以乡名取代村名）；1988 年改称红旗乡；2006 年并入大兴镇，改称红旗社区；现属紫玛街道。

曾用摩梭话命名的村名有：

1. 庄房村：汉名曾用摩梭话名为：$wo^{55}gv̩^{33}$

$wo^{55}gv̩^{33}$（窝沽）：枕头。$wo^{55}gv̩^{33}$意为：山像枕头的地方。

此地以前为蒗蕖土司的庄房。当地汉语方言，意为“仓库”。该村居住地在中华人民共和国成立前是阿土司收租装粮食的仓库所在，故得名。

历史沿革：自“文化大革命”时期沿用至今。

2. 下庄房村：汉名，曾用摩梭话名为：$da^{33}ba^{31}gɔ^{33}$

$da^{33}ba^{31}$：达巴；$gɔ^{33}$：湾子（弯的山沟）。村里有个达巴很有名，以此命名。

这里历史上是永宁总管的庄房所在地。因此，汉名为“下庄房村”。

3. 干坝子上、下村：汉名，曾用摩梭话名为：$di^{31}xo^{33}$（地伙）

di^{31}（迪）：地方；xo^{33}（伙）：宽。$di^{31}xo^{33}$指：比较宽的地方。蒗蕖是个狭长的坝子，这个地方相对来说比较宽。

因该村居住地是一块平地，无水资源，因此汉名为“干坝子”。

自“文化大革命”时期开始沿用至今。

4. 大树子村：汉名，曾用摩梭话名为：$sɯ^{31}na^{31}tsɯ^{33}$

$sɯ^{31}na^{31}$（仕那）：槐树；$tsɯ^{33}$（籽）：住。$sɯ^{31}na^{31}tsɯ^{33}$意为：有槐树的地方。

该村居住地有一棵百年的大核桃树，故汉名为“大树子”。

自“文化大革命”时期开始沿用至今。

（三）大兴社区（现为大兴街道河滨社区）

曾用摩梭话命名的村名有：

1. 新村：汉名，曾用摩梭名为：$wo^{33}ze^{31}di^{31}$

wo^{33}（窝）：山；ze^{31}（惹）好看；di^{31}（迪）：地方。意为：山好看的地方（这里有七座小山连着，看上去好看）。

“文化大革命”前后改名为新村。

2. 挖开：摩梭话音译，摩梭话为：wa^{33} $k^{h}ã^{33}$

wa^{33}（挖）：左边；$k^{h}ã^{33}$（开）：风。

总管住在这个村的左边，风从上往下吹，这个村在风口上。

自村落形成后沿用至今。

（四）干河子社区（现属大兴街道）

辖区比较缺水，水源不充足，因而将辖区称为干河子，社区成立后命名为“干河子社区”。

曾用摩梭话命名的村名有1个，即：

干河子：汉名，曾用摩梭话名为：$ɕy^{31}dv̩^{55}$ $gɔ^{33}$

$ɕy^{31}$（徐）：烧的香，一般是柏树等天然香料；$dv̩^{55}$（都）：看见；$gɔ^{33}$（阔）山沟（较深的山沟）。$ɕy^{31}dv̩^{55}gɔ^{33}$其意为：看见柏香树的地方（以前这里有个很大的龙洞，龙洞旁边有九棵很大的柏香树）。

“大跃进”时期得名畜牧场（又称上干河子），2000年社区划定后得名干河子一村、二村、三村、四村。

（五）岔河社区（现属紫玛街道）

三岔河水库坝口至宁蒗河口的河流经过本辖区内有一条小河，名为岔河，该地因此得名岔河，社区成立后命名为“岔河社区”。

曾用摩梭话命名的村名有：

1. 胜利村：汉名，曾用摩梭话名为：xi^{33}mv̩^{31}dv̩^{31}（黑母堵）

一说，xi^{33}（黑）：休息；mv̩^{31}（母）：天；dv̩^{31}（堵）：看见。意为：能看见天的休息的地方（以前这一带都是原始森林，在空地才能看见天）。

一说为：xi^{33}（黑）：人；mv^{31}dv̩^{31}（母堵）：看不见。其意为：不见人的地方。因为此地为二老爷居住地，这里挖了隧道，所以外面人称此地为“看不见人的地方”。

“文化大革命”时改为“胜利村”。

2. 二关村（现在的“胜利二社”）

民国时期称二官村（现“胜利”村及现“二关”村）；“大跃进”时期改名为胜利二社；2002 年社区成立后得名“二关”。

（六）官地坝社区（现属紫玛街道）

此地是块平坝，中华人民共和国成立前出了很多人才，以此得名。1981—1983 年称官地坝大队，属红旗公社。1984—1988 年称官地坝乡。1989 年至今称官地坝社区，属大兴镇；现属紫玛街道。

曾用摩梭话命名的村名有 1 个，即：

麻栗坪：汉名，曾用摩梭话名为：bæ^{33}mæ^{33}

bæ^{33}（般）：野鸭子；mæ^{33}（曼）：坝子尾巴。bæ^{33}mæ^{33}意为：野鸭子休息的地方，这个地方在宁蒗坝子的尾部。

因村内麻栗树较多，故汉名为“麻栗坪”。自中华人民共和国成立后沿用至今。

（七）拉都河社区（现属大兴街道）

以村委会内的一条河命名。用摩梭话命名的村名有 1 个，即：

拉都河：摩梭话音译，摩梭话为：la^{33}dv^{33} gɔ^{33}

la^{33}（拉）：老虎；dv̩^{33}（堵）：直的；gɔ^{33}（阔）：山沟（较深的山沟）。la^{33}dv̩^{33} gɔ^{33}意为：老虎可以直行的山沟。

（八）羊窝子社区（现属紫玛街道）

羊窝子：汉语，过去在此地扎窝子放羊，故此得名羊窝子。

1960 年称羊窝子管理区。1961 年称羊窝子大队。1962—1968 年称羊窝子乡。1969—1983 年称羊窝子大队。1984—1988 年称羊窝子乡。1989 年至今称羊窝子村公所。

曾用摩梭话命名的村名有 1 个，即：

猪头坡：汉名，曾用摩梭话名：p^{h}v̩^{33}wo^{33}ʐua^{33}di^{31}（铺窝软迪）

p^{h}v̩^{33}（铺）：白色；wo^{33}（窝）：山；ʐua^{33}（软）：凹进去；di^{31}（迪）：地方。p^{h}v̩^{33}wo^{33}ʐua^{33}di^{31}指：白色凹形的山，形状酷似猪头。

后来，每年集中在这里给土司交租交贡，每年每村都会上缴一个猪头。因此，汉名为“猪头坡”。

自村落形成后沿用至今。

四 新营盘乡（摩梭话名为：bu^{55}gv̩^{33}）

中华人民共和国成立前为了防范外来的入侵者，曾在该村居住地四周，筑有土墙碉堡等，因此得名。

（一）毛菇坪村委会

曾用摩梭话命名的村名有 1 个，即：

中村：汉名，曾用摩梭话名为：gə^{31}k^{h}v̩^{33}wo^{33}（格姑窝）

gə^{31}k^{h}v̩^{33}（格姑）：上面；wo^{33}（窝）：山。gə^{31}k^{h}v̩^{33}wo^{33}意为：山上面的一个村。

中华人民共和国成立初期，划分区划时，该村处于上有七村，下有八村的中心位置，故得名“中村”。

（二）东风村委会

曾用摩梭话命名的村名有：

1. 峰子岩：汉名，曾用摩梭话名为：ua^{31}sɯ^{31}bv̩^{31}lo^{31}（娃茨铺噜）

ua^{31}sɯ^{31}（娃茨）：猪膘；bv̩^{31}lo^{31}（铺噜）：山沟。ua^{31}sɯ^{31}bv̩^{31}lo^{31}意为：藏猪膘的地方。以前土匪很猖獗，村民把猪膘藏在这里。

自得名以来，便沿用至今。

2. 拉巴河上村、拉巴河下村：

“拉巴”：摩梭话音译，摩梭话读为：la^{33}bo^{33}

la^{33}（拉）：老虎；bo^{33}（波）：经过；la^{33}bo^{33}意为：老虎经过的地方。

这里有条河，所以这条河上半段叫拉巴河，下半段叫拉都河。

自得名以来，便沿用至今。

3. 衙门村：汉名，曾用摩梭话名为：p^{h}v̩^{31}so^{55}uo^{33}

p^{h}v̩^{31}（蒲）：到；so^{55}（梭）：干净；uo^{33}（窝）：山。到了就干净的地方。

以前是蒗蕖土司老爷衙门所在地，故名“衙门村”。

自中华人民共和国成立以来沿用至今。

（三）药草坪村委会

曾用摩梭话命名的村名有：

1. 药草坪：汉名，曾用摩梭话名为：wo^{33}tɕ^{h}iə^{33}do^{33}tɕ^{h}iə^{33}（窝切多切）

wo^{33}（窝）：山；tɕ^{h}iə^{33}（切）：大；do^{33}tɕ^{h}iə^{33}（多切）：高又尖。wo^{33}tɕ^{h}iə^{33}do^{33}tɕ^{h}iə^{33}意为：山又高又大的地方。

自村落形成以来沿用至今。

2. 头道沟：汉名，曾用摩梭话名为：dʑi^{31}lo^{33}wo^{33}（吉洛窝）

dʑi^{31}（吉）：水；lo^{33}（洛）：来；wo^{33}（窝）：山。dʑi^{31}lo^{33}wo^{33}意为：山脚淌水的地方。

自村落形成以来沿用至今。

（四）毛家乡村委会

曾用摩梭话命名的村名有1个，即：

老头村：汉语名，曾用摩梭话名为：ȵi^{33}k^{h}o^{33}da^{31}（妮柯答）

ȵi^{33}（妮）：太阳；k^{h}o^{33}（柯）：围栏；da^{31}（答）：拦。ȵi^{33}k^{h}o^{33}da^{31}意为：像围栏一样挡着太阳出来的地方。

自村落形成以来沿用至今。

（五）新营盘村委会

1. 新营盘：汉名，曾用摩梭话名为：bu^{55}gv̩^{33}（布沽）

bu^{55}（布）：牦牛；gv̩^{33}（沽）：集市。bu^{55}gv̩^{33}意为：交易牦牛的地方。

中华人民共和国成立以前，为了防范外来的入侵者，曾在该村居住地四周，筑有土墙碉堡等，因此得名。

1983年前为一个大村。1984年后分为上下两个村。

2. 麻栗坪：汉名，曾用摩梭话名为：t^{h}u^{13}bi^{33}（土比）

t^{h}u^{13}（土）：对面/那里；bi^{33}（比）：放在地名后，表示“边”的意思。t^{h}u^{13}bi^{33}意为：那边。以地理位置命名。

得名以来沿用至今。

3. 牛窝子：汉名，曾用摩梭话名为：i^{33}wo^{33}di^{31}（依窝迪）

i^{33}（依）：犏牛（牦牛与黄牛的杂交，形体较大）；wo^{33}（窝）：山；

di^{31}（迪）：地方。$i^{33}wo^{33}di^{31}$意为：放养犏牛的山。

中华人民共和国成立前又名“团结村”，中华人民共和国成立后改为“牛窝子”，因人们曾在此地搭建窝棚，畜圈牧牛，故得名。

中华人民共和国成立后改名并沿用至今。

4. 光光村：汉名，曾用摩梭话名为：$tʂ^hi^{33}dzʅ^{33}di^{31}$（实子迪）

$tʂ^hi^{33}dzʅ^{33}$（实子）：树；di^{31}（迪）：地方。$tʂ^hi^{33}dzʅ^{33}di^{31}$意为：树多的地方。

因该村盛产西胡瓜、南瓜，故得名。“光光”即“瓜瓜”的谐音，指西胡瓜和南瓜。

中华人民共和国成立后改为“光光村”，并沿用至今。

五　红桥镇（曾用摩梭话名为：$lu^{33}di^{31}$）

在红桥村委会处有座大桥，“文化大革命”时改为“红桥”。

用摩梭话命名的村名有：

（一）黄腊老村委会

原名豪拢略，中华人民共和国成立后改为黄腊老，并沿用至今。

1. 比依村：摩梭话音译，摩梭话读为：$dʑi^{31}i^{13}$（吉意）

$dʑi^{31}$（吉）：水；i^{13}（意）：有，出。$dʑi^{31}i^{13}$意为：有水的地方。永宁土司经过这个地方时，在这里饮马，因此土司总管命名此地为“吉意”。

自村落形成后沿用至今。

2. 黄腊村：摩梭话音译，摩梭话为：$xã^{31}la^{33}lo^{31}$（黄腊落）

$xã^{31}la^{33}$（黄腊）：睡觉；lo^{31}（落）：沟。$xã^{31}la^{33}lo^{31}$意为：沟里休息的地方。永宁总管曾在这里休息、睡觉，故以此命名。

自村落形成后沿用至今。

3. 抓如：摩梭话音译，摩梭话为：$dʐua^{33}ʐu^{33}$

$dʐua^{33}$（抓）：心理平静；$ʐu^{33}$（如）：放心。$dʐua^{33}ʐu^{33}$意为：舒服、清净的地方（这里没有土匪，很清净）。

自村落形成后沿用至今。

4. 下拉垮：汉语、摩梭话混合。摩梭话名为：$luɛ^{33}k^hi^{33}$（略克）

$luɛ^{33}$（略）：麻栗树；k^hi^{33}（克）：门。$luɛ^{33}k^hi^{33}$指：两棵麻栗树在路边，像门，喻指像门一样的地方。

自村落形成后沿用至今。

5. 农场：汉名，曾用摩梭话名为：lv̩^{31}gv̩^{33}（鲁沽）

lv̩^{31}（鲁）：土地；gv̩^{33}（沽）：中间。lv̩^{31}gv̩^{33}意为：土地中间的小坝子。

自1950年沿用至今。

6. 沈家村、梅家村：汉名，曾用摩梭话名为：di^{31}mæ^{33}（迪曼）

di^{31}（迪）：地方；mæ^{33}（曼）：尾巴。di^{31}mæ^{33}指：整个“黄腊老”地方的尾巴部分，也就是“黄腊老”最边上的村。以前没有分开，没有人居住。沈家村最早是汉人居住，现在是汉族、彝族居住；梅家村现在是汉族居住，姓“梅”的多。

自1950年沿用至今。

（二）大水沟村委会

1. 上拉垮：汉语、摩梭话混合。

“拉垮”：摩梭话音译，即la^{33}k^{h}ua^{33}。la^{33}（拉）：老虎；k^{h}ua^{33}（垮）：脚印。la^{33}k^{h}ua^{33}即：看见老虎脚印的地方，即在这里看见老虎脚印。

自村落形成后沿用至今。

2. 八家村：汉名，曾用摩梭话名la^{33}dv̩^{33}

la^{33}（拉）：老虎；dv̩^{33}（堵）：看见。意为：看见老虎的地方。在上拉垮的地方看见老虎脚印，在八家村这个地方看见了老虎。

以前只有八家普米人居住，以此得名。自1950年沿用至今。

（三）庄房村委会

用摩梭话命名的村名有1个，即：

白岩子：汉名，曾用摩梭话名：lu^{33}di^{31}（鲁地）

lu^{33}（鲁）：地；di^{31}（地）：坝子。lu^{33}di^{31}意为：平地，即土地好的地方。摩梭话叫“红桥”整个地方都为lu^{33}di^{31}，是永宁土司总管取的名字。

中华人民共和国成立前汉族称此地为“白岩子”，现仍用。

六　金棉乡

相传此地曾因广泛栽种木棉花而得名“棉棉”，后因靠近金沙江而改名为“金棉”。

曾用摩梭话名：miã^{31}miã^{33} di^{31}（咪咪迪）

miã^{31}miã^{33}（咪咪）：两姊妹；di^{31}（迪）：地方。miã^{31}miã^{33} di^{31}意为：山形像一双筷子（有药山、竹山两座山，两座山像一双筷子紧挨着）。

1955—1984 年称金棉大队，属于宁利公社。1985—1987 年成立金棉乡，属于宁利社区。1988 年改称金棉村公所。2000 年改称金棉村委会。

自 2000 年开始沿用至今。

曾用摩梭话命名的村名有：

（一）金棉村委会

1. 刺科落：汉语、摩梭话混用。曾用摩梭话名：læ^{31}lo^{33}

刺：杂刺；“科落”摩梭话 læ^{31}lo^{33}的音译。læ^{31}（栏）岩子，崖子；lo^{33}（落）：山坡。læ^{31}lo^{33}意为：杂刺丛生，地形为坡的地方。

自 1960 年沿用至今。

2. 打底河：汉名，曾用摩梭话名：gv̩^{31}dʐa^{31}lo^{31}（古扎落）

gv̩^{31}dʐa^{31}（古扎）：低坎；lo^{31}（落）：山沟。gv̩^{31}dʐa^{31}lo^{31}意为：坎坎低的山沟。

该村坐落于打凹山脚下，紧靠金棉河边，故而汉名为“打底河”。

自 1952 年沿用至今。

3. 大老堡：汉名，曾用摩梭话名为：bv̩^{31}dzu^{33}bər^{33}（卜主白尔）

bv̩^{31}dzu^{33}（卜主）：一种果树，当地汉族人称为“棠梨”。bər^{33}（白尔）：山坡。bv̩^{31}dzu^{33}bər^{33}意为：长满棠梨树的山坡。

该村位于在一个山包的半山腰上，故汉名为“大老堡”。

自 1950 年沿用至今。

4. 大坪子：汉名，曾用摩梭话名为：tʰo^{31}go^{33}（拖锅）

tʰo^{31}（拖）：松树；go^{33}（锅）：那边。tʰo^{31}go^{33}意为：那边有松树的地方。

自 1950 年沿用至今。

5. 蚂蟥田：汉名，曾用摩梭话名为：sa^{31}kʰo^{33}（萨阔）

sa^{31}kʰo^{33}（萨阔）：麻秆，即有麻秆的地方。以前种麻的地方。

后因稻田里蚂蟥多，因此汉名为“蚂蟥田”。

自 1954 年沿用至今。

6. 沃土地：汉名，曾用摩梭话名为：wa^{33}sɯ^{33}dv̩^{33}（挖斯堵）

wa^{33}（挖）：左边；sɯ^{33}（斯）：柴/树；dv̩^{33}（堵）：多。wa^{33}sɯ^{33}dv̩^{33}意为：左边树多地方。

村建于 1958 年，因土地肥沃，因此汉名为“沃土地”。

历史沿革：自 1958 年沿用至今。

7. 达瓦村：摩梭话音译，摩梭话为：$da^{33}wa^{55}$（达瓦）

da^{33}（达）：到（这儿）；wa^{55}（瓦）：村（原为一座山）。$da^{33}wa^{55}$意为：到这座山。以前每年春天布谷鸟都会在这座山聚集，然后再向各地飞去，以此得名。

自村落形成沿用至今。

（二）红星村委会

用摩梭话命名的村名有1个，即：

吉腊村：摩梭话音译，摩梭话为：$i^{31}la^{33}di^{31}$（以腊迪）

i^{31}（以）：来；la^{33}（腊）：打；di^{31}（迪）：地方。$i^{31}la^{33}di^{31}$意为：来打土地（细泥块）的地方。

自村落形成后沿用至今。

（三）龙通村委会

龙通，汉语，此地有许多较长的山梁和山沟，像龙经过的情貌，故名。

1955—1984年称龙通大队，属于宁利公社。1985—1987年成立龙通傈僳族自治乡，属于宁利社区。1988年改称龙通村公所。2000年改称龙通村委会。

自2000年开始沿用至今。

曾用摩梭话命名的村名有1个，即：

布忍的：摩梭话音译，摩梭话为：$bu^{55}ʐər^{33}di^{31}$

bu^{55}（布）：牦牛；$ʐər^{33}$（仁）：打捞；di^{31}（的）：地方。$bu^{55}ʐər^{33}di^{31}$意为：打捞到牦牛的地方。

自1979年开始沿用至今。

七　翠玉乡

（一）翠玉村委会

曾用摩梭话命名的村名有1个，即：

料别：摩梭话音译，摩梭话为：$lø^{33}be^{33}$（轮卑）。$lø^{33}$：柏树；be^{33}：一片。

其意为：长着柏树的地方。根据当地植被特点命名。

自村落形成后沿用至今。

（二）宜底村委会

1. 宜底：摩梭话音译，摩梭话为：ȵi^{33}di^{31}。“ȵi^{33}”是“二”的意思；“di^{31}”为“地方”。连起来就是“两个地方”的意思。

村里流传着这么一个传说：有一次永宁土司派人来到其管辖的领地内收粮食，收完后进行数量对比发现，“宜底”这个地方收上来的粮食相当于其他地方的两倍，于是土司说“宜底”这个地方，一个相当其他两个地方，从此就称为“宜底”。此后一直沿用至今。

自村落形成后沿用至今。

2. 牛克席：曾用摩梭话名：tɕʰi^{33}ntsɿ^{33}kʰə^{33} （七子克）

tɕʰi^{33}ntsɿ^{33}（七子）：有刺的树；kʰə^{33}：底下，之下；tɕʰi^{33}ntsɿ^{33}kʰə^{33}意为：刺林底下。

位于金沙江边，气候炎热，至今牛克席一带仙人掌都很多，成片的仙人掌就是一片片的刺林。世居民族皆为傈僳族。自村落形成后沿用至今。

3. 雨落：摩梭话音译，摩梭话为“ʑi^{33}lo^{31}”

“ʑi^{33}”音变为“ʑy^{33}”（雨），“ʑy^{33}”是绵羊的意思；“lo^{31}”（落）：沟。ʑi^{33} lo^{31}意为：放绵羊的地方。

据说因以前宜底的斯沛（贵族）畏吾家族派遣的牧羊人住在这里而得名。雨落位于宜底背面的半山腰，气候凉爽，适合养绵羊。世居民族皆为普米族。自村落形成后沿用至今。

4. 东山坝：摩梭话音译，摩梭话为：to^{31} ʂa̠^{33}nbɛ^{13}（朵沙贝）

to^{31}（朵）：“山坡”；ʂa̠^{33}（沙）：“长”；nbɛ^{13}（贝）为“绳子”。“to^{31} ʂa̠^{33} nbɛ^{13}”意为“像绳子一样长的山坡”。

位于金沙江边，从东山坝到宜底的路都是上坡路，像一条长长的绳子。世居民族皆为傈僳族。

自村落形成后沿用至今。

（三）春东村委会

用摩梭话命名的村名有 1 个，即：

牦牛场：汉名，摩梭话意译，摩梭话为“Bər^{33}wɑ^{55}ɤu^{33}”

Bər^{33}（布尔）：牦牛；wɑ^{55}（瓦）：村寨；“ɤu^{33}”（兀）在此无实意。“Bər^{33}wɑ^{55}ɤu^{33}”为“放牦牛的村子”。

位于翠玉乡、永宁镇、拉伯乡的交界，属于高山地带，气候寒冷，适合养牦牛，当地村民至今以放牦牛为生。世居民族以藏族、彝族为主。

自村落形成后沿用至今。

（四）官田村委会

用摩梭话命名的村名有 1 个，即：

培德：汉名，摩梭话名为：$ba^{31}sɿ^{31}guɑ^{33}$（巴斯瓜）

$ba^{31}sɿ^{31}$（巴斯）：漏勺；$guɑ^{33}$（瓜）：凹下去的形状。$ba^{31}sɿ^{31}guɑ^{33}$意为：形状像漏勺那样凹进去的地方。

自村落形成后沿用至今。

（五）库角村委会

用摩梭话命名的村名有 1 个，即：

库角：摩梭话音译，摩梭话为：$kv̩^{31}$ $dʐʅ^{31}$

$kv̩^{31}$（库）：收割；$dʐʅ^{31}$（直）：有。$kv̩^{31}$ $dʐʅ^{31}$意为：收割庄稼的地方。

此地气温高，在金沙江边，因地理环境得名。

自村落形成后沿用至今。

八 西布河乡

西布河：以前摩梭话名为“逼曲”。

曾用摩梭话命名的村名有：

（一）碧源村

碧源：又名“逼曲”，原名 $sa^{55}lu^{33}di^{31}$（撒噜迪）

sa^{55}（撒）：麻；lu^{33}（噜）：做活；di^{31}（迪）：地方（比较宽的大坪坝）。$sa^{55}lu^{33}di^{31}$意为：种麻做活儿的地方。

用摩梭话命名的村名有 1 个，即：

元梭罗：原名 $bi^{55}tɕ^{h}y^{33}di^{31}$（逼曲迪）

bi^{55}（逼）：走，去；$tɕ^{h}y^{33}$（曲）：一起。$bi^{55}tɕ^{h}y^{33}di^{31}$意为：一起来到这个地方。土司派何把式（何家四兄弟）来管理这个地方。

自村落形成后沿用至今。

（二）西布河村委会

1. 马鹿湾：汉名，摩梭话原名为 $ʈʂ^{h}a^{33}lo^{55}k^{h}v̩^{33}p^{h}v̩^{33}$（查罗苦普）

$ʈʂ^{h}a^{33}$（查）：鹿（比较大的、长角的鹿）；lo^{55}（罗）：脚印；$k^{h}v̩^{33}p^{h}v̩^{33}$（苦普）：小块的平坝（几十平方米左右）（$k^{h}v̩^{33}$：长草的小块平地；$p^{h}v̩^{33}$：

白色。这种小的平地经常长有茅草，整个冬天茅草都是白色的，因此，以此来代指小平地）。ʈʂ^{h}a^{33}lo^{55} k^{h}v̩^{33}p^{h}v̩^{33}意为：有鹿脚印的小平坝。

自得名以来沿用至今。

2. 挖路坎：摩梭话、汉语混合。

wa^{33}（瓦）：左边；lv̩^{55}（噜）：来；k^{h}a^{33}（卡）：汉语“关卡”。wa^{33}lv̩^{55}k^{h}a^{33}（瓦噜卡）意为：路左边设置关卡的地方。

清朝到民国时期，这里经常有土匪抢劫，土司在这里设置关卡。

自得名以来沿用至今。

（三）石格拉村委会

用摩梭话命名的村名有1个，即：

石格拉：曾用摩梭话名 lu^{31}bo^{33} di^{31}（噜波迪）

lu^{31}（噜）：石头；bo^{33}（波）：多；di^{31}（迪）：地方。lu^{31}bo^{33} di^{31}意为：石头多的地方。

自得名以来沿用至今。

九 宁利乡

宁利：曾用摩梭话名为：li^{33}dʐɯ^{33}xe^{31}kv̩^{55}wo^{33}（荔枝咳姑窝）

li^{33}（荔）：獐子；dʐɯ^{33}（枝）：地方；xe^{31}kv̩^{55}（咳姑）：撵山狗；wo^{33}（窝）：山。li^{33}dʐɯ^{33}xe^{31}kv̩^{55}wo^{33}意为：撵山狗撵獐子的地方。原属土司三兄弟中老大的地盘。

自村落形成后沿用至今。

用摩梭话命名的村名有1个，即玉鹿村委会的“王库村”：

土库（上中下）：摩梭话音译，摩梭话为 t^{h}u^{31}k^{h}u^{55}di^{31}（涂库迪）

t^{h}u^{31}（涂）：那边；k^{h}u^{55}（库）：山坡；di^{31}（迪）：地方。t^{h}u^{31}k^{h}u^{55}di^{31}意为：山坡那边。

后来修水库，用土来填修，故汉名为“土库”。

自中华人民共和国成立后开始沿用至今。

十 西川乡

（一）黑赤地社区

用摩梭话命名的村名有1个，即：

炼山：摩梭话名：wo^{33}p^{h}v̩^{33}di^{31}（窝普迪）

wo^{33}（窝）：山；p^{h}v̩^{33}（普）：白；di^{31}（迪）：地方。wo^{33}p^{h}v̩^{33}di^{31}意为：白色的山（与山上的植物，特别是白杨柳树有关，一大片白杨柳树从远处看是白色的）。

自得名以来沿用至今。

（二）沙力村委会

用摩梭话命名的村名有1个，即：

沙力：汉名，曾用摩梭话名：ʂa^{31}ər ^{33}xə^{55}li^{55}di^{31}（刹尔海哩迪）

ʂa^{31}ər ^{33}（刹尔）：延绵；xə^{55}li^{55}（海哩）：很长；di^{31}（迪）：地方。ʂa^{31}ər ^{33}xə^{55}li^{55}di^{31}意为：山很长（一匹接着一匹）的地方。

因此地山高，河内泥沙较多，水流量大，故汉名为“沙力”。

沙力行政村原名鹿子河大队沙力乡沙林大队，1988年改乡称沙力村委会至今。

（三）沙力河村委会

用摩梭话命名的村名有1个，即：

大厂：汉名，曾用摩梭话名为：sɿ^{33}bu^{55}wo^{33}（斯波窝）

sɿ^{33}（斯）：树，柴；bu^{55}（波）：粗；wo^{33}（窝）：山。sɿ^{33}bu^{55}wo^{33}意为：树粗的山。

此地曾办过较大的蘑菇厂，因此汉名为“大厂”。

（四）竹山村委会

用摩梭话命名的村名有：

上金型、下金型：汉名，曾用摩梭话名为：dɕi^{33}ɕi^{33}（机奚）

dɕi^{33}（机）：星宿；ɕi^{33}（奚）：人。dɕi^{33}ɕi^{33}意为：人能看见星宿的地方。（这个地方是金棉乡最高的地方。）

后来有户汉族，曾在这里做过制造金属币用的模子，该村的位置在上方，故称“上金型”；其下方的，则称“下金型”。

自村落形成以来沿用至今。

十一　跑马坪乡

用摩梭话命名的村名有1个，即：二村村委会的“二村”。

二村，汉语，此地居住着两个相距很近的普米族村，故得名。

曾用摩梭名：wo^{33} ər ^{33}di^{31}（窝尔迪）

wo^{33}（窝）：山；ər^{33}（尔）：马；di^{31}（迪）：地方。wo^{33} ər^{33}di^{31}意为：山上骑马的地方。

历史沿革：1950—1956年，称二村自然村，属凉山彝族办事处管辖区。1956—1957年称二村乡，属跑马坪区。1957—1962年8月称二村大队，属跑马坪公社。1969年称二村大队，属跑马坪区。1984年前称二村大队，属新华公社。1988年称二村乡，属跑马坪区。1989年称二村行政村，属跑马坪乡。

自村落形成以来沿用至今。

参考文献

一 著作

阿泽明·次达珠（阿洪生）译注：《摩梭达民经通译》（第一卷），云南民族出版社 2013 年版。

［法］沙利·安什林：《宗教的起源》，杨永等译，生活·读书·新知三联书店 1964 年版。

陈烈、秦振新：《最后的母系家园——泸沽湖摩梭文化》，云南人民出版社 1999 年版。

陈柳：《永宁摩梭人婚姻家庭变迁研究》，民族出版社 2012 年版。

陈望道：《修辞学发凡》，上海教育出版社 2006 年版。

戴庆厦、罗仁地、汪锋主编：《到田野去——语言学田野调查的方法与实践》，民族出版社 2008 年版。

戴庆厦主编：《片马茶山人及其语言》，商务印书馆 2010 年版。

戴庆厦主编：《四川盐源县各民族的语言和谐》，商务印书馆 2011 年版。

戴庆厦主编：《云南玉龙县九河白族乡少数民族的语言生活》，商务印书馆 2014 年版。

夫巴主编：《丽江与茶马古道》，云南大学出版社 2004 年版。

和绍全主编：《中国摩梭人》，云南人民出版社 2017 年版。

拉木·嘎吐萨主编：《摩梭达巴文化》，云南民族出版社 1999 年版。

拉他咪·达石主编：《摩梭社会文化研究论文集》（上、下册），云南大学出版社 2006 年版。

李达珠：《达巴文化——摩梭人的生命哲学》，四川民族出版社 2015

年版。

李如龙：《汉语地名学论稿》，上海教育出版社 1998 年版。

罗骥、余金枝主编：《民族语文活态保护与双语和谐乡村建设研究：云南马关县都龙镇个案调查研究》，中国社会科学出版社 2015 年版。

骆小所：《现代修辞学》，云南人民出版社 2000 年版。

骆小所主编：《文化与语言：云南少数民族语言与汉语的语言文化比较研究》，云南人民出版社 2010 年版。

任学良：《汉语造词法》，中国社会科学出版社 1981 年版。

宋久成主编：《地名文化研究：概念、少数民族语地名及其他》，法律出版社 2013 年版。

孙美堂主编：《哲学新论》，北京理工大学出版社 2004 年版。

吴礼权：《现代汉语修辞学》，复旦大学出版社 2006 年版。

许瑞娟：《永宁摩梭“母系”文化词群研究》，民族出版社 2014 年版。

杨建国：《藏着的摩梭史——母系家园最后的蒗蕖玫瑰》，云南人民出版社 2009 年版。

云南省民间文学集成办公室编：《云南摩梭人民间文学集成》，中国民间文艺出版社 1990 年版。

云南省宁蒗彝族自治县志编纂委员会编：《宁蒗彝族自治县志》，云南民族出版社 1993 年版。

张积家等：《纳西族—摩梭人语言文化心理研究》，中国人民大学出版社 2016 年版。

直巴·尔车、许瑞娟编著：《摩梭语常用词句荟萃》，云南人民出版 2013 年版。

二 论文

阿慧：《永宁摩梭话“le+v+se”结构的声调实验分析——阿拉瓦和舍垮的对比》，硕士学位论文，云南大学，2016 年。

何林富：《摩梭达巴经“口头诗学”研究》，硕士学位论文，云南师范大学，2014 年。

季惜：《永宁舍垮村摩梭话研究》，硕士学位论文，云南大学，2016 年。

刘玲玲：《云南摩梭人的语言使用现状调查研究——以丽江宜底村为例》，硕士学位论文，云南师范大学，2015 年。

殷云：《摩梭语的话题句研究》，硕士学位论文，云南师范大学，2018 年。

郑瑞梅：《宁蒗彝族自治县宁利乡多语现象研究》，硕士学位论文，云南师范大学，2015 年。

陈亚颦、杨俊：《宁浪摩梭文化核心区透视》，《云南师范大学学报》（自然科学版）1994 年第 4 期。

郭玉梅、杜敏：《乡村振兴背景下农村和谐语言生活的建构》，《北方民族大学学报》2023 年第 4 期。

韩江华：《民族地区乡村国家通用语能力建设与乡村振兴：共生互助与实现路径》，《西北民族大学学报》（哲学社会科学版）2022 年第 6 期。

和智利：《论较少族群母语保护与语言和谐的关系——以维西县汝柯村玛丽玛萨人为例》，《贵州民族研究》2015 年第 12 期。

黄少安、王麓淙：《民族地区语言扶贫的经济理论基础和实证分析》，《语言文字应用》2020 年第 4 期。

李勤：《四川泸沽湖多舍村摩梭话音系》，《语言历史论丛》2022 年第 1 期。

李宇明：《论普通话的推广方略》，《中国语文》2022 年第 4 期。

刘燕、格则清珠：《旅游开发后云南泸沽湖地区摩梭人的语言保持》，《绥化学院学报》2017 年第 6 期。

马静、刘金林：《语言治理融入各民族相互嵌入式社区建设的必要性及路径研究——语言与国家治理系列研究之六》，《民族学刊》2021 年第 11 期。

沙毓英：《从摩梭人的词汇看人类概念的发展》，《心理学报》1996 年第 3 期。

尚国文、赵守辉：《语言景观的分析维度与理论构建》，《外国语》（上海外国语大学学报）2014 年第 6 期。

施向东、刘昀：《摩梭话概况》，《语言研究》2015 年第 3 期。

肖二平、张积家：《摩梭和纳西低龄学童的语言使用模式调查》，《杭州师范大学学报》（自然科学版）2015 年第 6 期。

许瑞娟：《女性优势：永宁摩梭人女性社会性别的语言实践与建构》，

《中华文化论坛》2016 年第 4 期。

姚欣、杜敏：《乡村振兴视域下农村的语言能力建设》，《西北农林科技大学学报》（社会科学版）2021 年第 6 期。

袁焱、许瑞娟：《永宁摩梭詈语的文化阐释》，《云南民族大学学报》（哲学社会科学版）2013 年第 4 期。

张廷刚：《人生礼仪中的麻与摩梭社会结构——基于云南瓦村的调查》，《北方民族大学学报》（哲学社会科学版）2019 年第 6 期。

后　记

本书是在云南省哲学社会科学项目研究的基础上完善而成。

2015年，在“云南宁蒗民族语地名研究”课题调查前，经云南省民委何林富老师的引荐，有幸结识了当时的摩梭文化研究协会会长曹建平女士。记得第一次忐忑地给曹老师打电话寻求帮助时，电话那头和蔼、热情的语调顿时让我放下了所有顾虑。曹老师说：“凡是我们能做的，一定会积极配合。调查时遇到任何困难，都可以跟我们讲；到了村里，也都可以跟当地的人说，他们都会热心地帮你！”这番关切的话，让我调查的信心倍增。

在摩梭文化研究协会的帮助下，我们顺利地联系到了调查点的各个摩梭村的村长及熟知当地情况的摩梭人士。于是，我们这些外地人，很快就在宁蒗摩梭人居住的村落走家串户了。每到一户摩梭人家，都会迎来暖暖的笑意，热热的清茶；即使正忙着干活，他们也会放下手里的事儿，热情、耐心地配合，还总会说：“你们的调查让我们摩梭人更了解我们的语言文化，配合你们调查是应该的。”听到这番朴实的话语，我们更加坚信了课题研究的意义！若是快到饭点了，必定是要被留在这户人家吃饭的。火塘边的猪膘肉、酥油茶、烤洋芋、烤粑粑……丰盛的美食和那些欢声笑语，至今都珍藏在我美好的记忆里！果腹将行，辞别主人时，主人必定会说：“下次路过，记得来家里啊！”是啊，到每户摩梭人家都感觉是回家！于是去每一个村庄调查，似乎都是去探亲访友，即使翻山越岭、道路险阻，心里仍有着满满的温暖和期盼。穿梭在一个个摩梭村寨时，我们被摩梭人的勤劳、善良、友爱、聪慧所深深吸引。

在2015年课题调查时，常听村民们说起：我们摩梭人口太少、没有文字，社会发展很快，很多词没法用摩梭话表达。陪同我们调查的永宁开基村陈村长也曾谈到，现在生活中很多事物不是摩梭人创造的，这些事物的名称多是从汉语中借来的。我们在调查中也发现，即使在摩梭话熟练的摩梭人聚居村寨，摩梭村民们交流时都兼用了很多汉语词汇。于是，我便萌发了调查摩梭人语言生活的想法，想了解摩梭人母语、汉语及其他民族语的使用情况。由此，2018 年，再次与摩梭人结缘，再次来到了熟悉的摩梭村寨，见到了熟悉、热情的摩梭朋友们。

在语言生活调查中，母语 400 词测试往往需要较长时间，但不管是在田间、地头还是家里、路边，受访的摩梭人都耐心地完成测试；有时候为了弄清楚一些词的表达，还聚在一起讨论良久。这一幕幕认真、投入的画面，为我们的调查生活增添了温暖的色彩。在调查中，摩梭村民用质朴、热情的口吻，诉说着国家通用语带来的生活便利和乡村变化，真诚地表达着对熟练使用国家通用语言文字的渴求。在调查途中，常会见到摩梭人用母语、汉语方言或周边少数民族的民族语打招呼、聊天，或用对方的语言调侃着曾经的交流、纷争，开怀大笑间诉说着往日的故事，展现着今日的邻里和睦。虽然摩梭人语言生活调查的工作量大、路途艰苦，但摩梭人真诚、热情的配合，让我们的调查之旅一路平坦，收获满满。

本书的调查，得到了宁蒗县政府、民政局、文化局、文化站等的大力支持和帮助；得到了丽江市泸沽湖摩梭文化研究协会原会长曹建平女士和格则多吉先生、熊荣芳女士、尼玛先生、阿应德先生、阿应荣先生、何林富老师、石高峰老师、石宏老师等众多摩梭文化研究协会成员及所调查的各自然村的村长、摩梭老人和各位调查对象等众多热心人士的大力帮助；此外，还有陪同参加调查的摩梭大学生：拉伯乡格庄村的石燕妮、拉伯乡拉开西里村的和世春、红桥镇吉意村的王晓琴、红桥镇白岩子二村的王建芳、永宁镇瓦拉壁村的泽达、西布河乡碧源村委会湾子村的张文莉、金棉乡达瓦村的杜桂菊；在此一并致以诚挚的谢意！感谢各位师长、朋友的热诚相助！同时也感谢云南所有善良、热情、质朴的摩梭人们！

最后，要特别感谢云南师范大学文学院余金枝教授。正是余教授在调查设计、调查方法等方面的指导，才让本书的调查更具科学性，才有本书的更好呈现！同时，还要感谢王天玉、汪玉梅、杨智喆、杨俊伟、唐凌红五位老师在文献收集及调查统计分析等方面的协助；感谢丽江师专中文系李毅老师协助调查并校对摩梭话村寨名的国际音标。衷心感谢责任编辑的诸多辛劳，感谢在本书校对、印刷等工作环节付出辛勤劳动的所有中国社会科学出版社的工作人员。此外，感谢云南师范大学华文学院给予的出版资助。在此一并致以真诚的谢意！